Nürnberg, den 25.05.2023

Ein Kilo Paradies

Gefängnishölle an der Copacabana

Lieber Ulrich

ich wünsche' Dir viel Spaß bei der Lektüre! Danke für die vielen schönen Stunden in Deinem Lokal mit der besten Küche der Stadt –

Herzlichst
Patrick

Der Anfang vom Ende

„Vorbeugen, Gringo! Beine auseinander und die Arschbacken spreizen!"
Es war Weihnachten, der 24. Dezember 1984, kurz vor Mitternacht. Vier Militärpolizisten standen um mich herum. Einer streifte sich einen Gummihandschuh über, ließ die Fingerlinge dabei ganz nah vor meinem Gesicht schnalzen und vollführte Bewegungen, als wolle er die Hände für ein Klavierstück lockern.
„Noch einmal sage ich es dir nicht", schrie der uniformierte Polizist. Er packte mich grob mit seiner rechten Hand am Kinn und drückte schmerzhaft auf meinen Kieferknochen. Die durchsichtigen Operationshandschuhe rochen nach Latex.
„Beine spreizen und die Arschbacken auseinander ziehen. So weit wie möglich! Glaub mir, besser du machst das selber, wenn du nicht willst, dass wir dir deinen kleinen Arsch aufreißen!" Die Polizisten grinsten. Es war brütend heiß in dem Raum, der klein wie eine Abstellkammer und nur mit einem Tisch möbliert war. Es gab noch nicht einmal einen Stuhl. Bei aller aufkommenden Panik schien es mir ratsam, keinen Widerstand zu leisten, den Mund zu halten und zu tun, was man von mir verlangte. Splitternackt war ich unter kaltem Neonlicht den Blicken der vier Polizisten ausgeliefert. Der mit dem Handschuh schmierte sich nun den Mittelfinger mit Creme ein, glitt hinter mich und drückte mein Genick nach unten. Seine Kollegen hielten immer noch meine Oberarme.
„So, du Schwuchtel, halt still!" Zu allem Übel verströmten die beiden, die mich festhielten, ekelhaften Schweißgeruch. Egal, wie ich meinen Kopf wandte – ich hing mit meiner Nase in einer verstunkenen Achselhöhle. Nicht schreien, nur nicht schreien, nahm ich mir vor. Mein Mund war vollkommen ausgetrocknet. Und schon spürte ich, wie sich der Mittelfinger durch meinen Schließmuskel presste. Obwohl ich die Zähne fest zusammengebissen hatte, entfuhr mir ein leichtes Stöhnen. „Ohla só, o alemaõsinho está gostando", sagte einer der Bullen. Wie zum Hohn wurde mir auch noch

unterstellt, dass mir diese Behandlung gefiele. Diese „Leibesvisitation" war sehr schmerzhaft. Aufbäumen ging nicht. Brutal hielten sie mich unten, während der Finger bis zum Anschlag in meinem Hintern herumstocherte.

Vor knapp einer Stunde war ich auf dem internationalen Flughafen Galeão in Rio de Janeiro bei dem Versuch geschnappt worden, ein Kilo Kokain durch den Zoll zu schmuggeln. Ich hatte zu hoch gepokert – und verloren! „Sieht so aus, als ob der Gringo nichts in seinem Hintern versteckt hat!" Nach einer Weile ließen sie von mir ab. Als der Polizist den Handschuh auszog, sah ich, dass mein Blut daran klebte. „Anziehen", wurde ich angeherrscht. Schnell schlüpfte ich in meine Jeans und griff mir ein sauberes T-Shirt, das auf dem Boden lag. Auf der Suche nach Drogen hatten die Polizisten den gesamten Inhalt meiner Reisetasche verstreut. In ihrer Gründlichkeit hatten sie sogar die Sohle meines rechten Turnschuhs aufgeschnitten. „Einpacken!"

„Was passiert denn jetzt mit mir?" fragte ich verzweifelt.

„Rauch erst mal eine und beruhige dich," sagte der Polizist, der noch vor Minuten seinen Mittelfinger in meinem Hintern stecken hatte und warf mir eine Schachtel Hollywood zu. „Was soll schon sein? Du bleibst hier, bis dich jemand zur Praça Mauá bringt, dem Hauptgebäude der Polícia Federal. Dieses Weihnachten und auch die kommenden wirst du wohl nicht in Deutschland feiern, Gringo." Man führte mich aus dem Raum und brachte mich in eine Zelle, sperrte hinter mir ab und überließ mich meinem Schicksal. So langsam begriff ich, dass ich mich in eine verdammt üble Lage geritten hatte. Dass mein Flugzeug längst ohne mich gestartet war, war jetzt mein kleinstes Problem.

Mit dem Vorsatz, ein Kilo Kokain zu kaufen, war ich vor zwei Wochen nach Brasilien gereist. Ich war schon zweimal in Rio de Janeiro gewesen. Das erste Mal mit achtzehn und dann noch einmal mit neunzehn Jahren. So lange ich denken konnte, hatte ich von Rio de Janeiro geträumt. Ich hatte viele Bücher über Brasilien, sog alles auf, was es über dieses Land zu lesen gab, verfolgte Fernsehreportagen und sah mir Berichte über den Karneval an. Die Copacabana, der

Zuckerhut, herrliche Strände, Zuckerrohrschnaps und die hübschesten Mädchen, die es auf der Welt gab. All das hatte mich wie ein Magnet angezogen.

Mit fünfzehn zog ich von daheim aus und lernte Koch in einem fränkischen Restaurant mit Hotelbetrieb und hatte dort auch ein Zimmer. Frühzeitig musste ich lernen, auf eigenen Füßen zu stehen. Ich gelangte übergangslos von der Schulbank ins Erwachsenenalter. Meine Eltern lebten getrennt. Ich lernte viele Dinge, die andere in meinem Alter behutsamer erfuhren.

Brasilien war für mich zur fixen Idee geworden und es gelang mir, kurz nach meinem achtzehnten Geburtstag, diesen Traum zu verwirklichen. Ich hatte eisern gespart. Meine Lehre lag hinter mir und nichts auf der Welt hätte mich davon abhalten können, mir ein Ticket nach Rio zu kaufen. Da ich so lange wie möglich bleiben wollte, entschied ich mich für ein Jahresticket, Rückreise offen. Feste Vorstellungen, was ich konkret in Brasilien anfangen wollte, hatte ich nicht. Das würde sich vor Ort schon regeln. Touristen dürfen drei Monate im Land bleiben, und diese Frist kann man beim Ausländeramt verlängern lassen, soweit man über ausreichende Mittel verfügt. Meine grobe Marschrichtung war die, mir in Rio ein billiges Appartement zu suchen, vielleicht eine nette Frau kennen zu lernen und nach Möglichkeit Arbeit als Koch zu finden. Eigentlich gefiel mir am besten die Vorstellung, auszuwandern und für immer dort zu bleiben.

Nach einer Nacht im Hotel Trocadero in der Avenida Atlântica, direkt gegenüber der Copacabana, lernte ich Volker kennen, der vor sieben Jahren nach Rio gekommen war, um mit seiner brasilianischen Freundin eine Tanzschule zu eröffnen. Diese Begegnung war der Anfang dessen, was mich zwei Jahre später in das Durchsuchungszimmer führte, wo mir ein Finger in den Arsch gesteckt wurde.

Volker kam aus Köln. Er war heruntergekommen und ungepflegt und stotterte so stark, dass ich ihn nur mit Mühe verstehen konnte. Er schlug sich durch, indem er unerfahrenen Touristen bei der Erledigung von Dingen behilflich war. Ganz banale Sachen, wie etwa eine günstige Bleibe finden oder eine Frau für die Nacht. Wer als Europäer nach Rio kommt stellt schnell fest, dass er überall mehr bezahlen muss als die Einheimischen. Wer sich nicht auskennt, wird übers Ohr gehauen. Mir war das Hotel viel zu teuer, denn ich hatte mir vorgenommen, so lange wie möglich mit meinem Geld auszukommen. Luxus war mir nicht wichtig und mein Geld hätte im Hotel Trocadero nur für wenige Wochen gereicht. Obwohl dieser Volker nicht gerade vertrauenserweckend auf mich wirkte, bat ich ihn, mir eine günstigere Bleibe zu suchen. Noch am gleichen Abend besorgte er mir ein preiswertes Appartement im Hotel Praia Leme. Die Monatsmiete betrug umgerechnet 400 Mark. Ein möbliertes Zimmer, eine winzige Küche und ein Badezimmer mit Dusche und Bidet. Doch die Lage im 7. Stock war fantastisch. Wenn ich mich ein wenig aus dem Fenster hinauslehnte und den Kopf nach links wendete, konnte ich den Strand der Copacabana und dahinter die endlose Weite des Atlantischen Ozeans sehen.

Volkers Stottern war mir unerträglich. Ich beendete jeden Satz, den er anfing, indem ich versuchte, die fehlenden Worte zu ergänzen, so lange alle Varianten durchspielte, bis er nickte. Ich kam mir vor wie ein Computer, der rasend schnell alle Kombinationen durchprobiert, um einen verschlüsselten Code zu knacken. Volker hatte seine Sache sehr gut gemacht und deswegen steckte ich ihm ein wenig Geld als Belohnung zu, nahm mir aber vor, umgehend Portugiesisch zu lernen, um unabhängig zu werden. Es ärgerte mich, dass ich auf andere Leute angewiesen war.

In der Folgezeit wurde Volker nicht gerade zu meinem besten Freund, doch liefen wir uns immer mal wieder über den Weg. Es blieb nicht aus, dass mir auffiel, wie sich des öfteren Leute mit verschwörerischem Ton an ihn wandten und ihm etwas zuflüsterten. Meist verschwand Volker dann mit ihnen in einer Ecke und steckte ihnen etwas - von dem ich nicht wußte was es war -, konspirativ zu. Neugierig geworden, fragte ich ihn, was er da triebe, und so erfuhr ich, dass er Kokain verkaufte. Ich, der ich noch nicht einmal Hasch probiert hatte, konnte damit wenig anfangen. Drogen kannte ich nur aus den Warnungen in der Schule. Einmal hatten wir sogar

mit der ganzen Klasse einen Ausflug ins Gesundheitsamt gemacht, um uns über die Gefahren von Drogen aufklären zu lassen. In einer Glasvitrine konnte man Rauschgiftartefakte begutachten. Christiane F., Drogentote, deren Anzahl mit jedem Jahr stieg, und die elenden, kranken und abgerissenen Junkies, die in Bahnhofsnähe herumlungerten, hatten meine Ansicht zum Thema Rauschgift geprägt. Drogen waren meiner Meinung nach der direkte Weg ins Elend.
Auf Volkers Vorschlag, auch einmal etwas zu probieren, reagierte ich mit: „Den Scheißdreck kannst du selber nehmen!" Damals hatte ich eine sehr entschiedene Haltung gegen Drogen. Darauf ließen sich nur lebensunfähige Idioten ein, aber niemals ich!
Was Volker nicht gelang, sollte mir in Gesellschaft von überirdisch schönen Mädchen passieren. Übrigens stellte ich mit der Zeit fest, dass Volkers Stottern immer dann nachließ, wenn er etwas von diesem geheimnisvollen Pulver intus hatte. Im Mabs, einer Bar, die direkt gegenüber dem Hotel Merídien lag, lernte ich zwei hübsche Mädchen kennen, als ich mit Volker unter einem Sonnenschirm saß und an einer Flasche Guaraná nuckelte. Es war Frühsommer, tausende herrliche Eindrücke um mich herum und dann tauchten diese hübschen Mädchen auf und setzten sich zu uns. Damals war ich ein gut aussehender junger Mann; groß, sportlich, mit durchtrainierter Figur und attraktivem Gesicht. Meine blonden Haare und blauen Augen machten mich für die Brasilianerinnen zu einem Traumprinzen.
Auch in Deutschland hatte ich nicht über mangelndes Interesse der Weiblichkeit an mir klagen können, aber hier in Rio fühlte ich mich von den Frauen leidenschaftlich begehrt. Ich verschwand jeden Tag mit einer anderen in meinem Appartement, die Weiber waren verrückt nach mir.
Zwei Wochen hielt ich der Versuchung der Drogen stand. Ohne dass es mir so recht bewusst wurde, nahmen alle Leute, mit denen ich Umgang pflegte, Kokain. Man möge sich die Konstellation vorstellen: Paradiesisches Wetter, die schönsten Strände der Welt, ausreichend Geld in der Tasche und umschwärmt von den hinreißendsten Mädchen.

Diese beiden Mädchen in der Bar wollten das Übliche von Volker. Der hatte zwar gerade keine Ware, meinte aber, dass er ohne Probleme etwas auftreiben könne und so fuhren wir mit dem Taxi zu ihm nach Hause in den Stadtteil Botafoco. Christinas knapper Jeansrock und der Blick auf ihren blütenweißen Slip, der mich wie die Verheißung auf das Paradies dünkte, veranlasste mich mitzufahren. Ich hatte sowieso nichts Besseres zu tun. Alles war neu und spannend für mich. Ich konnte den Slip von Christina förmlich riechen und wer weiß, welch angenehme Überraschungen der Abend noch bereithielt. Volker wohnte in einer billigen Absteige, in der es vor Kakerlaken nur so wimmelte. Er verschwand kurz in einem anderen Zimmer, kam aber recht bald wieder zurück. Auf den ersten Blick wirkte alles wie ein Obdachlosenasyl, später erfuhr ich, dass es ein Studentenwohnheim war. Die beiden Mädchen und ich saßen auf seiner verwanzten, dreckigen Matratze, das Bettzeug war fleckig und sah wenig einladend aus. Volker setzte sich auf einen Korbstuhl und warf mit zittrigen Fingern zwei Briefchen auf die abgenutzte Tischplatte, auf der ein übervoller Aschenbecher und ein Wörterbuch lagen. Sabrina griff gierig nach einem der Päckchen, schüttete alles auf den Tisch und hackte das Pulver mit einer Rasierklinge, die sie aus den Tiefen ihrer Handtasche hervorgezaubert hatte. Diese Vorbereitungen stießen mich einerseits ab und faszinierten mich doch auch irgendwie. Das Verbotene übte allein schon einen Reiz aus, und dann erlebte ich noch mit, wie selbstverständlich die Mädchen mit diesem Teufelszeug umgingen, wie sie sich mit großem Ernst daran machten, das Rauschgift wie eine köstliche Mahlzeit anzurichten. Wir waren still, keiner sprach, der ganze Vorgang des Hackens mit der Rasierklinge hatte etwas von einem religiösen Ritual. In dieser Nacht gab der Teufel in Gestalt dieser beiden Mädchen eine sehr verführerische Vorstellung. Damit ich mich später einmal nicht wegen unfairen Methoden beklagen konnte, hatte er mir auch den stotternden und heruntergekommenen Volker mit an den Tisch gesetzt. Trotzdem war es unfair. So attraktive Mädchen hätten selbst den misstrauischsten Mann in seiner Wachsamkeit und Widerstandskraft besänftigt und eingelullt.

Kurz darauf lagen vier akkurate Linien vor uns auf dem Tisch. Christina hatte währenddessen einen Cruzeiro-Schein in ein Röhrchen verwandelt und das dickere Ende in ihre Nase gesteckt. Dann beugte sie sich über das Pulver, zog sich eine Hälfte der Line in ein Nasenloch und warf den Kopf nach hinten. Geräuschvoll schniefte sie, um das Kokain in die höchsten Gehirnwindungen zu katapultieren. Dann beugte sie sich noch einmal vor und schnupfte das restliche Pulver ins andere Nasenloch. Mit einer flüssigen Bewegung gab sie den Schein an Sabrina weiter, die die Prozedur wiederholte. Dann war Volker an der Reihe, seine Hände zitterten stark und fast befürchtete ich, dass er das Kokain eher verschütten, als in die Nase ziehen würde.

Dann wurde es ernst. Spätestens jetzt hätte ich aufstehen, auf dem Absatz kehrtmachen und um mein Leben rennen müssen! Plötzlich hatte der Schein die Wanderung um den Tisch beendet und war bei mir angelangt. Auf dem Tisch lag nur noch eine Spur. Meine Spur! Es war wie im Märchen „Schneewittchen und die sieben Zwerge". Die Hexe, diesmal in Gestalt von Volker, hielt mir den vergifteten Apfel hin. Und was tat ich? Ich zog mir das Zeug ebenfalls in die Nase, als hätte ich es schon hundertmal gemacht, als wäre es für mich das Selbstverständlichste auf der Welt gewesen!

Was mir nun geschah, sollte sich unauslöschlich in mein Gedächtnis einbrennen. Nach wenigen Sekunden erfasste mich ein Hochgefühl, eine Euphorie, wie ich sie nie zuvor erlebt hatte. Glücksgefühle durchströmten mich in schier endlosen Wellen. Noch nie hatte ich ein so unbeschreiblich schönes Gefühl. Wir blieben die ganze Nacht in Volkers versiffter Bude, fühlten uns eins mit der Welt, und, ohne dass wir es bemerkten, brach ein neuer Tag an.

Die nächsten drei Monate vergingen paradiesisch. Vormittags sonnte ich mich am Strand, am Nachmittag nahm ich eine gute Mahlzeit im Restaurant ein und abends freute ich mich schon auf meine erste Spur Kokain. Die Nächte verbrachte ich in Discotheken und Nachtklubs und anschließend vergnügte ich mich mit den heißesten Frauen im Bett. Als mein Geld zu Ende ging, flog ich wieder nach Hause. Das Kokain hatte mich von meinen Vorsätzen abgebracht, so dachte ich nicht mehr daran, mir eine seriöse Arbeit als Koch zu suchen, und gab mich nur noch dem Vergnügen hin. Ich hatte mich mit dem heimtückischen Bazillus Kokain infiziert und in der Inkubationszeit war ich beschwerdefrei. Das war fast so, als ob man sich frisch verliebte und nur die schönen Seiten zu sehen bekam, bis man vor dem Traualtar stand. So lebte ich in den Tag hinein, bis mir das Geld ausging, und dachte in immer kürzeren Kategorien. Als ich von Brasilien abflog, hatte ich gerade noch genügend Geld übrig, um eine Zugfahrkarte von Frankfurt nach Nürnberg lösen zu können.

In Deutschland suchte ich mir dann doch eine Arbeit als Koch und fügte mich rasch wieder in den Alltagstrott zwischen fettigen Töpfen und Küchenschürzen.

Das Thema Kokain schien für mich erledigt zu sein. Ich tauchte in meine gewohnte Welt ein, wo es für mich keinen Zugang zu Drogen gab. Der Zeitung entnahm ich, dass Kokain auch in Deutschland bei den oberen Zehntausend kursierte. Bei Schauspielern und Künstlern und, dass unerhörte Geldbeträge für ein einzelnes Gramm bezahlt wurden. Zwischen drei- und vierhundert Mark. Das war jenseits meiner finanziellen Möglichkeiten, ich hatte aber auch kein Interesse, mir Kokain zu verschaffen. Irgendwie paßte meine Umgebung nicht dazu. Deutschland war für mich nicht das geeignete Ambiente. Es wäre ein Stilbruch gewesen, so als würde ich den teuersten Champagner in einem Stehausschank im Bahnhof direkt aus der Pulle saufen. Ich stellte allerdings fest, dass sich in diesen drei Monaten in Brasilien mein Zahnfleisch beträchtlich zurückgezogen hatte, öfter blutete und insgesamt empfindlicher wurde. Vorboten der Hölle?

Doch ein Jahr später fuhr ich wieder für einen Monat nach Rio, diesmal mit der Vorfreude auf Kokain. Inzwischen sprach ich flüssig portugiesisch, da ich bei meinem ersten Aufenthalt fast nur Kontakt zu Brasilianern gepflegt hatte, und darüber hinaus hatte ich in dem Jahr mit Feuereifer im Selbststudium Portugiesisch gelernt.

Diesmal ging ich meinen Urlaub wesentlich routinierter an. Bereits am ersten Abend in Rio hatte ich das Teufelspulver in der Nase.

Schon Wochen zuvor brannte ich regelrecht darauf, es endlich wieder zu konsumieren. Das hätte mich eigentlich stutzig machen sollen. Das ganze Jahr über war es so, als hätte Kokain niemals in meinem Leben existiert, doch je näher mein Urlaub rückte, desto mehr nahm die Vorfreude auf eine Line Koks zu. Dieses Verlangen war ein schlafendes Ungeheuer, das nun wach wurde!
Ich benötigte keine Hilfe mehr von Leuten wie Volker, denn wenn ich nicht aufpasste, hefteten sie sich wie Blutegel an mich. Ich besorgte mir also eigenständig Kokain und interessierte mich auch für die Gewinnmöglichkeiten. Ohne konkreten Plan begann ich davon zu träumen, das Angenehme mit dem Geschäftlichen zu verbinden. Und irgendwann beschloss ich, Drogenhändler zu werden! Wozu sollte ich mich wie ein Idiot in der Küche abschuften und mir die Finger am Herd verbrennen? Wozu sollte ich mir das antun, wenn ich mein Geld auch leichter und angenehmer verdienen konnte?
Ich traf auch Christina wieder. Wie immer streunte sie an der Copacabana herum. Christina war süchtig nach Kokain und verdiente sich ihren Unterhalt als Prostituierte. Ihr ganzer Tagesablauf war der Droge untergeordnet. Ihr Freund Vito lief immer mit einer Pistole im Hosenbund herum und man sah ihm den Galgenvogel auf hundert Meter Entfernung an. Ich fand die beiden jedoch sympathisch. Der Sex mit Christina war sensationell und da Vito es nicht so genau mit der Treue nahm, hatte ich einige tolle Stunden mit ihr.
Bei näherem Betrachten entpuppte sich mir die Copacabana als Kloake. Scharen von Kindern trieben sich hier herum, sie suchten nachts ein schützendes Eckchen zum Schlafen. Diese armen Kinder lagen überall in den Hauseingängen rund um die Copacabana. Sogar ganze Familien, nur notdürftig mit Lumpen zugedeckt, lagen in Hauseingängen als Schutz gegen die Kühle des Morgens. Die jüngsten waren vielleicht fünf Jahre alt. Grotesk anzusehen waren die flanierenden Wohlstandstouristen, die sich mit geringen Geldbeträgen von ihren Schuldgefühlen loskauften. Einer von denen war auch ich, denn dieses Elend machte mir zu schaffen. Ich fühlte mich schuldig, und das trübte auch ein wenig meinen Urlaub.
Wohin ich blickte, überall waren wunderschöne Frauen. Nie zuvor

sah ich soviel konzentrierte, weibliche Schönheit. Es gab auch viele Transvestiten am Ende der Copacabana, dort wo der Strand auf Ipanema stößt, bei der „Galeria Alaska". Diese waren immer auf der Suche nach Touristen, um sie auszunehmen. Dazwischen traf ich auch viele gestrandete Deutsche, die nicht mehr nach Hause konnten. Entweder weil sie von der Polizei gesucht wurden oder weil ihnen ihr früheres Leben irgendwie abhanden gekommen war. Der Teufel hatte ein unsichtbares Fangnetz über die Copacabana ausgeworfen, denn Kokain lauerte an jeder Ecke und zeigte permanent sein falsches Lächeln. Dieser lockende Dämon gaukelte seinen Opfern vor, dass das Leben ein einziger Karneval sei!
Mein Geld schmolz dahin, doch im Urlaub wollte ich nicht darben. Zehn Dollar für ein Gramm Kokain erschien mir anfänglich spottbillig. Nimmt man es aber regelmäßig, summiert sich das schnell zu einem ansehnlichen Betrag. Ich musste also bald den Spieß umdrehen und einen finanziellen Vorteil daraus ziehen. Meine Zukunft lag im Import-Export-Geschäft. Das lag für mich auf der Hand.
Meinen Urlaub hatte ich so gewählt, dass ich Weihnachten und Neujahr in Rio verbringen konnte. Heiligabend stand ich gegen zehn Uhr auf, schnappte mir meine Bettüberdecke (die ich auch als Strandunterlage benutzte), Zigaretten, Feuerzeug und Handgeld. Den Schlüssel gab ich an der Rezeption ab.
Rio zeigte sich von seiner schönsten Seite: 35 Grad, herrlicher wolkenloser, blauer Himmel und eine angenehme Brise. Bevor ich zum Strand ging, trank ich noch einen Cafezinho in einer Bar in der „Nossa Senhora de Copacabana". Verkleidete Weihnachtsmänner, die vor den Kaufhäusern Dienst taten, konnten bei dieser Hitze keine Weihnachtsstimmung aufkommen lassen. Am frühen Abend ließ ich mir ein Filét Stroganoff in einem kleinen Restaurant munden, das sich nicht weit von meinem Appartement in einer kleinen Seitenstraße befand. Man aß gut, üppig und preiswert.
Den Abend verbrachte ich allein und hörte mir ein paar Platten an. Natürlich hatte ich schon zwei, drei Lines intus. Es verging kaum ein Tag, an dem ich kein Kokain nahm. Plötzlich klingelte es an der Tür.

Wer konnte das sein? Ich hatte niemanden erwartet und war neugierig. Nino und Patrizia standen mit ihrem neugeborenen Kind vor meiner Tür und ich merkte sofort, dass etwas nicht stimmte. Das Kind war krank. Richtig krank. Das konnte ich auf den ersten Blick sehen. Sein Köpfchen war puterrot. „Du musst uns helfen, Rodger", sagte Nino, kaum dass er zur Tür hereinkommen war. „Dem Kleinen geht es sehr schlecht, wir müssen unbedingt mit ihm zum Arzt und haben kein Geld!" Ich hatte Nino und seine Frau erst vor ein paar Tagen kennen gelernt. Nino war schwarz wie die Nacht und sprach Kölner Dialekt. Seine Kindheit hatte er in Deutschland verbracht. Patrizia, seine Frau, hatte eine unglaublich erotische Ausstrahlung. Sie hatte etwas Wollüstiges an sich, ohne dabei vulgär zu wirken. In ihrer Gegenwart schien die Luft vor Erotik zu knistern. Ninos Körper war von vereiterten Geschwüren und Abszessen übersät, so stellte ich mir Syphilis im Endstadium vor. Patrizias Venen waren zerstochen und an manchen Stellen schwarz von Hämatomen. „Wir brauchen unbedingt 100 Dollar, damit wir das Kind behandeln lassen können. Ich habe alles versucht, aber niemand leiht uns Geld." Wortlos ging ich zu meinem Schreibtisch und gab Patrizia die 100 Dollar. „Hoffentlich reicht das. Wenn nicht, gebe ich euch mehr!" „Nein, das genügt. Ich werde dir das nie in meinem ganzen Leben vergessen." Nino verdiente sich wie Volker seinen Lebensunterhalt als kleiner Koksdealer. Außerdem hängte er sich an Urlauber und spielte für diese den Laufburschen. Seine Masche war sein Kölner Dialekt, denn dadurch gewann er schnell das Vertrauen der deutschen Touristen. Patrizia war ebenso wie er hochgradig süchtig. Im Mittelpunkt dieses Elends befand sich der Säugling, der mit solchen Eltern nicht die besten Startbedingungen hatte. Im stillen hoffte ich, dass das Kind eine segensreiche Disziplinierung auf Nino und Patrizia ausüben würde.

Nach zwei Stunden läutete es erneut, abermals standen Nino und Patrizia mit ihrem Kind vor der Tür. Diesmal gab es keine gehetzten Worte im Flur. „Du Rodger, wir dachten wir kommen einfach einen Sprung bei dir vorbei." „Jetzt erzählt erst mal, wie geht's eurem Kind? Ich hoffe es ist alles in Ordnung. Macht es nicht so span-

nend!" „Entspann dich, Alter." Das Wort „Alter" irritierte mich ein wenig, brachte mich aber zum Lachen. Wenn man einen Menschen wie Nino sah und ihn nicht kannte, wäre man im Leben nicht darauf gekommen, einen Satz, wie „Entspann dich Alter", und das im breitesten Kölner Dialekt, aus seinem Mund zu hören. „Alles in Ordnung, aber es hätte böse ausgehen können. Das Baby hat eine schlimme Infektion und ohne Antibiotika geht das Fieber nicht runter."
Patrizia sah mich lüstern an. Ich tat so, als ob ich nichts bemerkte. Ich hatte nur meine gelbe Badehose an. Mir ging durch den Kopf, dass um diese Zeit meine Mutter in Deutschland mit einem kleinen Glöckchen, das sich mindestens fünfzig Jahre im Familienbesitz befand, zur Bescherung läutete. Und ich saß hier in der Badehose herum und spürte, wie Patrizia unverhohlen auf mein Glied starrte.
„Dann bin ich ja beruhigt. Gesundheit ist schließlich das höchste Gut"! sagte ich, ganz im Bann von Patrizias Blick. Nino bemerkte Patrizias Blicke und kommentierte diese mit einem wohlwollenden Lächeln. „Wenn du mit ihr ficken willst, habe ich nichts dagegen. Ich bin da nicht so verklemmt. Auch in einer Partnerschaft sollte jeder das tun, wozu er Lust hat." Ich befand mich halb liegend im Bett und rauchte. Nino saß am Tisch. Er schüttete Koks auf und produzierte Lines am laufenden Band.
Leichtes Unwohlsein kam bei mir auf, weil wir alle den gleichen Schein benutzten. Nino war ja von oben bis unten voller Geschwüre. Offene Wunden, aus denen ein farbloses Sekret austrat. Ich fühlte mich ein wenig wie in den Film Papillon versetzt, als Steve McQueen nach seiner Flucht Hilfe benötigte und sich auf einer Leprainsel befand. Der Chef der Leprakolonie reichte ihm freundlich eine Zigarre hin, an der er bereits eifrig genuckelt hatte. Todesverachtend nahm Papillon einen tiefen Zug. Auf die Frage des Chefs, woher er denn wüsste, dass er trockene Lepra habe, also eine nicht ansteckende Form, antwortete er, dass er keine Ahnung gehabt habe. Er hatte es darauf ankommen lassen.
Ich machte es ähnlich und dachte nicht weiter über mögliche Folgen nach. Patrizia war von meiner blonden Beinbehaarung faszi-

niert und ließ ganz zart, vielleicht nur einen Millimeter über meiner Haut, ihre Hand darüber gleiten. Welch himmlische Berührung. Dafür allein hatte es sich schon gelohnt, nach Rio zu fliegen. „Wenn du es genau wissen willst", sagte ich und blickte Nino direkt in seine pechschwarzen Augen, „wenn du es genau wissen willst, finde ich Patrizia total geil. Solange sie aber mit dir zusammen ist, würde ich niemals mit ihr etwas anfangen." Inzwischen saß ich aufrecht im Bett. Ich hatte die vorherige bequeme Position mit einer sichereren Position vertauscht.

Die Nacht ging wie jede Koksnacht vorbei. Irgendwann, als die Sonne ihr Antlitz zeigte, war Schluß. Wenigstens für mich. Nacht und Koks passen zusammen wie die Oper und das Ballkleid.

„Warum schmuggelst du nicht einfach ein Kilo Koks nach Deutschland", hatte ich Nino gefragt. „Dann hätten doch alle deine Geldsorgen ein Ende. Du weißt doch besser als jeder andere, wie viel man im Drogenhandel verdienen kann." „Keine Chance, schau mich doch an. So einen wie mich kontrollieren die immer. Ich war schon mehrmals bei meinen Pflegeeltern in Deutschland und jedes Mal hat mich der Zoll rausgezogen. Ich bin ein Nigger!"

Da hatte er recht. Vertrauenserweckend wirkte er nicht, erst recht nicht auf einen Zöllner. Trotzdem war es bisher weder der Armut, der Sucht, noch den eitrigen Geschwüren gelungen, ihm sein breites Lachen zu nehmen.

Während der letzten beiden Wochen meines Urlaubs erkor mich Nino zu seinem besten Freund.

Es gibt viele Möglichkeiten eine Metropole wie Rio de Janeiro zu sehen. Die Stadt hat tausend Gesichter und ich lernte all diejenigen kennen, die auf keinem Hochglanzprospekt eines Reisebüros abgelichtet waren.

Nino nahm mich mit in die Favelas. Millionen Menschen leben dicht gedrängt an Rios unzähligen Hängen, weil sie sich die teuren Mieten in der Stadt nicht leisten können. Die Favelas sind Gegenden, in die sich kein Tourist verirren würde. Wenn einem sein Leben lieb war, so hieß es, machte man besser einen weiten Bogen um die Favelas. Nicht einmal die Polizei traute sich dort hinein,

außer in Bataillonsstärke und von Helikoptern aus der Luft begleitet. Eines Abends fragte mich Nino, ob ich nicht Lust hätte, seine Freunde in der Favela Santa Clara kennen zu lernen. Sorgen brauche ich mir keine zu machen. Mit ihm könne mir dort nichts passieren. Natürlich hatte ich Lust! Welcher Tourist konnte schon von sich behaupten, in einer Favela gewesen zu sein? Wir fuhren mit dem Taxi, einem gelben Käfer, in die Nähe des „Eingangs".
Der Fahrer weigerte sich entschieden, das letzte Stückchen zu fahren. Er hatte panische Angst, überfallen zu werden. Vertrauen erweckend war die Gegend wirklich nicht. Die letzten fünfhundert Meter bis zu dem Pfad, der nach oben führte, mussten wir also zu Fuß gehen. Nino war wie immer. Locker und ruhig. Was mochte mich dort erwarten, wenn sich nicht einmal ein einheimischer Fahrer dorthin traute? Es schien ein interessanter Ausflug zu werden.
Spreche ich vom Eingang zur Favela, meine ich damit einen steilen Hügel, zu dem holprige Stufen hinaufführen. Eine schmale Treppe, auf der kaum zwei Menschen nebeneinander gehen konnten. Mehrere hundert Meter führt ein Pfad steil nach oben. Deckung gibt es keine. Links und rechts ist der Hügel kahl. Es gibt keine Möglichkeit, sich der Favela ungesehen zu nähern. Nino ging voraus. Der Aufstieg war anstrengend. Oben angekommen, nahm uns eine Gruppe junger Burschen in Empfang. Alle mit kurzen Hosen bekleidet und Oberkörper frei. Einer von ihnen hielt lässig ein Maschinengewehr in der linken Hand, zwei andere waren mit Pistolen bewaffnet und ein weiterer trug ein Funksprechgerät. Anfänglich warfen sie misstrauische Blicke in meine Richtung, dann einige erklärende Worte Ninos und alle schüttelten mir begeistert die Hand. Nicht jeden Tag kam ein Deutscher zu Besuch. Viele Fragen prasselten gleichzeitig auf mich ein. Alle sprachen durcheinander. Ich war ein Gringo!
Wir zogen weiter und tauchten in die Favela ein. Nach wenigen Minuten verlor ich jede Orientierung. Ich schätze, dass wir gute dreißig Minuten auf diesen verschlungenen, unwegsamen Pfaden unterwegs waren. Es war viel fröhliches Kinderlachen zu hören und es roch nach leckerem Essen. Auf unserem Weg versuchte ich, so

unbeteiligt wie möglich zu wirken, so als gehörte ich hierher. Plaudernd und locker gingen wir durch die engen Gässchen, blieben hin und wieder kurz stehen, schüttelten viele Hände und strichen nicht wenigen Kindern und Hunden, die uns gleichermaßen neugierig beschnüffelten, über den Kopf. Endlich erreichten wir unser Ziel. Nino stellte mich seinen Freunden vor. Wir befanden uns in einem Hof, der von einer hohen Ziegelmauer begrenzt war. In einem Eck befand sich ein riesiger gemauerter Grill. Ich war die Attraktion des Abends, ich, der blonde Gringo, auf den sich alle Aufmerksamkeit konzentrierte. Fünf Mulatten waren anwesend und zwei Frauen, die sich schwatzend um das Fleisch für den Grill kümmerten. Im Haus war ausgelassenes Kindergeschrei zu vernehmen. Überhaupt war es recht laut. Aus den angrenzenden Häusern drang dröhnende Musik zu uns. Eine der Frauen zog mich lachend in die Wohnung, nachdem sie mich zweimal stürmisch auf die Wange geküsst hatte, um mich den Kindern vorzustellen, die sich bereitwillig und zutraulich von mir hochheben ließen. Kein Zweifel, man behandelte mich wie einen Ehrengast, und ich bereute es nicht, hierher gekommen zu sein. Nino stellte mich überall als seinen besten Freund vor und erzählte ausgiebig, was für ein guter Mensch ich sei. Er pries meine Hilfsbereitschaft in den höchsten Tönen.

Wir waren gerade rechtzeitig erschienen, denn das Essen war fertig. Es gab Bohneneintopf und Fleisch. Wir aßen von Porzellantellern, und vor uns stand eine riesige Korbflasche Rotwein mit einem Fassungsvermögen von zwanzig Litern. Anfangs tranken wir noch aus Plastikbechern. Aus dem Nichts tauchte Kokain auf. Als ich schon leicht beschwipst war, versuchte ich, direkt aus der Flasche zu trinken, was nicht leicht war, da die Öffnung riesig war und wenn ich nicht höllisch aufpasste, schwappte mir der Wein über den Oberkörper. Die anderen fanden das lustig, besonders die Frauen. Es herrschte ein ständiges Kommen und Gehen, neugierige Nachbarn und Freunde schauten vorbei, um den seltsamen Gast aus der Nähe zu begutachten. Ich wurde regelrecht vereinnahmt und musste die ganze Nacht von Deutschland erzählen. Das Alphatier war ein junger, spindeldürrer, sehniger Mann, der das Kunststück fertig brachte,

regulär auf der Universität Architektur zu studieren und seinen Lebensunterhalt durch Drogenhandel und andere obskure Geschäfte zu bestreiten. Ein intelligenter Bursche, wie Nino pechschwarz und mit einer Brille mit runden Gläsern auf der Nase. Sofort fiel mir auf, dass er ein Mann von zügelloser Energie war. Gespräche zwischen Deutschen und Brasilianern mündeten zwangsläufig bei Adolf Hitler, und nicht wenige wünschten sich auch so einen „starken Mann" an der Spitze des Landes. Anfangs versuchte ich noch, die Leute zu belehren, sie in ermüdenden Diskussionen zu überzeugen, was für ein Unmensch Hitler gewesen war. Nachdem ich aber merkte, dass alle meine gut gemeinten Worte vergebens waren, gab ich es auf.
Als die Sonne aufging, hatten wir die ganze Flasche Wein geleert. Schwankend machten wir uns auf den Heimweg. Zum Abschied wurde ich umarmt wie ein Freund. Ich musste jedem einzelnen versprechen wiederzukommen - auch ohne Nino - und alle versicherten, ich sei ihnen immer willkommen. Mit uns gemeinsam verließ ein unendlicher Strom Menschen die Favela. Im Gegensatz zu mir waren sie nicht auf dem Weg ins Bett, sondern zur Arbeit. Wäre nur einer von ihnen gestolpert, wir alle wären hintereinander wie Dominosteine umgefallen und den Abhang hinabgerollt.
Drei Tage später überprüfte ich die Ernsthaftigkeit der Einladung. Freundschaften wollen gepflegt sein und so machte ich mich allein auf den Weg. Mit einem Führer eine Favela aufzusuchen, war eine Sache, eine ganz andere aber war es, sich ohne Führer auf den Weg zu machen. Wie beim ersten Mal weigerte sich der Taxifahrer, bis zum Aufgang zu fahren. Er flehte mich an umzukehren, wenn mir mein Leben lieb sei. Wieder ging ich das letzte Stückchen zu Fuß. Es war schon dunkel. Der Empfang auf der Anhöhe fiel frostiger aus. Zwar stand wieder eine Traube junger Männer herum, doch einer von ihnen hielt mir sofort eine Pistole an die Schläfe und zwei andere durchsuchten mich nach Waffen.
„Was willst du hier, Gringo? Bist du lebensmüde?!" Der Druck der Mündung auf meiner Schläfe tat weh. So hatte ich mir ein Wiedersehen unter Freunden nicht vorgestellt. Mein Pech war, dass in dieser Gruppe niemand vom ersten Mal dabei war. Sie hörten natürlich

sofort an meinem Akzent, dass ich Ausländer war.
„Mal ganz langsam, mein Freund", empörte ich mich, völlig verkennend, dass ein falsches Wort auch meinen Tod hätte bedeuten können. „Begrüßt man so seine Gäste? Ich bin bei Antônio, dem Studenten, eingeladen und gehöre fast zur Familie. Wenn ihr mir nicht glaubt, dann fragt ihn doch!" Die Burschen, von denen keiner älter als zwanzig war, sahen sich ratlos an. „Du hast Nerven hierher zu kommen. Bete zu Gott, dass deine Geschichte stimmt!"
Einer sprach aufgeregt in sein Funkgerät und ließ nachfragen. Quälende dreißig Minuten vergingen, in denen ich versuchte, so sympathisch wie möglich auf die Kerle zu wirken und mir nicht meine Angst anmerken zu lassen. Ich hatte Gefangenenstatus. Bis die Angelegenheit geklärt war, hätte ich nicht gehen können. Weder zurück noch nach vorne.
Ich betete innerlich, dass sie Antônio ausfindig machen würden. Dann endlich kam die Entwarnung per Funk. Ich durfte weitergehen. Auf einmal waren alle wie ausgewechselt und klopften mir freundlich auf die Schultern und lobten mich, weil ich Eier im Sack hatte.
Da ich dieses Mal niemanden dabei hatte, der mich durch das Labyrinth führte, hatte ich bereits nach wenigen Minuten die Orientierung verloren. Santa Clara ist ein Irrgarten. Alles sah irgendwie gleich aus. Mal ging es steil bergauf, dann wieder bergab. Die Gassen verengten sich immer mehr, bis es überhaupt nicht mehr weiterging. Überall wehte Wäsche zum Trocknen im Wind. Mühsam fragte ich mich durch, wobei mein Erscheinen überall für Aufsehen sorgte. Zum Glück war Antônio ein Mann, der allen Einwohnern bekannt war. In manchen Favelas leben über hunderttausend Menschen. Wie verrückt ich war, nur in Kenntnis des Vornamens mich hier durchfragen zu wollen, wurde mir erst jetzt bewusst.
Antônio begrüßte mich freundlich. Er hatte die khakifarbenen Shorts vom letzten Mal an. „Tut mir leid, dass du Probleme am Eingang hattest. Ich wollte schon losgehen und nach dir suchen, weil es so lange dauerte, dachte mir aber, dass du dich bestimmt verirrt hättest. Jetzt bist du ja zum Glück da. Hier bei uns in der

Favela gelten andere Gesetze, hier kommt keiner rein, den wir nicht kennen. Hut ab, dass du dich allein hergetraut hast!" Antônio sah mich scharf und konzentriert an, wendete den Blick nicht für den Bruchteil einer Sekunde ab und nickte mir anerkennend zu.

„Ich habe dich beim Wort genommen, als du sagtest, ich sei immer willkommen. Vor allem wollte ich dich aber fragen, ob du mir etwas von deinem Kokain verkaufen kannst. Das war wirklich außergewöhnlich gutes Zeug." Sofort zauberte Nino ein Briefchen aus seiner Tasche hervor.

Bisher hatte ich meinen Kokainbedarf immer bei Dealern gedeckt, die rund um die Uhr auf der Copacabana zu finden waren. Nachdem ich jedoch Antônios Ware das erste Mal probiert hatte, wurde mir bewusst, was für schlechte Qualität man mir bisher angedreht hatte, es lagen Welten dazwischen. „Das meiste, was du dort unten kaufen kannst", dabei zeigte er vage mit seinem Zeigefinger in Richtung Zuckerhut, „das meiste ist Touristendreck, aber wahrscheinlich immer noch besser als alles, was du in Deutschland bekommst. Gutes Kokain gibt es nur hier in der Favela und auch dann musst du jemanden kennen, der nahe an den noch reinen, größeren Mengen ist. Was glaubst du, wo der sicherste Platz für Kokain ist? Hier in den Favelas, wo sich die Polizei und das Militär nicht hinauftrauen!" Jetzt war der Moment gekommen, um die Weichen für meine künftige Karriere als Rauschgifthändler zu stellen. Auf keinen Fall wollte ich von Rio abreisen, ohne eine verlässliche Bezugsquelle sichergestellt zu haben.

„Am liebsten würde ich ein ganzes Kilo kaufen und es nach Deutschland mitnehmen. Was müsste ich denn dafür bezahlen?" Antônio antwortete wie aus der Pistole geschossen, als hätte er diese Frage die ganze Zeit erwartet: „Wenn du 8000 Dollar hast, besorge ich dir den besten Koks, den es in ganz Rio zu kaufen gibt. Nicht den Dreck, den du dir bisher in die Nase gezogen hast."

In meinem Kopf hatte sich zu diesem Zeitpunkt bereits der Teufel eingenistet und mir ein abenteuerliches Leben in Saus und Braus vorgegaukelt. Ich hätte diese eine Line damals bei meinem ersten Besuch mit Volker, Christina und Sabrina niemals schnupfen dür-

fen. Woher aber hätte ich wissen sollen, auf was ich mich da einlassen würde? Die Wirkung von Kokain war jedoch so überirdisch schön, ja – göttlich!
Die „Flitterwochen" sind wunderbar. Was dann kommt – grausam! Es gibt Dinge, an die man nicht rühren sollte. Ich blieb bis zum Morgengrauen und wankte wie beim ersten Mal besoffen und randvoll mit Kokain die Stufen hinab. Ich hatte noch zwei Briefchen gekauft, die ich in einem Beutelchen an einem Zwirnfaden befestigt hatte und hinter mir her zog. Unten, am Fuße des Eingangs, lauerte manchmal die Polizei, um Verdächtige nach Drogen zu durchsuchen. Um sicher zu gehen, zog man den Koks an einem Faden hinter sich her. Das waren Tipps, die man in keinem Reiseführer lesen konnte. War dann tatsächlich die Polizei da, ließ man den Faden einfach zu Boden fallen und konnte entspannt einer Leibesvisitation entgegensehen. Ganz wohl war mir trotzdem nicht. Es machte einen großen Unterschied, ob ich als Tourist an der Copacabana etwas kaufte oder hier als Gringo mit Koks in den Taschen aus einer Favela spazierte.
Zum Glück war alles ruhig und kein Ordnungshüter in der Nähe. Ich war erleichtert, als ich ein paar Straßen weiter endlich wieder in die „normale Welt" eintauchte. Die beiden Koksbriefchen fühlten sich jetzt an wie eine Trophäe, und ich war stolz, nach dieser bestandenen Mutprobe.
8000 Dollar. Das war eine Menge Geld. Geld, das ich nicht besaß. Ich nahm mir fest vor, bei meinem nächsten Besuch in Rio finanziell besser ausgestattet zu sein.
Am nächsten Tag stand Nino wie gewohnt unangemeldet vor der Tür. Er bot mir an, ihn und Antônio, nach Campinas, einer kleineren Stadt, die sich bereits im Bundesstaat São Paulo befindet, zu begleiten. Sie wollten dort eine Lieferung Kokain bei einem abholen, den sie „den Bolivianer" nannten. Normalerweise würde er nie einen Fremden mitnehmen, wie Nino mir versicherte, aber in meinem Fall wäre dies etwas anderes. Ich sollte wissen, welche große Wertschätzung und Ehre er mir entgegenbrachte.
Wie es aussah, sollte sich mein zweiter Aufenthalt in Rio de Janeiro

zu einem wahren Abenteuerurlaub entwickeln. Antônio hatte ein klappriges Auto, das jeden deutschen TÜV-Prüfer in Ohnmacht hätte fallen lassen. Damit fuhren wir gut gelaunt nach Campinas. Für mich war es das erste Mal überhaupt, dass ich von Brasilien etwas anderes als Rio de Janeiro sah. Vor allem aber war ich neugierig auf den „Bolivianer". Eigentlich war der „Bolivianer" ein Brasilianer. Diesen Spitznamen hatte er, weil er ab und zu mit dem Auto nach Bolivien fuhr und Koks in einem doppelten Tank nach Brasilien schmuggelte. Der Bolivianer wohnte ein wenig außerhalb der Stadt in einem bescheidenen Einfamilienhäuschen. An dessen kalkweißer Wand krallten sich Salamander fest und schienen der Schwerkraft enthoben zu sein. Im Vorgarten stand ein großer Mangobaum, der sich unter der Last seiner vollreifen Früchte bog. Auf dem verbrannten Rasen lag verstreut bonbonfarbenes Plastikspielzeug. Ich musste kurz vor der Tür warten, während Antônio und Nino meine Anwesenheit erklärten. Die Wartezeit überbrückte ich, indem ich eine Mango pflückte und sie mir schmecken ließ. Kurz darauf durfte auch ich ins Haus. Brav stellte ich mich vor. Der Großmutter, die gelangweilt eine Telenovela verfolgte, gab ich einen Handkuss. Das kommt bei älteren Damen immer an. Drei Generationen lebten unter einem Dach. Der Bolivianer war ein Familienmensch, schien sich glänzend mit seiner Frau, einer matronenhaften Mulattin, und seinen fünf Kindern zu verstehen. „Hast du Hunger, Gringo?"
Ich hatte immer Hunger. Außerdem gab es Fejoada, das Leibgericht der Brasilianer, ein aus schwarzen Bohnen mit viel Fleisch gekochter Eintopf. Den ersten Teller hatte ich ruckzuck verspeist. Unter den wohlmeinenden Augen der Großmutter, die einen tüchtigen Esser zu schätzen wusste, ließ ich mir noch ein zweites Mal auffüllen. Trotzdem war ich vor den anderen fertig. „Du kannst ruhig mehr nehmen, wenn es dir so schmeckt." Freudig hielt ich meinen Teller ein drittes Mal hin und wäre noch etwas übrig gewesen, dann hätte ich mir noch ein weiteres Mal auftragen lassen, so gut schmeckte es mir.
Nach dem Essen umringten mich die Kinder, ließen mich Wörter auf Deutsch sagen und krümmten sich vor Lachen über diese

fremden Laute. Was die Brasilianer so sympathisch macht, ist die Tatsache, dass sie auch im Erwachsenenalter ihr Kinderlachen nicht verlieren!
Dann kamen wir zum eigentlichen Anlass des Besuches. Der Bolivianer hatte meine Anwesenheit akzeptiert. Ich hatte eine Ansprache, wie: „Wenn du nur ein Wort von dem erzählst, was du hier siehst und hörst, dann bringe ich dich um", erwartet. Nichts dergleichen geschah. Stattdessen öffnete er mit trägen Bewegungen seinen obersten Hosenknopf und sagte: „So ist es besser", und ging in den Garten. Da befand sich eine Blechtonne, auf der noch der verblichene Name eines Mineralölkonzerns zu lesen war. Dort griff er hinein oder besser gesagt, dort beugte er sich tief mit dem Oberkörper hinein. Erstaunlich erschien mir die Sicherheit, die dieser Mann selbst bei banalen Verrichtungen zeigte. Vorausschauend den obersten Knopf zu öffnen, um den vom Essen bereits strapazierten Magen nicht noch mehr zu malträtieren. Kurz, man sah, dass er sich nicht das erste Mal in diese Tonne beugte.
Danach gingen wir wieder in die Küche. Die Großmutter und seine Frau kümmerten sich um den Abwasch. Auf dem Tisch stand eine Flasche Coca-Cola. Die Plastiktischdecke war inzwischen sauber gewischt. Die Kinder wurden nach draußen geschickt.
Der Bolivianer legte ein Päckchen von der Größe eines Ziegelsteins auf den Tisch. Nino schob ihm ein Bündel Dollarnoten rüber, das der Bolivianer ohne zu zählen, lässig in seine Hemdtasche steckte. Bevor wir gingen, fragte ich, ob ich wiederkommen dürfe, falls ich auch einmal etwas bräuchte. Es konnte nicht schaden, mehrere Eisen im Feuer zu haben. Antônio hatte mir zwar fest zugesagt, aber man konnte nie wissen, wozu es gut war, und überhaupt bekam man nicht jeden Tag die Möglichkeit, seriöse Drogenhändler kennen zu lernen. „Klar kannst du kommen. Bring aber Nino oder Antônio mit. Ruft vorher an, damit ich Bescheid weiß!"
Zwei Stunden später waren wir wieder in Rio. Die letzte Woche hatte ich auf die schönste Weise verbracht, die sich ein Zwanzigjähriger erträumen konnte. Noch ging das Schreckgespenst Aids nicht um. Traurig fuhr ich an meinem letzten Tag mit dem Taxi zum Flugha-

fen. Die Fahrt ging an den tristen Industrievierteln entlang, vorbei an Plakatwänden mit 7-Up-Werbung und grauen Fabriken, aber auch entlang der wunderschönen Lagoa. Ich war traurig, weil es mir in Rio so viel besser als zu Hause in Deutschland gefiel. Ich schwor mir, mit genug Geld in der Tasche wiederzukommen, um ein Kilo Kokain zu kaufen. Eine Voraussetzung hatte ich dafür bereits geschaffen, ich kannte die richtigen Leute. Vertrauenswürdige, anständige Menschen, die mich nicht übers Ohr hauen würden. Denn es konnte leicht passieren, dass einem das Geld abgenommen wurde, und hatte man Pech, starb man, weil ein Leben in Brasilien nichts wert ist. Ein weiteres Plus für meine Zukunftspläne waren meine Portugiesischkenntnisse. Alles lief darauf hinaus, dass ich in Deutschland die Ärmel hochkrempeln, und Konsumverzicht üben musste, denn 8000 Dollar waren nicht wenig.

Diesmal achtete ich bei der Zollkontrolle auf jede Kleinigkeit. Ich war nur einer von tausenden Touristen, die hier ihren Urlaub verbracht hatten. Wer würde bei so einem jungen Burschen, wie ich es war, Verdacht schöpfen? Gelangweilt drückte mir eine Beamtin einen Ausreisestempel in meinen grünen Pass. Lässig wurde ich durch die Gepäckkontrolle gewinkt. Ein Kinderspiel! Kontrollen konnten sich nur auf wenige Stichproben beschränken. Schade, dass ich nicht schon heute ein Kilo Kokain bei mir hatte. Dieser Teil der Arbeit bereitete mir die geringsten Sorgen. Schwieriger konnte es bei der Einreise in Deutschland werden. Ich musste eben cool bleiben und mir meine Angst nicht anmerken lassen. Sicheres, selbstbewusstes Auftreten war gefordert!

Ich fand es schön, ein Ziel zu haben, auf das ich hinarbeiten konnte. Ich flog mit dem beruhigenden Gefühl ab, meine Hausaufgaben gemacht zu haben. Endlich wußte ich, was zu tun war. Mit dem Geld aus dem Verkauf, so stellte ich mir vor, würde ich mir problemlos eine selbständige Existenz in Brasilien aufbauen können.

In Deutschland begann ich zügig, meine Pläne in die Tat umzusetzen. Ich verdingte mich als Hilfsarbeiter in einer Druckerei. Dort arbeitete ich in Schichten zu zwölf Stunden. Eine Woche Nachtschicht, eine Woche Tagschicht. Immer von sechs bis sechs. Meine

Tätigkeit war primitiv und bestand darin, Zeitschriften und Prospekte „aufzustoßen". So lautete der Fachbegriff. Aufstoßen bedeutet, eine bestimmte Stückzahl von Heften aufzunehmen und wie ein Kartenspiel auf dem Tisch, der eine glatte Metalloberfläche hatte, aufzuklopfen. Die nun „aufgestoßenen", akkuraten Bündel stapelte ich dann auf Paletten. Waren diese voll, musste ich sie mit dem Hubwagen in den Keller bringen. Dort wurden sie komplett eingeschweißt und für den Transport mit dem LKW bereitgestellt. Zwei Mann teilten sich in diese Arbeit und ich musste sehr fix sein, denn die Hefte schossen mit enormer Geschwindigkeit aus dem Förderband. Unablässig und erbarmungslos spuckte die Maschine die Zeitschriften aus, und wenn ich zu langsam war, fielen mir die Prospekte zu Boden, so dass ich nachzuarbeiten hatte und meine Pause draufging. Musste nun einer vom Team die Palette wegbringen, dann verblieb nur noch ein Mann, um diesen Ansturm in geordnete Bündel zu verwandeln. Fünf Minuten dauerte der Gang zum Einschweißofen. Diese fünf Minuten waren für denjenigen, der bei der Maschine verblieb, die Hölle. Ohnehin war es unerträglich heiß in der Fabrikhalle und bereits nach wenigen Minuten war ich durchgeschwitzt. Wir arbeiteten eine halbe Stunde, dann kam die Ablösung aus der Pause, nach dreißig Minuten war ich dann wieder dran. So ging das zwölf Stunden lang. Nach zwei Tagen hatte ich die Anlernphase hinter mir. Als neuer Helfer war ich eine Mehrbelastung für das Team. Bis ich mithalten konnte, bedeutete das einen veränderten Rhythmus von einer Stunde Arbeit und nur dreißig Minuten Pause, doch ich stellte mich geschickt an und das gefiel meinen Kollegen in meinem Team, allesamt Griechen, von denen nur einer gut Deutsch sprach.
Mit meinen Kollegen kam ich ausgezeichnet aus. Die meisten waren Alkoholiker. Manche tranken in jeder Pause zwei Bier. Wozu das führen konnte, zeigte die nicht mehr vorhandene rechte Hand eines Maschinenführers, der die Unbarmherzigkeit der Druckwalzen zu spüren bekommen hatte. Ich trank Kaffee und rauchte pro Pause zwei Zigaretten. Wahrlich keine Traumarbeit, aber für meine Zwecke wie geschaffen. Der Lohn war hoch. Vor allem wegen

der Nachtzulage und der Überstunden. Mein Monatsgehalt betrug dadurch netto 4000 Mark. Das war wesentlich mehr Geld, als ein Koch verdient.

Die Gespräche der deutschen Kollegen hatten Stammtischniveau. Es ging um Saufen, Fußball und Weiber. Ihr höchstes erstrebenswertes Glück war ein teures Auto. Lief mal eine Frau aus der Verwaltung durch die nach ätzenden Lösungsmitteln stinkende Maschinenhalle, dann blickten die Männchen auf, so als wären Frauen auf diesem Planeten Mangelware. Sie starrten auf deren Hintern und warfen den Kumpeln verschwörerische Blicke zu. Weniger aus echter Bewunderung, sondern weil man sich gegenseitig beweisen wollte, dass man ein Kerl war und nicht schwul!

Am liebsten sprach ich mit Horst, einem gelernten Drucker. Zusätzlich zu der langen Schicht hatte er noch die tägliche Anfahrt von Würzburg nach Nürnberg. (Wann schlief dieser Mann eigentlich?) Horst war um die Fünfzig und immer mit einem Blaumann bekleidet. Ständig prahlte er von seinen Eroberungen im Zug. Angeblich gelang es ihm, jeden Tag eine andere Frau zu verführen. Seine Eroberungen schilderte er in allen Einzelheiten, sprach von Fotzen, so süß wie Milch und Honig. Natürlich glaubte ihm niemand. Im Laufe der Zeit war ich aber trotzdem fast soweit, einmal im Zug mitzufahren. Vielleicht stimmten seine Geschichten ja doch?

Wegen meiner langen Arbeitszeit hatte ich kaum Gelegenheit zum Geldausgeben. Ich wohnte bei einer alten Frau zur Untermiete in einem möblierten Zimmer. Die alte Dame war gezwungen, auf diese Weise ihre karge Witwenrente aufzubessern. Schlafen und Arbeiten: So sah mein Leben aus. In meinem Zimmer befand sich eine kleine Elektroplatte, die ich billig in einem Gebrauchtwarenhandel erstanden hatte. Auf der erhitzte ich wahlweise Ravioli in Tomatensoße oder den mexikanischen Feuertopf aus Dosen, und das als gelernter Koch – so entschlossen war ich zum Sparen. Leider erfüllte sich meine Hoffnung, bei meiner Vermieterin mitessen zu dürfen, nicht. Die alte Dame schien nie zu essen.

Ich übte mich in Selbstdisziplin und überlegte mir jede Ausgabe ganz genau. Zum Dosenfraß gab es für mich keine Alternative und

meine Zigaretten drehte ich nun auch selbst. Zu dieser Zeit kam ich mit zehn Mark am Tag aus. Nach einigen Monaten hatte ich bereits ein stattliches Sümmchen gespart. Alles lief nach meinen Vorstellungen, von denen ich nicht einen Deut abwich. Geiz war nie meine herausragende Charaktereigenschaft und im Grunde entsprach dies nicht meinem Naturell. Wie dem auch sei, der Dosenfraß half mir, meine Ziele zu fokussieren, und ich war stolz, dass ich mich so eisern im Griff hatte.
Ein wenig Zerstreuung fand ich in der Beziehung zu einer jungen Frau. Ihr Mann war Zeitsoldat und deshalb fast nie zu Hause. In Anbetracht ihrer atemberaubenden Figur war dies nicht nachvollziehbar. An seiner Stelle hätte ich mir eine andere Arbeit besorgt. Mir war es nur recht. Ich kümmerte mich an seiner Statt um die ehelichen Pflichten und kam dieser angenehmen Aufgabe gründlich nach. Es war Sommer, die Fenster waren immer weit offen. Rita wurde beim Sex richtig laut, sie schrie und stöhnte, dass man es noch in den angrenzenden Mietshäusern hören musste. Ich bewunderte ihre Schamlosigkeit, mit der sie mit mir gemeinsam den Aufzug benutzte oder wenn sie mit mir ihren kleinen Hund Gassi führte. Den Nachbarn, denen wir begegneten, war in den Gesichtern abzulesen, was sie von Rita hielten. Das störte sie aber nicht im geringsten. Eine tolle Frau!
Während dieser Phase zeigte mein Körper, zu welchen Leistungen er fähig war. In manchen Wochen schlief ich nur zwei Stunden pro Tag, wenn überhaupt. Fast meine gesamte Freizeit opferte ich Ritas Schoß. Nach vier Monaten zog sie fort in die Nähe der Kaserne, in der ihr Mann Dienst tat. In ihrer Gesellschaft zu leben, hatte Spaß gemacht. Sie fehlte mir!
Nach zehn Monaten hatte ich 28 000 Mark zusammengespart. Das musste reichen! Damals kostete 1 Dollar 2 Mark 70. Ein Kilo Kokain kostete mich also rund 22 000 Mark. Das restliche Geld sollte meine Spesen decken. Ich konnte es kaum erwarten. Bald war Schluss mit der quälenden Warterei!
Von Anfang an verhielt ich mich professionell, denn ich weihte niemanden in meine Pläne ein. Viele können ihr Maul nicht halten und

das bricht ihnen das Genick. Der Drogenhandel ist ein dreckiges Geschäft, aber gerade das machte den Reiz für mich aus. Sich weder an Gesetze, noch an Vorschriften zu halten und ein abenteuerliches Leben zu führen. Ein Leben, wozu andere keinen Mumm hatten. Wie im Kino. Caipirinha trinken in einer Bar an der Copacabana, am Strand mit den schönsten Mädchen der Welt spazieren gehen und auf den Atlantik hinausblicken. Dazu der Nervenkitzel. Wie blass sah mein angepasstes Arbeiterdasein daneben aus!
Endlich konnte ich meine Reisevorkehrungen treffen. Zuerst besorgte ich mir ein Ticket. Diesmal sollte mein Aufenthalt in Rio nur vierzehn Tage dauern. Selbst diese kurze Dauer war mir schon zu lang, am liebsten wäre mir gewesen, wenn ich sofort fliegen und übermorgen zurückkommen könnte. Um jedoch keinen Argwohn bei der Zollkontrolle zu erwecken, entschied ich mich für diesen zweiwöchigen - für Touristen üblichen - Aufenthalt. Meinen Rückflug hatte ich für den 24. Dezember gebucht. Jeder andere Tag wäre mir lieber gewesen, aber alle anderen Flüge waren ausgebucht. Es war Hochsaison.
Meine persönliche Habe war hauptsächlich meine Kleidung, die ich pedantisch in Schuss hielt. Bei diesem Posten war ich in punkto Geldausgeben noch am ehesten zu Konzessionen bereit. Ansonsten führte ich ein Leben auf dem Sprung. Hätte man mich aufgefordert, innerhalb von fünf Minuten meine Wohnung zu verlassen, dann hätte ich sogar nur die Hälfte der Zeit benötigt. Materiellen Wert hatten nur noch meine Bücher, die mir von all meinen Sachen am meisten bedeuteten, und meine Rolex. Alles andere war Ballast, von dem ich mich nicht anketten ließ. Ich war jung und ungebunden! Gegen Gelbfieber brauchte ich mich nicht impfen zu lassen, weil ich noch von früher ausreichend Schutz hatte. Das Zimmer bei Frau Friedrich behielt ich vorerst. Ich stand in den Startlöchern, wie ein Hundertmeterläufer!
Mein Flug ging von Frankfurt aus. Den Koffer hatte ich bereits am Vorabend gepackt. Einen riesigen, silberfarbenen Künstlerkoffer und eine kleinere Sporttasche, die ich als Handgepäck mit an Bord nehmen wollte. Für die Reise zog ich mir einen bequemen Jogging-

anzug an. Darüber eine graue, glänzende Jacke der Marke „Iceberg" gegen die empfindliche Dezemberkälte. Im Gepäck hatte ich auch einen Walkman und Kassetten. Genau um Mitternacht wollte ich mir einen Whisky auf Eis bestellen und „La vie en Rose" von Grace Jones hören. Eine kleine persönliche Feier über den Wolken!

In Nürnberg löste ich die Fahrkarte nach Frankfurt. In Gedanken verloren blickte ich aus dem Fenster des Intercitys. Verschneite Landschaften huschten vorbei, darüber ein grauer, verhangener Himmel. Innerlich betete ich zu Gott, in zwei Wochen diese Schneelandschaften wohlbehalten wieder zu sehen. Ich war früh dran. Zu Hause, falls man das so nennen konnte, hatte mich nichts mehr gehalten. Ebenso wie ältere Menschen, plagte mich die Sorge, womöglich den Zug zu verpassen, und deshalb kam ich immer viel zu früh am Bahnhof an.

Als ich endlich meinen Koffer einchecken konnte, fühlte sich meine Kehle vom vielen Rauchen kratzig an. Das Warten, die Vorfreude, die Anspannung, all das machte mich zum Kettenraucher. Dazu kamen noch ungezählte Tassen Kaffee. Die Passkontrolle hatte ich rasch hinter mir. Mir war leichter zumute ohne den schweren Koffer. Um mich herum wichtige Mienen, so als wollten sich alle darin übertreffen, Vertrautheit mit dem Flughafenambiente zu signalisieren. Alles war verdammt cool. Ich fühlte mich fast ein bisschen wie James Bond. Internationales Flair. Durchsagen auf Englisch. Perfektes Styling der Stewardessen, die durchweg appetitlich anzusehen waren. Ein exotisches Durcheinander. Turbane, Sackgewänder und fremde Trachten. Alle waren für wenige Momente vereint, dann einige Stunden später durch tausende von Kilometer getrennt. Hier fühlte ich mich wohl. So cool rauchen und Kaffee trinken wie die anderen konnte ich schon lange!

Das Flugzeug hob ab, gefüllt mit sonnenhungrigen Touristen. Brasilien war ein ambitioniertes Urlaubsziel. Nicht so proletenhaft wie Ibiza. Im Laufe meines Lebens hatte ich immer wieder festgestellt, dass mich mit den Leuten, die eine Affinität zu Brasilien hatten, etwas verband.

Punkt 24 Uhr ließ ich mir einen Jack Daniels auf Eis bringen. Die

Stewardess sah hinreißend aus. Dann „La vie en rose"! Kurz vor dem Zwischenstopp in Recife wurde ich wach. Noch war es Nacht. In blauer Neonschrift stand der Name Recife am Flughafengebäude. Ich war in Brasilien. Zähne putzen auf der engen Flugzeugtoilette. Eine Zigarette zum Wachwerden. Wenig später wurde das Frühstück serviert. Dann endlich die Landung in Galeão, dem internationalen Flughafen von Rio de Janeiro. Nach der Zollkontrolle warteten schon die Geldwechsler, die bündelweise Scheine in der Hand hielten und etwas bessere Wechselkurse als die offiziellen Banken anpriesen. Erfahrene Brasilienurlauber, zu denen ich mich inzwischen rechnen durfte, wussten aber, dass die inoffiziellen Kurse in der Stadt noch besser waren. Lässig ging ich an ihnen vorbei und gab ihnen zu verstehen, dass ich kein unerfahrener Depp war. Fast fühlte ich mich wie ein Carioca!
Ich stieg in ein Taxi. Die strenge Zeit der Kasteiung hatte ein Ende. Schluss mit dem Dosenfraß! Der Bus wäre um ein vielfaches günstiger gewesen, jedoch wollte ich die Anfahrt mit mir allein zelebrieren und nicht gedrängt zwischen vielen anderen in einem öffentlichen Beförderungsmittel stehen. Dem Taxifahrer gab ich knappe Anweisungen, wie er zu fahren hatte. Kein Sightseeing, sondern auf direktem Weg zur Copacabana. Es war heiß, das Thermometer zeigte 35 Grad. Gestern, bei meinem Abflug in Deutschland waren es noch 15 Grad minus. Bevor wir losfuhren, vertauschte ich meinen Jogginganzug mit ein paar Shorts und einem kurzärmeligen, weißen T-Shirt. Alle vier Fenster waren heruntergekurbelt. Der Fahrtwind fuhr mir ungestüm durch das Gesicht, so stark, dass ich die Zigarette in der hohlen Hand verbergen musste, damit mir die Asche nicht in die Augen flog. Mit ihrer halsbrecherischen Fahrweise zeigen sich Rios Taxifahrer als würdige Landsleute von Nelson Piquêt und Ayrton Senna.
An der Ecke Prado Junior/Avenida Atlântica ließ ich mich absetzen. Ich hatte großes Glück, auf Anhieb ein Appartement im gleichen Hotel wie früher zu bekommen. Es war beginnende Hochsaison. Bis zum Karneval würde Rio aus allen Nähten platzen. Im Hotelsafe deponierte ich mein Geld. Im Zimmer war es mir nicht sicher genug!

Zehn Minuten später hastete ich mit meiner Bettüberdecke als Strandlaken versehen und nur mit Badehose bekleidet über die Straße, auf der zäher Verkehr herrschte. Überall sah ich knackige braune Mädchen in Bikinis. Am Strand spielte eine Horde Kinder barfuß Fußball auf dem glühenden Sand, der mich zwang, meine Decke in der Nähe des Wassers abzulegen. Dorthin, wo die Wellen den Strand abknabberten und wo der Sand feucht war und der trockene Streifen, den es ohne Sandalen zum Wasser hin zu überwinden galt, schnell zu überqueren war. Trotzdem war es für mich, wie über glühende Kohlen zu laufen. Die Kinder hatten wohl Füße aus Stahl! Das Wasser war vergleichsweise kühl, da es aus dem offenen Atlantik kam. Es wehte eine angenehme Brise. Die Rettungsschwimmer waren auf ihren erhöhten Beobachtungsposten. Ich wollte nur noch eines, nämlich meinem verschwitzten Körper eine Abkühlung verschaffen. Ich rannte den Wellen entgegen und tauchte kopfüber in die Brandung ein. Dieses Eintauchen war für mich die offizielle Bestätigung, dass ich tatsächlich angekommen war. Wie eine Weihe, so als ob nun alle Reisevorbereitungen einen Abschluss fänden. Zügig kraulte ich weit hinaus, dorthin, wo die Wellenbewegungen ruhiger waren, ließ mich auf dem Rücken treiben, blickte zurück zum Strand, wo sich ungezählte Sonnenanbeter tummelten und ihre Jugend zelebrierten. Über mir war endloser, wolkenloser blauer Himmel und vor mir die Weite des Ozeans. Wasser war für mich kein feindliches Element. Aus mir hätte ein guter Leistungsschwimmer werden können. Ich hatte viel Talent, aber keinen Ehrgeiz, zumindest nicht in punkto Schwimmen.
Plötzlich frischte der Wind auf. Die Rettungsschwimmer hissten die roten Fahnen! Ich war sehr weit draußen. Außer mir war niemand im Wasser. Das Hissen der roten Fahne bedeutete, dass die Strömung meerwärts zog, und dass man schleunigst aus dem Wasser herauskommen sollte. Mir wurde schlagartig bewusst, dass es mich immer weiter auf das offene Meer hinauszog. Zwischen mir und dem Strand lagen inzwischen gute vierhundert Meter. Ich schwamm um mein Leben! Anfänglich vertraute ich noch auf meine Schwimmkünste und unterschätzte die Gefahr. Es war, als käme ich

keinen Meter näher an den rettenden Strand heran. Rasch merkte ich, dass ich diesen Kampf auf Dauer nicht gewinnen konnte. Also entschloss ich mich, den Strand seitlich anzusteuern und hoffte, dass es so leichter gehen würde. Nie zuvor hatte ich um mein Leben schwimmen müssen und nie hatte ich soviel Angst gehabt, zu ertrinken. Die Copacabana ist vier Kilometer lang und stößt dann mit Ipanema zusammen. Dort, wo die Grenze verläuft, ragt der Strand ein wenig weiter ins Meer hinaus. Wie eine Maschine pflügte ich mich durch die hohen Wellen und hatte dabei den Blick fest auf den Strand geheftet.

Das Salzwasser brannte wie Feuer in meinen Augen, meine Lungen pfiffen wie Blasebälge, meine Oberarme fühlten sich taub an und schienen nicht mehr zu mir zu gehören. Zweimal schluckte ich von der Brühe und bekam Hustenkrämpfe, die mich wieder wertvolle Meter kosteten. Erst am Ende der Copacabana gab mich das Meer endlich frei. Ich kroch wie eine Riesenschildkröte, die auf dem Weg zur Eiablage war, an Land. Das war knapp, fast hätte ich es nicht geschafft. Ich dankte Gott, dass er mich in meiner Kindheit ans Schwimmen herangeführt hatte. Meine Muskeln brannten wie Feuer. Langsam richtete ich mich auf. Niemand war im Wasser. Poseidon, so schien es, war am Tag meiner Ankunft über Laune gewesen. Vielleicht war er es einfach leid, dass die Stadt ihre Abwässer in sein Reich leitete. Ich erholte mich schnell und schlenderte gemächlich die vier Kilometer bis zu meiner Decke zurück, immer sorgsam darauf bedacht, die Füße nur auf nassen Sand zu setzen. Vorbei an fröhlichen Menschen, die grillten und durcheinander sprachen. Vorbei an alternden Männern, die noch eine gute Figur hatten und bewundernd den Mädchen nach sahen. In Rio wird man immer angesprochen. Eigentlich auf Schritt und Tritt. Meist handelte es sich um belangloses Zeug, aber fast immer gut gemeint. Zum Beispiel fliegende Händler, die ihre Waren feilbieten. Nur zu gern hätte ich nach dieser Strapaze einen eisgekühlten süßen Matetee getrunken. Einer dieser ambulanten Verkäufer hatte zwei große Behälter umhängen, in etwa so groß wie Sauerstoffflaschen. Gefüllt mit Matetee und Zitronenlimonade. 100 Cruzeiros der Becher. „Tut mir leid, mein Freund. Ich hab kein Geld bei mir", erwiderte ich mit meinem trockenen Mund, der sich anfühlte, als wäre er mit Löschpapier ausgekleidet. Ich erzählte ihm von meinem Badeabenteuer und dass ich schrecklich durstig war. „Da hast du aber Glück gehabt, Gringo", sagte er und schenkte mir ein zahnloses breites Lächeln. „Hier, nimm einen Schluck auf Kosten des Hauses." Geschickt nahm er einen Becher aus seiner Tasche, drehte einen kleinen Hahn auf, füllte ihn bis zum Rand und reichte ihn mir. Innerhalb einer Sekunde hatte ich den Inhalt heruntergestürzt. Nie hatte ich etwas Köstlicheres getrunken! Lachend füllte er ihn noch ein zweites Mal und ging gutgelaunt seiner Wege und rief alle paar Meter Mate-Lemão aus. Seit diesem Tag ist Matetee eines meiner Lieblingsgetränke.

Ich suchte die schnelle Entscheidung. Ich brauchte Gewissheit, dass ich am Ende meiner Reise tatsächlich ein Kilo Kokain im Gepäck haben würde. Zuerst wollte ich Nino suchen. Abends ließ ich mich ziellos auf der Copacabana treiben und hielt Ausschau nach Bekannten, die ich nach Nino fragen konnte. Auf der Straße spielte sich der immer gleiche nächtliche Reigen ab. Die Copacabana, nun zu einem Rotlichtviertel verkommen, zehrte noch vom Glanz der Dreißiger Jahre und wollte es nicht wahrhaben, dass die mondänen Jahre vorbei waren. Dabei erweckte die Copacabana das gleiche wehmütige Gefühl, mit dem eine alternde Diva ihr faltiges Gesicht im Spiegel betrachtete.

Heerscharen junger Mädchen aus allein Teilen Brasiliens, die auf der Suche nach ein bisschen Glück waren, bevölkerten die Strände. Einige fanden tatsächlich einen Touristen, der sich in sie verliebte und sie mitnahm. Auf die anderen warteten Kokain und Prostitution. Christina, die ich zufällig an einer öffentlichen Telefonzelle traf, ist so ein Mädchen. Sie fiel mir sofort um den Hals und küsste mich stürmisch ab. Ob ich auch etwas brauche, war ihre erste Frage. „Na klar", sagte ich, „am besten drei Gramm. Wir beide können ja ein kleines privates Wiedersehensfest feiern."

Ich war schon etliche Male mit ihr im Bett und obwohl der Sex mit Christina wunderbar war, schmeckte er wie Beiwerk. Im Vordergrund stand die Droge, der Koitus war unverbindlich und „en

passant."
Bei aller Wiedersehensfreude entging mir nicht ihr beklagenswerter Zustand. Sie trug ein sehr feminines, luftiges Kleidchen, das ihr vorzüglich stand. Ihr Gesicht war sorgfältig geschminkt, konnte aber nicht verbergen, wie sie vom Leben geschunden worden war. Sie war noch sehr jung. In meinem Alter ungefähr. Ich fühlte mich in Topform. Sie hingegen war permanent der Unerbittlichkeit der Straße preisgegeben. Jede Nacht zwackte ihr ein weiteres Stückchen von ihrer Schönheit ab und hinterließ Spuren. Unzählige Männerhände, die ihren Körper gegen Geld berührten; Einlieferungen ins Krankenhaus, wenn sie eine Überdosis Kokain erwischt hatte; komaähnlicher Schlaf, wenn sie sich morgens in ihrem Bett verkroch und Trost bei ihrer Puppe suchte, die sie in einem anderen Leben von ihrer Tante geschenkt bekommen hatte. Längst schon hatte sie den Wettlauf gegen ihr Schicksal und ihre Träume verloren. Nun war sie Sklavin der Droge und ordnete diesem Diktat alles unter.
Kurz darauf tauchte ein Typ auf, ein Argentinier mit öligem Haar und klatschte Christina seine Hand auf den Po. Christina bat mich um fünfzig Dollar und gab diese dem Mann. Der drückte ihr etwas in die Hand und Minuten später waren wir in meinem Zimmer und machten uns ungeduldig über das Pulver her. Zuverlässig und wie auf Knopfdruck stellten sich fast augenblicklich Glücksgefühle ein. Christina blühte auf. Alle Drangsal schien wie weggeblasen. Wir hatten es uns bequem gemacht. Nach der zweiten Line war ich kurz nach unten gegangen, um Brahma Bier zu kaufen. Mir war, als würde ich auf einem Luftkissenfahrzeug über die Straße schweben. Nach wenigen Metern war ich vollkommen nass geschwitzt. Zurück in der Wohnung stellte ich mich kurz unter die Dusche. Christina musste mal. Groß! Ich stand vor dem Spiegel und putzte mir gerade die Zähne, die Toilettenschüssel nur wenige Zentimeter vom Waschbecken entfernt. Ohne die geringsten Anzeichen von Scham setzte sie sich darauf und entbot ihren Stuhlgang Poseidon, dem Gott der Meere, der dies vermutlich alles abbekam und auch weiterhin Grund zum Zürnen haben würde.
Im übrigen schien dies keine Eigenheit von Christina zu sein, denn

ich hatte auch bei anderen Gelegenheiten erlebt, wie Brasilianerinnen ganz selbstverständlich in meiner Anwesenheit ihr Geschäft verrichteten. Von Christina erfuhr ich, dass Nino tot war. Man hatte ihn in einem Hinterhof mit einer Kugel im Kopf aufgefunden. Er war nur einer von Tausenden, die in Rio de Janeiro jedes Jahr erschossen wurden.

Nun musste ich umdenken. Bisher hatte mein Plan so ausgesehen, dass ich mit Nino gemeinsam das Kilo Kokain holen wollte. Die Telefonnummer vom Bolivianer hatte ich nicht. Zum Glück war ich aber das letzte Mal so schlau gewesen, mir die Adresse zu merken. Viel half mir dies jedoch nicht, denn der Bolivianer hatte ausdrücklich darauf bestanden, dass ich nur in Begleitung von Antônio oder Nino kommen sollte.

Antônio lebte noch, wie mir Christina versicherte. Das war ein Lichtblick. Sie kannte ihn recht gut und konnte mir ein Treffen mit ihm arrangieren. „Du musst mir einen Gefallen tun. Ich will unbedingt mit Antônio sprechen und das so schnell wie möglich!" Ich hatte Angst, nach einem Jahr allein in Santa Clara aufzutauchen. Das Empfangskomitee war mir nicht geheuer. „Für dich ist es leichter, Christina, bitte geh du für mich hin und sag ihm, dass er mich hier besuchen soll. Du kannst ihm auch meine Telefonnummer geben." „Wann soll ich denn hingehen?" „Am besten gleich morgen Nachmittag. Das ist wirklich sehr wichtig für mich." Ich griff in meine Brieftasche und gab ihr hundert Dollar. „Das ist für dich. Bring doch etwas Kokain mit, wenn du schon dort bist. Sein Zeug ist verdammt gut!"

Was für ein Glück, dass ich Christina getroffen hatte, ohne sie hätte ich wohl oder übel die Favela allein aufsuchen müssen. „Was ist eigentlich aus deiner Freundin Sabrina geworden?" „Die hat einen Deutschen kennen gelernt, der sich Hals über Kopf in sie verliebt hat. Stell dir nur vor, er hat sogar eine Bank ausgeraubt, damit er sie mitnehmen konnte." Alle zwanzig Minuten zogen wir uns eine Spur hoch. Wir waren richtig gut drauf. „Ehrlich?" sagte ich, „klingt romantisch!" „Ja, aber leider war das Ende unromantisch. Die Polizei in Deutschland hat ihn wenig später geschnappt. Sabrina haben

sie auch verhaftet und eingesperrt. Nach zwei Monaten Knast hat man sie nach Brasilien ausgewiesen!" „Wieso ausgewiesen?" „Ganz einfach, sie war erst siebzehn und deswegen mit einem falschen Pass unterwegs. Als die beiden festgenommen wurden, hatte sie den falschen Pass und auch ihre Originalpapiere bei sich". Christina hielt inne. Vom Koksen bekam sie leicht Nasenbluten. Ich rannte auf die Toilette und reichte ihr Klopapier. „Wie ging es weiter?"
„Also, Sabrina tauchte plötzlich wieder in Rio auf und trieb sich hier an der Copacabana herum. Das letzte Mal, als ich sie gesehen habe, erzählte sie mir, dass sich nun ein Italiener in sie verliebt hätte, und dass sie zu heiraten beabsichtigten. Sie hatte vor, mit ihm nach Neapel zu gehen. Seitdem habe ich sie nie wieder gesehen. Mehr weiß ich nicht." Christinas Nasenbluten hatte nachgelassen. Während sie erzählte, tupfte sie sich immer wieder die Nasenlöcher ab und entsorgte nun das blutverschmierte Papier in der Toilette.
„Dann bleibt nur zu hoffen, dass Sabrina diesmal mehr Glück in Europa hat", sagte ich und zog mir eine weitere Spur von dem göttlichen Zeug rein. Ich konnte mich noch sehr gut an ihre Freundin Sabrina erinnern, sie war das hübscheste Mädchen, das ich in meinem ganzen Leben gesehen hatte. Ich hoffte, dass wenigstens sie - stellvertretend für all die anderen, denen es nicht gelang - ihr Glück gefunden hatte.
Zwei Tage später stand Antônio vor meiner Tür. Er sah fast unverändert aus. Geschmeidig, sehnig und wach. Nun trug er einen Ziegenbart! Er kam gerade aus der Uni, wo er eine Vorlesung über Statik besucht hatte, wie er mir beiläufig erzählte. Die kreisrunde Brille mit dem filigranen goldenen Gestell stand ihm ausgezeichnet. Antônios Großvater hatte ihm früh das Lesen beigebracht, er war erst vier Jahre alt gewesen. Er trug schon als kleiner Junge eine Brille, die ihm in seiner Kindheit oft Hänseleien und manchmal auch Prügel beschert hatten. Ging die Brille dabei zu Bruch, gab es noch ein zweites Mal Dresche, diesmal vom Vater, der nicht wusste, wo er das Geld für eine neue herbekommen sollte. Außerdem brachte ihm sein Großvater das Schachspielen bei. Nachdem Antônio acht wurde, hörte der Großvater auf zu gewinnen. Antônio war einfach

zu gut, ja, fast unschlagbar, denn in der ganzen Favela hatte es kaum jemand gegeben, der ihn hätte besiegen können. Hin und wieder ließ er aber seinen Großvater absichtlich gewinnen, doch der tat dann so, als ob er es nicht gemerkt hätte. Irgendwie war es aber eben die Brille - anfänglich noch ein Makel, fast eine Behinderung - die Antônio anders machte. So als hätte man ihm einen ganz verrückten Namen gegeben, der ihn zum Außenseiter, aber auch zu etwas besonderem machte. Die Bemühungen seines Vaters erschöpften sich darin, seiner Familie ein Dach über dem Kopf und regelmäßige Mahlzeiten zu bieten. Schulisches und berufliches Weiterkommen waren etwas, was das Leben regeln würde. Der Großvater indes sah in seinem Enkelkind Antônio die Chance, all das aus ihm zu machen, was ihm selber und seinen Söhnen versagt geblieben war: Einen Weg aus der Favela zu finden! Antônio las alles, was er unter die Augen bekommen konnte, ging jeden Tag brav in die Schule und war stets Klassenbester. Er hatte Spaß am Lernen und wenn man ihn fragte, was seine Lieblingsbeschäftigung war, dann antwortete er: Lesen, Schachspielen und natürlich Fußball. (Dabei ging seine Brille oft zu Bruch).

Den Lehrern der staatlichen Schule entgingen natürlich nicht Antônios Intelligenz und schnelle Auffassungsgabe. Die Lehrer versuchten trotz überfüllter Klassenzimmer Unterricht zu erteilen. Die Schüler kamen aus armen Familien und nahmen nur sporadisch am Unterricht teil. Gewalt und Drogen waren an der Tagesordnung. Die staatliche Schule war der denkbar ungünstigste Platz, um den Kindern einen guten Start ins Leben zu ermöglichen. Und doch blitzte selbst dort hin und wieder ein Diamant auf. Die gesamte Lehrerschaft stand hinter Antônio und kämpfte für ihn, für ein Stipendium, damit er die Universität besuchen konnte. Kinder wie Antônio waren es, die den Lehrern zumindest eine kleine Genugtuung schenkten und ihnen das Gefühl gaben, dass ihre Arbeit nicht ganz vergebens war. Antônios Familie hätte sich niemals die teuren Studiengebühren leisten können. Und so kam es, dass Antônio trotz aller Hindernisse seinen Weg machte. „Es tut mir sehr leid, dass Nino tot ist. Ich konnte ihn gut leiden. Er war ein netter Kerl!"

Das war von mir nicht nur so dahingesagt, sein Tod ging mir an die Nieren und irgendwie war es mir auch wichtig, dass Antônio mich nicht für gleichgültig hielt.
„Ich werde ihn nie vergessen", sagte Antônio leise. „Er hat mir mal bei einer Schießerei das Leben gerettet und dabei selber eine Kugel abbekommen. Wenn ich wüsste, wer das Schwein war, der ihn ermordet hat, würde ich sofort hinfahren und ihn totschlagen!" Antônio putzte seine Brille. Tränen liefen ihm die Wangen herab. „Kopf hoch, das Leben geht weiter!" Weinende Männer waren mir unbehaglich, ich wusste nicht, wie ich mich verhalten sollte. Was waren die richtigen Worte? Welcher Ton war angemessen?
Ich wechselte das Thema und kam kurz und bündig auf mein Anliegen zu sprechen. „Du weißt ja noch, was wir letztes Jahr besprochen haben. Nun ist es soweit. Ich brauche unbedingt ein Kilo Kokain!"
„Kein Problem. 8000 Dollar", sagte er knapp. „Ich bin nur zwei Wochen hier. Hoffentlich klappt das auch. Am liebsten würde ich vom Bolivianer kaufen. Mein Bauch sagt mir, dass sein Zeug erstklassig ist." „Ist es auch. Seit ich mit ihm zu tun habe, gab es niemals Beanstandungen. Zufällig weiß ich, dass er gerade vor ein paar Tagen aus Bolivien zurückgekommen ist und richtiges Teufelszeug mitgebracht hat. Eine kleine Line und du glaubst, dass es dir die Schädeldecke wegsprengt."
„Von mir aus kann es losgehen. Ich habe genug Geld dabei. Je eher, desto besser." Antônio richtete sich auf und ging zur Tür. „Bin gleich wieder da. Ich ruf nur den Bolivianer an und mache etwas aus!"
Das gefiel mir! Minuten später stand er wieder vor meiner Tür. „Wir haben Glück. Er war zu Hause. Ich habe ihm gesagt, dass wir ihn am Samstag besuchen würden. Vorher geht es leider nicht. Morgen und die Tage darauf habe ich wichtige Vorlesungen, die ich nicht versäumen will." „Das macht überhaupt nichts. Samstag reicht vollkommen. Hauptsache, ich bekomme mein Kilo." „Sollst du haben, keine Sorge."
Nachdem sich Antônio verabschiedet hatte, stürzte ich mich beruhigt ins Nachtleben. Der wichtigste Punkt war nun geklärt. Jetzt konnte ich meinen Aufenthalt als gewöhnlicher Tourist genießen.

Im TomTom, einem Imbiss, der sich bei mir um die Ecke befand, ließ ich mir eiskaltes Antârctica Bier schmecken und beobachtete die Passanten. Auf den ersten Blick sah alles aus wie früher. Außer dass einige bekannte Gesichter nicht mehr darunter waren. Nino tot, Sabrina in Italien. Volker, der mir einst das Appartement vermittelt hatte, verschwunden. Dafür gab es aber viele neue Gesichter. Volker Nr. 2 zum Beispiel, ein Monteur aus dem Ruhrpott, der jedes Jahr sechs Monate auf Montage im Iran war. Die andere Hälfte des Jahres verbrachte er in Rio de Janeiro, wegen der Mädchen, wie er mir augenzwinkernd bei jeder Gelegenheit unter die Nase rieb. Ein Prolet, wie er im Buche stand. Wenig später kam seine „Freundin" dazu. Eine junge Brasilianerin, von der er mir verschwörerisch zuflüsterte, dass sie erst dreizehn war, ihm aber erzählt hatte, sie sei schon fünfzehn. Mir kam das unerhört vor. Was dachte sich dieser alte Sack (Volker war 36 Jahre alt) eigentlich? Gut, sie sah älter aus als dreizehn, aber trotzdem! Gina tat Besitz ergreifend, hielt Volker fest um seine fette Taille geschlungen und küsste ihn leidenschaftlich. Und er, dem es höchstens zugestanden hätte, ihr einen väterlichen Kuss auf die Stirn zu geben, steckte ihr seine ekelhafte Zunge in den Mund. Stinkender Bieratem und sexuelle Gier und sie noch ein halbes Kind!
„Du solltest dich was schämen. Wie kannst du so ein junges Mädchen ausnutzen", warf ich ihm vor. Anfänglich nahm Volker meine Kritik gelassen, ja, fast ein wenig amüsiert hin. „Was geht dich das an? Wenn ich sie nicht ficke, dann tut es eben ein anderer. Oder glaubst du, ich bin der erste, der seinen Schwanz bei ihr rein gesteckt hat?"
„Für mich bist du ein Kinderficker. Mich würde mal interessieren, was deine Freunde in Deutschland denken würden, wenn sie wüssten, was du hier so treibst!"
Gina lächelte dümmlich und sah von einem zum anderen. Der Imbissverkäufer, der gerade damit beschäftigt war, getrocknete Hühnerfüße an einen Kunden zu verkaufen, verstand ebenso wenig Deutsch, wie all die anderen Anwesenden. Deswegen fing ich an, Volker auf portugiesisch zu beschimpfen. Sollten die anderen ruhig

mit hören, was ich von ihm hielt.
Doch Gina, deren Tugend ich so vehement verteidigte, spuckte mir ins Gesicht. Volker war auf einmal streitlustig und drohte mir Prügel an. Ich ging also schnell weiter. Es lohnte sich einfach nicht. Mochten sie doch alle an den Hühnerfüßen ersticken. Auch Gina!
Später tauchte ein weiteres Gesicht auf, das ich von früher kannte. Vito ein kleiner Ganove, von dem ich schon öfter Kokain gekauft hatte. Ich hatte ihn als gut aussehenden, attraktiven Mann in Erinnerung. Nun aber lief er an mir im Stechschritt vorbei, ohne mich wieder zu erkennen. Sein Gang war gehetzt. Sofort drehte ich mich nach ihm um und musste mich richtig anstrengen, um ihn einzuholen. „Vito, bleib doch mal stehen!" Ich hielt ihn an der Schulter fest. „Vito, bleib stehen, kennst du mich nicht mehr?" Er sah mich wie durch eine Nebelwand an, dann dämmerte es ihm.
„Rodger, bist du wieder in Rio?" Mir fiel sofort auf, dass mit seinen Zähnen etwas nicht stimmte, immer, wenn er mit der Zungenspitze die oberen Schneidezähne berührte, fingen diese an zu wackeln. Wo waren seine Zähne geblieben? Sein Gesicht war verbeult und von blutunterlaufenen Prellungen gezeichnet. Außerdem fehlten ihm etliche Haarbüschel. Bei einem Bier erzählte er mir, was ihm zugestoßen war.
„Wie das eben so läuft. Die Polizei hat mich mit Koks erwischt und drei Wochen auf der Wache behalten. So sieht man aus, wenn die mit dir fertig sind!" Im stillen hoffte ich, dass auf mich nicht die gleiche Behandlung wartete. Im Verlauf des Gespräches erzählte er mir, dass er von der Polizei erpresst wurde und deswegen von nun an regelmäßig Geld an die korrupten Polizisten, die ihn festgenommen hatten, zahlen musste. Falls er das nicht tat, würden sie ihn wieder verhaften und womöglich noch über zurichten. Vito sah so erbärmlich aus, dass es mir schwerfiel, ihm unbefangen in die Augen zu sehen. Nicht dem Gefühl unähnlich, das man hat, wenn man einem Behinderten begegnet. Soll man dezent wegschauen, um nicht in den Ruch des Gaffens zu kommen? Oder lieber doch fest hinsehen, um Normalität zu signalisieren? Vito war schrecklich anzusehen, mit seinem nun zahnlosen oder fast zahnlosen Maul.

Von außerhalb sah alles so spielerisch aus, so als wäre das Hantieren mit Kokain völlig normal. Alle hier gingen so unbefangen damit um. Eigentlich hatte ich immer gedacht, die Menschen hier wahrten nur den Schein, mehr aus Anstand und nicht aus Gesetzestreue. So wie man eine Ampel nicht bei Rot überquert, wenn ein Streifenwagen in der Nähe ist. Tatsächlich hatte ich geglaubt, dass es sich hier um eine gesellschaftlich akzeptierte Droge handelte, die zwar nicht ausdrücklich erlaubt war, jedoch mit einem wohlwollenden Augenzwinkern geduldet wurde. Dass dem nicht so war, konnte man an Vitos zahnlosem Mund erkennen. Anscheinend konnten die staatlichen Organe verdammt unangenehm werden.
Ich trennte mich von Vito. Irgendwie argwöhnte ich, dass sein Pech auch auf mich abfärben könnte, wenn ich mich länger in seiner Gesellschaft aufhalten würde. Ich wollte Abstand von seiner negativen Aura! Bevor ich weiter zog, kaufte ich ihm noch zwei Gramm Kokain ab. Ziellos lief ich die „Avenida Nossa Senhora de Copacabana" entlang, kehrte in einem berühmten Lokal ein, das auf den schönen Namen „Garota de Ipanema" hörte. Die meisten Gäste waren junge Leute, Studenten, wie ich vermutete. Auch dort blieb ich nicht lange. Ich wollte mich bewegen, ohne ein bestimmtes Ziel spazieren gehen. Bei der Galeria Alaska standen viele Transvestiten herum. Einen beobachtete ich, wie er sich zwischen zwei Autos bückte, den Rock raffte und urinierte. Mit dem Riesenschwanz, der dabei zum Vorschein kam, hätte er auch gut im Stehen pinkeln können! Er lächelte mir zu, ganz entspannt. Ich lächelte zurück, während sich vor ihm schnell eine große Lache bildete. „Das Bier", rief ich leutselig. Langsam schlenderte ich weiter. Nach 50 Metern hatte er mich eingeholt. „Gringo, hast du nicht Lust etwas mit mir zu trinken?" Warum nicht, dachte ich. Jetzt, wo sie so vor mir stand und ich sie genau betrachten konnte, stellte ich fest, dass sie toll aussah. Ich staunte, dass ich bei ihm in weiblichen Kategorien dachte und sprach. Unauffällig streifte mein Blick den Bereich, in dem ich eine Ausbuchtung vermutete. Nichts war zu sehen. Sie sah wirklich beeindruckend gut aus. Gern hätte ich mir eingeredet, dass meine Beobachtung von vorhin eine Sinnestäuschung war.

Susanna hängte sich bei mir ein. Auf Passanten mochten wir wie ein Liebespaar wirken. Sie trug einen knappen roten Rock und ein Bikinioberteil. Susanna war braun gebrannt, hatte lange, glatte Beine, rassige Kurven und ein exotisches Gesicht, das einen Einschlag ins Asiatische hatte. Einen wunderschönen Mund und lange schwarze Haare, die wild über ihre Schultern fielen. Hätte ich es nicht besser gewusst, oder besser gesagt, hätte ich nicht ihren Schwanz gesehen, hätte ich niemals geglaubt, dass es sich um einen Mann handeln könnte.

„Kennst du die Bar ganz oben im Othôn Hotel? Von dort aus hat man eine wahnsinnig tolle Aussicht. Los, spendier mir einen Drink!" Am Othôn war ich oft vorbeigelaufen. Die Bar kannte ich noch nicht von innen. „Gern, lass uns was trinken!" Irgendwie fand ich es prickelnd, mit Susanna unterwegs zu sein. Sie hatte nicht zu viel versprochen, denn die Aussicht war wirklich atemberaubend. Das Lokal war im Stil einer Pianobar gehalten. Großzügige Fensterfronten boten einen weiten Blick auf den nächtlichen, silbrig glänzenden Ozean. Dazu stilvolle musikalische Untermalung und ein gediegenes Ambiente, anspruchsvoll und zwanglos zugleich. Arme Leute stiegen im Othon Hotel mit Sicherheit nicht ab. Die Ausstattung im Toilettenbereich konnte sich ebenfalls sehen lassen. Dunkler Marmor, der in gedämpftes Licht getaucht war. Ideal, um sich dort hin und wieder zurückzuziehen und ein wenig Kokain zu schnupfen.

Später landeten wir im Bett. Das viele Bier und das Kokain ließen Susannas Glied zu einer zu vernachlässigenden Größe schrumpfen. Am nächsten Tag fuhren wir mit der Zahnradbahn zum Corcovado. Susanna war eine angenehme Gesellschafterin, der es Freude bereitete, mit mir etwas zu unternehmen. Mir war das recht, denn ich wollte nur die Zeit totschlagen. Die riesige Jesusstatue, die mit ausgebreiteten Händen hoch über Rio steht, hieß uns willkommen. Das war mal etwas anderes und gefiel mir wesentlich besser, als Jesus ans Kreuz genagelt zu sehen.

Oben auf dem Corcovado in 700 Meter Höhe pfiff eine steife Brise. Wir waren in Wolken gehüllt. Susanna hielt sich ihr Kleid fest,

damit es nicht hoch geweht wurde und fühlte sich ein wenig wie Marilyn Monroe. Es amüsierte mich zu sehen, wie andere Männer ihre Blicke begehrlich in Susannas wohlgefüllten Ausschnitt warfen. An diesem Tag sah ich Susanna das letzte Mal.
Endlich war es Samstag. Nach dem Duschen nahm ich 9000 Dollar aus dem Hotelsafe. Es konnte losgehen und ich war bereit, meine Karriere als Drogenhändler zu starten! Wie vereinbart, holte mich Antônio mit seinem Uraltwagen ab. Während der Fahrt sprachen wir über Oscar Niemeyer und seine Retortenstadt Brasilia. Als angehender Architekt begeisterte er sich für epochale Bauprojekte. Seine Bewunderung kannte keine Grenzen. Fast zwanzig Minuten berichtete er mir eingehend vom Bau des Eifelturms und wie sehr sich die Einwohner von Paris seinerzeit dagegen gesträubt hatten, weil sie Angst hatten, dass er ihre schöne Stadt verschandeln würde. Antônio besaß ein wahrlich enzyklopädisches Wissen über berühmte Architekten und ihre Projekte und hatte nahezu alle Zahlen im Kopf. Wir stritten über die Notwendigkeit der Transamazonica, lobten den Siegeszug des Betons und versicherten uns gegenseitig der Tatsache, dass die Brasilianerinnen die tollsten Frauen auf diesem Planeten waren.
Als wir in die Straße einbogen, in der der Bolivianer wohnte, forderte mich Antônio auf, ihm die 8000 Dollar zu geben. Nichts hatte sich verändert. Das Kinderspielzeug lag nach wie vor auf dem verbrannten Rasen, der riesige Mangobaum krümmte sich unter seiner Last, und die Salamander aalten sich in der Sonne. Mein Blick suchte die Tonne, in die sich der Besitzer hoffentlich gleich beugen würde. Mit einem Blick erkannte mich die Großmutter wieder und fiel mir um den Hals. Dieses Mal ging alles sehr schnell vonstatten. Eine kurze Begrüßung und ehe ich es mich versah, hatte mir der Bolivianer ein Päckchen in die Hand gedrückt. Das Geschäft hatte weniger als eine Minute gedauert. Gern hätte ich die Qualität geprüft. Weniger aus Misstrauen, sondern einfach aus Neugierde und außerdem war ich schnupfgeil! Doch wie hätte das ausgesehen? Wie Kontrolle!
Der Bolivianer war kurz angebunden. Er stand unter Zeitdruck,

weil er wieder auf seine Kürbisfelder musste. In den letzten Tagen war wenig Regen gefallen und er musste sich dringend um die Bewässerung kümmern. Die Großmutter brachte mir unaufgefordert ein Sandwich, sie erinnerte sich, wie es schien, noch lebhaft an meinen letzten Besuch, als ich meine Qualitäten als guter Esser unter Beweis gestellt hatte.

Freudig ergriff ich mein Päckchen mit dem Kokain. Nun endlich hatte ich erreicht, was ich wollte! In meiner Hand hielt ich die Frucht all meiner Bemühungen und Entbehrungen des vergangenen Jahres. Was ich da so lässig trug, war in Deutschland 200 000 Mark wert!

Wenige Stunden später war ich endlich allein mit dem Päckchen und fühlte mich wie ein ungeduldiger Bräutigam vor der Hochzeitsnacht. Mit einem Küchenmesser aus dem Besteckkasten ritzte ich vorsichtig die eingeschweißte Hülle auf und löste die Außenhaut komplett ab. Vorausschauend hatte ich mir eine große Plastikschüssel gekauft, damit nichts von der wertvollen Ware zu Boden fallen konnte. Das Kokain zerfiel in mehrere Brocken. Durch das Pressen war das Pulver hart, fast steinern. Intensiver Kokaingeruch erfüllte die Luft. Ich wusste schon vor dem Probieren, dass die Qualität phantastisch sein würde. Eilig entnahm ich ein ganz kleines Steinchen und zerquetschte es mit meinem Feuerzeug zu Pulver. Mit einer Teppichbodenklinge hackte ich es noch feiner und bezähmte mich, mir nicht umgehend das grobe Zeug in die Nase zu ziehen. Schließlich war das die Hochzeitsnacht mit dem Kokain, da legt die Braut ganz besonders Wert auf ein zärtliches Vorspiel. Dann kam die Ouvertüre! Es krachte in meinem Schädel. Mein Gaumen und der ganze Rachenbereich waren fast umgehend betäubt. Beim Schlucken lief mir der bittere, köstliche Saft die Kehle hinab. Mir war, als würde ich empor gerissen und könnte fliegen. Das Zeug war noch besser als das, was ich bei Antônio bekommen hatte. Was für ein Glück! Die Qualität war so gut, dass ich mir vor nahm, meine künftige Kundschaft vor Überdosierungen zu schützen. So etwas durfte man nur gestreckt anbieten.

Ich entnahm ein wenig für mich und packte den Rest wieder ein, den deponierte ich sofort in meinem Hotelsafe. Zu groß war meine Angst, ausgeraubt zu werden. Ich durfte nun keinen Fehler machen in den letzten Tagen. Ich wollte das Zeug erst am Vorabend meiner Abreise auf mein Zimmer nehmen, um es ordentlich zu verpacken. Noch war ich mir nicht schlüssig, wo ich es verstecken sollte.

Bis zum Vortag meiner Abreise lebte ich, als ob es kein Morgen gäbe, und verdrängte den Gedanken an ein sicheres Versteck. Dieser Aufgabe wollte ich mich erst im letzten Moment stellen. Trotzdem nahm dieses ungelöste Problem ständig mehr Raum in meinem Kopf ein. Dieser inneren Spannung setzte ich Kokain und Alkohol entgegen. Bisher war das Glück immer auf meiner Seite gewesen.

Mein Kilo hatte die Größe eines Ziegelsteins. Bis zu dem Zeitpunkt, bevor ich es gekauft hatte, schien es mir leicht, eine derartige Menge zu verstecken. Danach wuchs dieses Kilo täglich ein Stückchen mehr und hatte nun seine reale Größe angenommen. Wo sollte ich es bloß verstecken? Vage zog ich in Betracht, die Ware auf viele verschiedene Verstecke zu verteilen. In die Zahnpastatube zum Beispiel, oder in eine Cremedose. Ich spielte mit dem Gedanken, eine Seife auszuhöhlen. Im Supermarkt besorgte ich mir verschiedene Seifen. Mit einem scharfen Rasiermesser schnitt ich das größte Stück Seife in der Mitte durch. Das tat ich über dem Spiegel, auf dem in einer Ecke auch ein kleines Häufchen Koks lag. Ich hatte es mir angewöhnt, den Garderobenspiegel abzunehmen und das Kokain darauf zu hacken. In der Theorie schien mir alles einfach, aber schon bei den ersten Schnitten merkte ich, dass die Praxis anders aussah. Die zwei ersten Stücke versäbelte ich. Als ich endlich beim meinem dritten Versuch zwei saubere Hälften vor mir liegen hatte, machte ich mich daran, mit einem spitzen Taschenmesser das Innere der Seifenhälften auszuschaben. Unendlich mühsam ging diese Arbeit voran. Hier half mir meine Ausbildung zum Koch. Gefüllte Auberginen waren meine Spezialität gewesen. Vor dem Blanchieren musste man das Fruchtfleisch vorsichtig herauskratzen und die Kunst dabei war, eine ausreichend dicke Wand stehen zu lassen, so dass beim anschließenden Blanchieren die Aubergine nicht auseinander fiel. Nur war eben, wie ich schnell feststellte, Seife von ganz anderer

Konsistenz. Alle dreißig Minuten zog ich mir eine Spur Koks in die Nase, um die Arbeit angenehmer zu gestalten. Das kleine Häufchen Koks nahm im Zuge meiner Bemühungen kontinuierlich ab. Nach Stunden hatte ich endlich zwei ausgehöhlte Hälften vor mir liegen. Zur Probe füllte ich ein Präservativ mit Zucker. Lumpige 30 Gramm hatten Platz in der Seife. Was für eine Enttäuschung!

Immer, wenn ich mich über den Spiegel beugte, um eine weitere Spur zu schnupfen, sah mir ein Fremder entgegen. Das war nicht mehr mein Gesicht. Meine Augen hatten einen irren Blick und die Pupillen waren so groß wie Saugnäpfe, so dass fast kein Blau mehr zu sehen war. Meine Züge waren verzerrt und der Mund vom Mahlen der Zähne verkniffen.

Trockener weißer Speichel klebte auf meinen Lippen. Dehydriert in wenigen Stunden, weil ich zu trinken vergessen hatte. Der Wahnsinn nahm seinen Lauf. Ich wurde den anderen unten an der Copacabana immer ähnlicher. Höhepunkt dieses Abends war, dass ich mir eingebildet hatte, dass noch Koks auf dem Spiegel lag. In Wahrheit aber war es Seifenstaub, der beim Aushöhlen auf den Spiegel gefallen war und bei oberflächlicher Betrachtung wie Koks ausgesehen hatte. Mit der Teppichklinge schabte ich alles zusammen, kratzte jedes Körnchen vom Rand heraus und legte mir damit eine dicke Spur. Kaum hatte ich mir diese Ladung rein gezogen, dachte ich auch schon, dass mein Schädel platzen würde. Jetzt erst merkte ich, dass es Seifenpulver war. Ich verbrachte gut 30 Minuten auf der Toilette, um mich wieder zu fangen. Es brannte teuflisch in meinem Schädel und ich meinte ersticken zu müssen.

Wütend warf ich die ausgehöhlte Seife gegen den Schrank. Es ärgerte mich, dass ich diesen Teil der Aufgabe nicht besser vorbereitet hatte. Ich hatte in Deutschland ein Jahr Zeit gehabt, um mir ein vernünftiges Versteck einfallen zu lassen, und nichts war passiert. Nun war es zu spät. Mir blieb nichts anderes übrig, als das Beste aus meiner Situation zu machen. Ich hatte das Wichtigste mißachtet, das einen erfolgreichen Drogenhändler ausmacht, nämlich, dass er selber unter keinen Umständen Kokain nehmen sollte.

Ich verwarf den Gedanken, das Paket am Körper zu tragen. Die

Gefahr abgetastet zu werden, war zu groß. Ich erinnerte mich an die Anfangsszene von „Midnight Express". Das ist ein Film, den ich allen angehenden Drogenschmugglern wärmstens ans Herz lege. Da versucht ein Amerikaner, Haschischplatten, die er unter seiner Kleidung mit Klebeband am Körper versteckt hatte, durch die Zollkontrolle in Istanbul zu schmuggeln und wird dabei erwischt! Eine meiner charakterlichen Schwächen war, dass ich, wenn es kompliziert wurde, allzu schnell eine Entscheidung suchte. Nach dem Motto „Augen zu und durch." Ich entschied mich also, das ganze Kokain in das Futter meiner gepolsterten „Iceberg"-Jacke einzunähen. Dann ließ ich mich ins Bett fallen und schlief erschöpft ein.

Beim Aufstehen fühlte ich mich hundeelend. Als erstes rauchte ich eine Zigarette zum Wachwerden und wankte zur Toilette. Auf dem Weg dorthin trat ich auf eine Küchenschabe, so groß wie eine Zigarettenschachtel. Die waren in Rio überall. Ich hörte es laut knacken, als der Chitinpanzer platzte, und hatte den Brei zwischen meinen Zehen. Angewidert säuberte ich meinen Fuß notdürftig mit Klopapier. Die Zigarette verglühte ungeraucht zwischen meinen Fingern, bis ich sie mit einem Schmerzensschrei zu Boden warf, um dann auch noch in die Glut zu steigen. Schlechter Laune setzte ich mich auf die Kloschüssel, schnäuzte mich in Toilettenpapier, das sich rot färbte. Das Innere meiner Nase war blutverkrustet.

Das Zimmer sah aus wie ein Schlachtfeld. Überall Seifenstücke, selbst im Schrank. Ich raffte mich auf, nahm meine Kräfte zusammen und schaffte Ordnung. Nach einer Dusche und drei weiteren Zigaretten ging es mir besser. Rio war wie immer strahlend schön. Heute wollte ich alles richtig machen und vor allem keinen Koks ziehen, denn es war der Tag vor meiner Abreise.

In einer Eisenwarenhandlung um die Ecke kaufte ich Nadel und Faden. Meine Jacke nahm ich mit, um die richtige Farbe auszuwählen. Wieder in meinem Zimmer zurück, breitete ich sie auf meinem Bett aus. Jetzt war der Moment gekommen, die Ware aus dem Schließfach zu holen. Von nun an würden wir uns nicht mehr trennen. Die Jacke war dick wattiert und großzügig an den Schultern ausgestopft. Sah man davon ab, dass diese Jacke ein ziemlich ungeeignetes Ver-

steck war, dann bot sich mir nur eine einzige Möglichkeit: In den Schultern, je 500 Gramm und hoffen. „Augen zu und durch!"
Die Arbeit mit Nadel und Faden, das Öffnen des Innenfutters verlangte mir größere Sorgfalt ab, als ich vermutet hatte. Ich kam nur mühsam voran. Dann vernähte ich die beiden Beutel so gut ich konnte. Ein Blick auf die Naht genügte, um festzustellen, dass hier keine versierte Hausfrau am Werk gewesen war. Nach vier Stunden war es endlich vollbracht. Der Koks war zwar nicht zu sehen, aber trotzdem leicht zu entdecken. Die Jacke war kopflastig und befühlte man die Schultern, so spürte man sofort, dass da ein Fremdkörper drin war. Längst schon war mir bewusst geworden, dass das Versteck die größte Hürde war.

Um mich herum war hektischer Vorweihnachtstrubel. In Gedanken sah ich mich bereits im Intercity, wie ich zum Fenster hinaussah und die verschneiten Landschaften an mir vorbeiziehen ließ. Zum letzten Mal kaufte ich mir ein Briefchen Koks. Die Nacht verbrachte ich mit Christina, wollte mir die Anspannung aus dem Kopf bumsen und den Sack richtig leerficken.

Mittags wachte ich nach nur vier Stunden unruhigen Schlafes auf. Christina war längst gegangen. Ich duschte und frühstückte und ging dann ein letztes Mal an den Strand. Vorher bezahlte ich an der Rezeption meine Rechnung. Das Gepäck war so gut wie fertig. Ich hatte nur noch einige wenige Kleinigkeiten, wie Zahnbürste und Toilettenartikel, zu verstauen. Meine präparierte Jacke packte ich in die Sporttasche. Dabei versuchte ich, sie so anzufassen, dass ich nicht mit den eingenähten Päckchen in Berührung kam. Es war unmöglich, nicht zu spüren, dass etwas nicht stimmte. Ich verdrängte diese Ängste und tat sie als paranoid ab. Wer sollte schon meine Jacke kontrollieren?

Es war Zeit, in die „Schlacht" zu ziehen. Endlich raus hier! Bei der Portiersloge bestellte ich ein Taxi. Nachdenklich betrachtete ich mich im Spiegel. Ich war knackig braun, hatte eine tolle Farbe und sah aus wie der klassische Sonnentourist. Im Taxi atmete ich noch einmal die Meeresluft. Es war Weihnachten. Was für ein Horrortrip! Auf der Fahrt eine Zigarette nach der anderen. In Gedanken war ich

abwesend. Natürlich war ich viel zu früh am Flughafen. Lieber Gott, bitte lass mich hier durchkommen! Meine Maschine war noch nicht aufgerufen. Ich gab meine letzten Cruzeiros für Espressi aus.
In meine Angst mischte sich nun aber langsam die Vorfreude, morgen wieder in Deutschland zu sein, und die Aussicht auf den Erlös durch das Kokain. Und natürlich Weihnachten feiern, mit einem kleinen Baum vielleicht und mit einem schönen schnulzigen Film im Fernsehen. So wie alle anderen, die die Festtage nicht damit verbrachten, Drogen durch den Zoll zu schmuggeln.
Ich hatte Schiss, richtigen Schiss. Meine Kunst war nun, meine Angst nicht sichtbar zu machen. Darin war ich gut, denn ich gehöre zu denen, die ihre Angst gut unterdrücken können. Wenn es darauf ankam, konnte ich im entscheidenden Moment eiskalt sein. Einmal in Aktion war ich ein Meister der Verdrängung.
Ich gab meinen Koffer auf und checkte ein. Weihnachten war kein guter Reisetag, vor allem unter solchen Bedingungen nicht, denn es war auf dem Flughafen ruhiger als sonst. Meine Bordkarte hatte ich griffbereit. Gemächlich schlenderte ich zur Zollkontrolle. Es war nur eine kurze Schlange zu sehen. Ich trug ein weißes T-Shirt, meine Rolex-Uhr und bequeme Jeans. Den Joggingangzug ließ ich diesmal weg, um keine Aufmerksamkeit zu erregen. Bei einem Aschenbecher, zwanzig Meter vom Zoll entfernt, rauchte ich noch eine letzte Zigarette und beobachtete, dass der Zöllner die Leute gemächlich ohne viel Aufhebens abfertigte. Man brauchte nur kurz den Pass vorzuzeigen und das war es! Der Zöllner war einer von der gemütlichen Sorte. Ein dicker Typ, der bestimmt für jeden ein freundliches Wort hatte.

Im Hochsicherheitstrakt

Jetzt oder nie! Ich lasse die Zigarette fallen, trete sie aus und gehe zielstrebig auf die Passkontrolle zu. Vor mir befinden sich nur drei Leute. Nun stehe ich vor dem Häuschen, reiche der Beamtin lässig den schon geöffneten Pass. Ohne Hektik, völlig ruhig und freundlich. „Fröhliche Weihnachten", wünscht sie mir lächelnd. Ein Kinderspiel. Jetzt nur noch der Dicke. Alle anderen vor mir werden nicht kontrolliert. Meinen Pass schiebe ich wieder in meine Gesäßtasche. Mit der ruhigen Bewegung dessen, der Zeit hat, und nicht den Anschein erwecken will, so schnell wie möglich fortzukommen. Der dicke Zöllner sieht mich freundlich lächelnd an. Er nickt mir entspannt zu.
„Die Tasche bitte auf den Tisch stellen!" Die anderen vor mir brauchten das nicht zu tun. Die Gefahr, erwischt zu werden, ist greifbar. „Feliz Natal"! Fröhliche Weihnachten, sage ich mit freundlicher Miene. „Du sprichst aber gut portugiesisch, Deutscher. Na, wie war der Urlaub hier?" Der Dicke ist zuvorkommend und lässt es ruhig angehen. Er hat Zeit, weil nach mir keiner mehr kommt. Er ist mit seinen Gedanken wahrscheinlich bereits bei seiner Familie. Mein Flug ist der letzte an diesem Tag. „Bitte die Tasche öffnen!" Langsam ziehe ich den Reißverschluss der Sporttasche auf. Ich habe nicht das Gefühl, dass er auf eine akribische Kontrolle aus ist. Im stillen denke ich, dass er einen Nilpferdkopf hat.
Meine präparierte Jacke liegt zuoberst. Ich stehe unter Strom. Panikwellen erfassen mich. Ruhig bleiben, ganz ruhig bleiben, zwinge ich mich. Erst nimmt er die Jacke heraus. Er stutzt und hält sie unschlüssig in der Hand und legt sie erst mal auf dem Tisch ab. Nun wendet er sich langsam dem restlichen Inhalt zu. Ganz oberflächlich betastet er jeden Gegenstand. Meine Hoffnung ist, dass er es dabei belässt. Dann nimmt er wieder die Jacke auf und befühlt die Schultern.
„Sag mal, Deutscher," sagte er gedehnt, „warum ist denn das so hart hier? Fühlt sich irgendwie komisch an!" Mir wird siedend heiß.

„Was soll schon sein?" sage ich leichthin. „Das ist die Auspolsterung der Schulterklappen." Noch habe ich mich im Griff, bin äußerlich völlig ruhig, obwohl mir bereits klar ist, dass mich nur noch ein Wunder retten kann.
Das Nilpferd war immer noch höflich und hatte ein gleich bleibendes Lächeln. Trotzdem kam er hinter seinem Tisch hervorgewalzt und baute sich vor mir auf. Aus den Augenwinkeln heraus sah ich all die anderen Passagiere auf dem Weg zu ihren Terminals. Was hätte ich darum gegeben, unter ihnen zu sein.
„Pack deine Sachen wieder ein. Wir gehen in ein anderes Zimmer. Ich glaube, dass wir uns alles genauer ansehen sollten!"
Noch konnte ich wegrennen, würde aber nicht weit kommen. Die PM, Polícia Militar, war allgegenwärtig und schwer bewaffnet. Bekannt dafür, dass sie nicht nur auf die Beine schoss.
Ich folgte dem Nilpferd in einen anderen Raum. Nun war meine einzige Hoffnung, ihn mit dem wenigen Geld, das ich noch hatte, zu bestechen. Vielleicht ließ er mich doch noch ziehen.
Auf dem Weg in das Durchsuchungszimmer kamen wir an mehreren Büros vorbei. In einem Zimmer stand ein Weihnachtsbaum, wie ich durch die offene Tür sehen konnte. Der Dicke wechselte hier und dort ein Wort mit Kollegen, die auf dem Korridor herumstanden und rauchten.
„Du hast also keine Ahnung, was sich hier in den Schulterklappen befindet? Dann hast du ja sicher nichts dagegen, wenn wir uns das mal näher ansehen. Je schneller wir hier fertig sind, desto eher erreichst du deine Maschine!" Was sollte ich sagen? Mich empören? Versuchen ihn zu überreden, sich diese unnötige Arbeit zu ersparen?
„Machen Sie Ihre Arbeit", sagte ich in der Hoffnung, dass ihn vielleicht mein sicheres Auftreten abhalten könnte.
Er entnahm einer Schublade des Schreibtisches ein Messer und schnitt direkt ins Futter. Sekunden später lagen meine zwei Beutel auf dem Tisch. „Na, Gringo, du wolltest wohl das Pulver mitnehmen und in Deutschland teuer verkaufen."
Leugnen war zwecklos. Was blieb, war die Flucht nach vorn.
„Okay, nehmen wir mal an, dass Sand von der Copacabana in den

Beuteln ist. Es ist doch Weihnachten. Lassen Sie die Beutel so wie sie sind. Ich stecke sie wieder ein und gebe Ihnen alles Geld, das ich noch habe. Damit kaufen Sie Ihrer Frau etwas Schönes und ich erreiche mein Flugzeug!" Ich hatte nur noch jämmerliche 300 Dollar. Viel war das nicht.

„2000 Dollar und ich lasse dich gehen, aber nur, weil heute Weihnachten ist." Ich zog den Geldbeutel hervor, öffnete das Scheinfach und entnahm so, dass er es sehen konnte, meine restlichen Dollarscheine.

„Das ist zu wenig, Gringo! 2000 Dollar oder ich rufe die Polizei!" Der Nilpferdbeamte blieb auch weiterhin freundlich. „Ich habe nicht mehr. Wir können uns auch die Ware teilen. Geben Sie sich doch einen Ruck. Ich bin doch nur ein ganz kleiner Fisch."

„2000 Dollar oder ich hole die Polizei!"

„Ich schwöre, dass ich Ihnen das Geld schicke, sobald ich in Deutschland bin. Beim Leben meiner Mutter. Tun Sie mir das nicht an."

„Tut mir leid, Deutscher. Du hättest das Pulver besser verstecken müssen. Jetzt ist es zu spät. Jetzt geht alles seinen Gang!"

Ein kurzes Telefonat und zwei Minuten später waren drei Militärpolizisten zur Stelle. Jetzt war es wirklich aus. Ich würde nicht mehr entkommen. Für den fetten Zöllner war nun die Angelegenheit beendet. Beim Verlassen des Raums nickte er mir noch einmal gutmütig zu. „Trotz allem, fröhliche Weihnachten, Gringo!"

Nun übernahm mich die Militärpolizei. Ich stand da wie angewurzelt, zu keiner Regung fähig. Die Polizisten rissen Witzchen über mich und ließen die Kokainbeutel von Hand zu Hand gehen.

„Ist wohl dumm gelaufen, Gringo. Ich möchte nicht in deiner Haut stecken!"

Nun wurde noch einmal alles durchsucht, einschließlich meines Afters. Dann führten sie mich in eine Zelle. Ich war eingesperrt. Man hatte mir alles abgenommen, bis auf die wenigen Kleidungsstücke, die ich am Leib hatte. Bargeld, meine Uhr und Zigaretten, alles war konfisziert worden. Hätte ich doch wenigstens Zigaretten gehabt. Ich hatte nicht die geringste Ahnung, welche Strafe auf Drogenschmuggel in Brasilien stand. Wer konnte mir helfen? In Brasilien hatte ich niemanden.

Nüchtern betrachtet, stellte sich meine Situation so dar: ich war ohne Geld und Freunde, 12000 Kilometer von zu Hause entfernt und als Verbrecher verhaftet. Voller Unbehagen malte ich mir aus, wie wohl ein Staat mit seinen Gefangenen umgehen würde, der es zuließ, dass Kinder auf der Straße lebten. Was durfte sich ein Krimineller erhoffen, wenn die Gesellschaft nicht einmal Mitleid mit ihren eigenen Kindern hatte?

Nun gab es keine Vorzugsbehandlung mehr für den Gringo aus der ersten Welt. Vitos zahnloser Mund fiel mir ein. Nun war ich ein Verbrecher, wie jeder andere hier. Niemals zuvor hatte ich mich so hilflos und ausgeliefert gefühlt. Was konnte ich nur tun? Wie gern hätte ich alles rückgängig gemacht! Obwohl ich erst seit einigen Minuten eingesperrt war, glaubte ich schon jetzt den Verstand zu verlieren. Lange musste ich zum Glück nicht warten.

„Aufstehen, Gringo, beweg deinen Arsch! Wir haben eine kleine Feier in Praça Mauá (Praça Mauá bedeutet Maua-Platz) für dich vorbereitet." Jemanden nach Praça Mauá zu bringen, bedeutete, ihn dem berüchtigten Polizeipräsidium der Polícia Federal im Hafen zu überstellen.

Ein Ritt auf Beelzebub stand mir bevor. Die Behandlung wurde von Station zu Station rüder. Zuerst das freundliche Nilpferd, dann wurden die Schrauben schon mehr angezogen. Ich bekam den Finger im Arsch zu spüren. Nun erreichte ich die dritte Stufe. Brutal riss man mir die Arme nach hinten und verpasste mir stählerne Handschellen, die so stramm angezogen wurden, dass die Handgelenke schmerzten. „Wir haben hier nicht die ganze Nacht Zeit, du verkommener Drogenhändler." Das war nicht mehr der ehrerbietige Ton, den ich bisher als deutscher Tourist gewohnt war. Unter Bewachung und unter den Augen der vielen Reisenden auf dem Flughafen, ging es im Eilschritt nach draußen. Diesmal wartete kein Taxi auf mich, sondern die grüne Minna in brasilianischer Ausführung. Und die hatte es in sich. Ein kleiner Kastenwagen, der für den Transport für sechs Gefangene vorgesehen war. Links und rechts war Platz für je drei „Fahrgäste". Ich wurde in einen Verschlag gepfercht, in dem

ich, der ich ziemlich groß bin, nur eine unbequeme Position einnehmen konnte. Ich musste meine Knie nach oben anziehen und gegen den Verschlag drücken, was schmerzhaft war. Dazu kam dann noch, dass mir die Handschellen während der Fahrt nicht abgenommen wurden.
Der Fahrer war ebenfalls ein würdiger Landsmann von Ayrton Senna, so dass ich mit dem Schädel in jeder scharfen Kurve gegen die Wand schlug. In meinem Verschlag in dem Wagen war es fast völlig dunkel, nur durch schmale Luftschlitze drang diffuses Licht. Außerdem war es brütend heiß. Bereits nach wenigen Minuten war ich vollständig durchgeschwitzt und hatte das Gefühl, in diesem Verschlag zu ersticken. Auf dem Weg ins Polizeipräsidium hielten wir insgesamt dreimal an. Jedes Mal hoffte ich, endlich aussteigen zu dürfen. Um kurz darauf verzweifelt festzustellen, dass wir unser Ziel noch immer nicht erreicht hatten. Die Tour zog sich hin! Meine Hände fühlten sich wie abgestorben an. Blut lief aus meiner Nase. Meine Kehle war ausgetrocknet und in Gedanken betete ich das Vaterunser. Ich flehte den lieben Gott an, meiner Qual ein Ende zu machen und mich aus diesem Kasten zu befreien. Nach einer schier endlosen Fahrt wurde mein Flehen erhört. Wir langten in Praça Mauá an. Ich konnte kaum noch gehen. Alles fühlte sich wie abgestorben an. Ich biss die Zähne zusammen. Bloß keine Vorstellung als Waschlappen abgeben. Zuerst brachten sie mich in den Zellentrakt im Keller. Ich verzichtete darauf, Fragen an die Beamten zu stellen und kam wortlos jeder Aufforderung nach.
Vor mir ein dunkler Gang mit je sechs Zellen, die mit Gittertüren versehen waren. Die Gefangenen konnten sich gegenseitig durch die Stäbe beobachten. Mir gab man die letzte Zelle auf der linken Seite und nahm mir meine Handschellen ab. Endlich konnte das Blut wieder zirkulieren. Es war, als wollten unzählige spitze Nadeln von innen her die Haut meiner Hände durchstoßen. Fahles Glühbirnenlicht fiel auf den nackten Steinboden, in dem eine kleine Vertiefung für Ausscheidungen eingelassen war, aus der es erbärmlich stank. Dann war da noch ein Wasserhahn in etwa einem Meter Höhe angebracht, der, wie ich später feststellen sollte, nur einmal täglich für

30 Minuten Wasser führte.
In den gegenüberliegenden Zellen waren ebenfalls ein paar arme Schweine einquartiert, die hier gemeinsam mit mir das Weihnachtsfest feiern mussten. Kaum waren die Beamten fort, fingen diese an, mich auszufragen. „Gringo, warum bist du hier? Was hat dich an diesen beschissenen Ort geführt? Hast du Weihnachten nichts Besseres zu tun?" Es tat mir gut, dass jemand mit mir sprach. „Mit einem Kilo Kokain am Flughafen erwischt. Scheiße!"
„Scheiße ist das richtige Wort, Gringo. Du sitzt richtig tief in der Scheiße. Ich kenne Leute, die haben für fünf Gramm sechs Jahre bekommen. Ich möchte nicht in deiner Haut stecken." „Sechs Jahre für fünf Gramm. Dann komme ich ja nie wieder raus!"
Mein Gesprächspartner war Mulatte und nur mit einer Unterhose bekleidet. Er war barfuss und am ganzen Oberkörper tätowiert. Sein Gesicht sah arg mitgenommen aus. „Hast du Zigaretten, Gringo?" „Tut mir leid. Die haben mir alles abgenommen." „Du brauchst einen guten Anwalt, sonst sehe ich schwarz für dich. Die können dir vier Jahre geben oder auch zwölf." Vier Jahre oder auch zwölf! Allein der Gedanke, im günstigsten Fall vier Jahre hier ausharren zu müssen, war jenseits meiner Vorstellungskraft. Bisher hatte ich Polizeiwachen nur von außen gesehen. Ich hatte mir den denkbar ungünstigsten Einstieg ins Knackileben verschafft und gleich alle Klassen übersprungen und mich direkt zur Meisterprüfung angemeldet!
Das Prüfungskomitee wartete bereits auf mich im Verhörzimmer. Der fensterlose Raum war ungefähr vier Mal zehn Meter groß. Alles in diesem Zimmer war alt und heruntergekommen. An den Wänden blätterte die einstmals grüne Farbe in großen Placken ab. Das Zimmer war spärlich möbliert. Ein großer Aktenschrank und ein wackeliger Holztisch, hinter dem der Delegado, der Chef der Polizeiwache, thronte und gerade damit beschäftigt war, seinen Kindern am Telefon eine gute Nacht zu wünschen. Als einziger Wandschmuck ein großes Foto, das ihn in Paradeuniform und im Gegensatz zu heute korrekt rasiert zeigte. Vor dem Schreibtisch, der unter Aktenbergen begraben war, der Verhörstuhl. Folterinstrumente, wie Elek-

troden waren nicht zu sehen. Nach der Fahrt in der Horrorminna schien mir alles möglich!
Ich betrat dieses Szenario und war froh, dass endlich etwas passierte und ich nicht mehr meinen eigenen quälenden Gedanken ausgesetzt war.
„Setz dich hin, Gringo! Kompliment, du hast dir den schönsten Platz auf Erden ausgesucht. Frohe Weihnachten!"
Ich setzte mich hin, sah dem Delegado vorsichtig ins Gesicht und ließ meinen Blick von einem zum anderen wandern. Im Hintergrund standen drei Ermittler in Zivil, Rauschgiftfahnder, wie ich vermutete.
„Frohe Weihnachten, danke. Ich könnte mir auch etwas Besseres vorstellen", sagte ich ängstlich.
„Hör mir gut zu, Gringo. Du hast nur eine Chance, wenn du aus dieser Sache heil herauskommen willst. Erzähl uns, woher du das Zeug hast und du kannst in drei Stunden im Flugzeug sitzen. Wir sind im Grunde nicht an dir interessiert. Uns geht es um die Hintermänner."
Der Delegado schob mir ein Päckchen Zigaretten hinüber und bot mir eine Tasse Kaffee an. Er war guter Laune. Es war mir nicht entgangen, dass alle Anwesenden ausgiebig meine Ware getestet hatten. Der Delegado schniefte ständig und machte keine Anstalten, vor mir zu verbergen, dass er voll auf Koks war. Sogar Pulverreste klebten noch in seinem buschigen Schnurrbart.
„Gutes Zeug, das du da hast." Es war zum Heulen. Da saß ich nun auf dem Verhörstuhl und diejenigen, die den Auftrag vom Staat hatten, gegen den Rauschgifthandel vorzugehen, machten sich eine heiße Nacht mit meinem Kokain, ohne dies im geringsten vor mir zu verbergen.
Mich hinter Antônio und den Bolivianer zu verstecken, kam für mich nicht in Frage. Es reichte, wenn ich blutete. Die Aussicht, vielleicht in wenigen Stunden im Flugzeug zu sitzen, war verlockend, aber zu schön, um wahr zu sein. Verräter lebten in Brasilien nicht lange!
In einer Ecke stand ein Wasserbehälter und ein Spender mit Plastik-

bechern. „Ich muss unbedingt etwas trinken. Kann ich bitte Wasser haben?" Ich war am Verdursten. „Na klar, bedien dich und dann erzähl uns alles, was du weißt!" Ich wollte mich erst mal satt trinken, denn ich ging davon aus, dass die Freundlichkeit schnell umschlagen würde, wenn ich meine Version der Geschichte berichten würde. Wer weiß, ob ich dann noch so großzügig trinken durfte?
„Ich hab den Koks von einem Mulatten an der Copacabana gekauft. Der hat mir einen guten Preis gemacht, und weil ich in Deutschland nicht an das Zeug herankomme, wollte ich ausreichenden Vorrat mitnehmen. Das ist alles!"
Der Delegado und die Ermittler sahen sich gegenseitig belustigt an. „Bist du verrückt? Du willst uns doch nicht allen Ernstes ein Weihnachtsmärchen erzählen? Das Märchen vom Schwarzen, der ganz zufällig einem Gringo bestes Kokain anbietet. Wie heißt denn der nette Mann und wie sieht er aus?" „Jesus ist sein Name und er war ziemlich schwarz, hatte krauses Haar und war sehr schlank, vielleicht 30 Jahre alt!"
Plötzlich schlug mir einer von der Seite mit aller Kraft die flache Hand ins Gesicht. Ich fiel mitsamt dem Stuhl um und versuchte beim Aufstehen Haltung zu bewahren. „Die hast du dir nicht wegen dem Koks eingefangen, sondern wegen der Mulattenstory!"
Mein Kopf wurde nach hinten gerissen. Nun war auch plötzlich die Schreibtischlampe auf mich gerichtet. Hartes, grelles Licht, nicht so schummrig wie die Deckenbeleuchtung. „Deine letzte Chance. Name und Anschrift von dem Typen. Überlege es dir gut! Du willst doch nicht seinetwegen Jahre im Knast versauern. Dann kannst du deinen Flieger besteigen!" Ich hatte Angst. Als ich in das Zimmer geführt worden war, war die Atmosphäre entspannt gewesen, ja fast lustig. Nun war ich ihrer Willkür ausgesetzt. Sie konnten mit mir machen, was sie wollten.
„Ich kann Ihnen nicht mehr sagen. Es war tatsächlich so. Ich kenne den Mann nicht näher!"
Ein Tritt von hinten gegen den Stuhl katapultierte mich bis fast vor die Nase des Delegados. Beim Versuch, mich abzustützen, riss ich Aktenberge zu Boden. „Der Deutsche leistet Widerstand und

greift den Delegado an", rief ein Ermittler mit Vollbart, der bisher noch kein einziges Wort gesagt hatte. Von allen hatte er eigentlich das gutmütigste Gesicht. „Vielleicht sollten wir ihn den Knüppel schmecken lassen."
In meiner Panik fing ich an, die Akten und verstreuten Papiere einzusammeln, nur um die Polizisten nicht noch mehr zu verärgern. Dann hagelte es Schläge. Ich ließ es so mannhaft wie möglich über mich ergehen, mein Körper hielt eine ganze Menge aus.
Im Nachhinein weiß ich, dass meine Behandlung in jener Nacht fast als zärtlich zu bezeichnen war, im Vergleich zu dem Schliff, den die Brasilianer bekamen. Ihnen wurden Zähne ausgeschlagen und sie bekamen Schläge mit dem Knüppel, bis ihnen die Knochen brachen. Die Ordnungshüter machten kein Federlesens mit Kriminellen. Wenn man noch auf zwei Beinen aus dem Zimmer wanken konnte, war das großes Glück.
Für mich gab es ebenfalls Tritte und Faustschläge. Nur dem Umstand, dass ich Ausländer war, hatte ich zu verdanken, dass die Beamten nicht noch brutaler mit mir umsprangen. Sie wussten natürlich, dass sich irgendwann das Konsulat einschalten würde.
Mit schmerzverzerrtem Gesicht hielt ich meinen Unterleib und versuchte Haltung zu bewahren. „Was ist jetzt, Gringo? Mach es uns nicht so schwer!" Ich wollte Zigaretten. „Welche Zigaretten?", fragte der Delegado ungehalten. „Ich habe noch Zigaretten in meinem Gepäck. Oder darf ich mir welche kaufen?" „Welches Gepäck und welches Geld?" Die vier schüttelten sich aus vor Lachen.
„Und wenn Sie mich totschlagen. Ich kann Ihnen keinen Namen sagen, weil ich den Typen nicht kenne!" Sollten die doch machen, was sie wollten. Ich hatte einen Punkt erreicht, an dem ich keine Angst mehr hatte. Sollten sie mich doch totschlagen!
„Also gut, Deutscher. Du willst es nicht anders. Das hier war nur ein kleiner Vorgeschmack auf all das, was noch kommen wird. Unsere Gefängnisse sind keine Erholungsheime, dort freut man sich auf Frischfleisch. Man verändert sich, wenn man Jahre ohne Frau ist. Du wirst viele Schwänze lutschen, mein Freund! Abführen!"
Ich kam wieder in meine Zelle. Kurze Zeit später ging die Tür aber-

mals auf und ich wurde der gleichen Prozedur noch einmal unterzogen, aber auch diesmal blieb ich standhaft bei meiner Version.
Irgendwann, ich hatte jegliches Zeitgefühl verloren, rollte ich mich in einer Ecke der Zelle zusammen und schlief auf dem feuchten Steinboden ein. Der Schrecken war nicht fassbar und mein Selbsterhaltungstrieb setzte sich durch.
Ich wusste nicht, wie lange ich so dalag auf dem harten Boden, aber sobald ich wach wurde, traf mich die Realität wie ein Faustschlag. Alle Erlebnisse der Nacht waren schlagartig wieder da. Mein ganzer Körper schmerzte von den Schlägen und auch wegen der unbequemen Schlafstätte. Jeder Knochen tat mir weh. Meine Kleidung war verschwitzt, zerrissen und dreckig. Ich hatte unerträglichen Durst, aber der Wasserhahn in der Zelle war abgestellt. Ständig kamen neue Einlieferungen, darunter auch Männer, die grauenhaft zugerichtet aus dem Verhörzimmer gebracht wurden. So schlimm, dass man sie in ihre Zelle schleifen musste. Die Gefangenen stießen Verwünschungen und Beleidigungen gegen Gott und die Welt aus. Mit einem Blick war klar, dass es sich um Eierdiebe handelte. Kleine Dealer und arme Schweine, die von der brasilianischen Justiz in die Mangel genommen worden waren.
In dieser Polizeistation brachte ich sechs Tage zu. Mit meiner Aussage gaben sich die Beamten schließlich doch zufrieden. Ich war in Wartestellung und hatte noch immer keine verlässliche Auskunftsquelle, die ich über meine Perspektiven befragen konnte. Alles, was ich bisher zu hören bekam, schwankte zwischen drei Stunden, bis das nächste Flugzeug geht, und 30 Jahren, die mir im schlimmsten Fall drohten.
Für mich kehrte „Alltag" ein, die Tageszeiten ergaben sich nach dem Verköstigungsablauf. Da kein Tageslicht in dieses Steinverlies drang, verlor ich jedes Zeitgefühl. Früh gab es einen Becher Kaffee und ein Stück Brot. Gegen Mittag ging die Tür ein weiteres Mal auf und ein Kalfaktor brachte das Mittagessen. Er war ein altgedienter Knacki, der in Praça Mauá eine Vertrauensstellung hatte und das Essen von einer Großküche in der Nähe holte. Das einfache Essen schmeckte erstaunlicherweise gut. Abends gab es Tee, Brot, ein wenig Wurst

und Käse. Am Vormittag wurde das Wasser für 30 Minuten angestellt. Dies war dann auch der geeignete Moment mein großes Geschäft zu verrichten. In Ermangelung von Toilettenpapier wusch ich mir meinen Hintern danach mit Wasser ab. Es stank bestialisch im ganzen Zellentrakt. Notdürftig versuchte ich ein Mindestmaß an Hygiene aufrechtzuerhalten: Abreiben der Achseln und des Körpers mit Wasser, aber ohne Seife. Wer keinen Besuch von Verwandten oder von einem Anwalt erhielt, hatte auch keine Zahnbürste. Die Gefangenen bekamen nur Nahrung, alles andere mussten sie sich privat bringen lassen.

Demzufolge hatte ich keine Zahnbürste und konnte mir den Mund lediglich mit Wasser ausspülen. Intimsphäre gab es auch keine, jeder konnte zusehen, wenn ich über der Toilette kniete. Meine Gemütsverfassung entsprach meinem äußeren Erscheinungsbild. Ich verwahrloste in dumpfer Tierhaftigkeit. Ich versuchte, so viel wie möglich zu schlafen und hoffte darauf, dass etwas passieren würde. Einer der Wärter gab mir eine Zeitung zu lesen. „Lies mal, Gringo. Du hast Schlagzeilen gemacht!"

Verblüfft las ich einen Artikel über mich und meine Verhaftung am Flughafen. Reißerisch aufgemacht mit riesiger Überschrift. Das las sich so, als hätte man einen internationalen Drogenhändler dingfest gemacht. Der Wärter machte keine Anstalten zu gehen. „Wieviel ist das Zeug denn in Deutschland wert?" fragte er mich neugierig. Ich wusste nicht recht, was ich antworten sollte. Sagte ich die Wahrheit, dann klang das nicht mehr nach der Version vom Eigenverbrauch. Tat ich aber so, als ob ich es nicht wüsste, könnte er auf den Gedanken kommen, dass ich mich über ihn lustig machen wollte. Ich antwortete wahrheitsgemäß: „200 000 Mark." „Mach dir nichts draus. Du hast es wenigstens versucht. Vielleicht klappt es beim nächsten Mal. Die Zeitung kannst du als Andenken behalten."

Solche Gesten retteten mich über den Tag. Meine Seele war genügsam geworden und brauchte nicht viel. Die anderen Gefangenen fragten mich unablässig aus. Jeder wusste bereits, warum ich hier war. Ich achtete genau darauf, nicht missverstanden zu werden. Ich wollte mir durch unbedachte Worte keine Feinde machen, denn es

lag auf der Hand, dass man mich in ein anderes Gefängnis verlegen würde. Und viele andere auch, die hier gemeinsam mit mir in der Polizeistation ausharrten. Besser, sie hatten mich nicht als unsympathischen, arroganten Schnösel in Erinnerung.
Den Zeitungsartikel über mich konnte ich auswendig, ebenso wie den Rest des Blattes. Ich sehnte die Verlegung herbei und vor allem wollte ich endlich wissen, was auf mich zukommen würde. Die anderen Zellenbewohner freuten sich schon, von Praça Mauá wegzukommen. Viele hatten im Knast Freunde. Dort gab es Marihuana und Koks. Dort waren sie fast ein wenig zu Hause.
Manche Gefangene bekamen Besuch. Mein Zellengenosse auch. Der Anwalt brachte ihm eine Schachtel Zigaretten mit, die er an alle Mitgefangenen verteilte. Auch mir schenkte er eine. Als Nichtraucher hatte er es im Knast leichter. Ich würde das Rauchen einstellen müssen, wenn nicht ein Wunder geschähe.
Einen Tag vor meiner Verlegung bekam ich Bescheid, dass man mich nach Água Santa bringen würde. Água Santa war ein geflügeltes Wort im Zellentrakt. Meine Mitgefangenen wussten schreckliche Dinge von dort zu berichten. Água Santa war ein Hochsicherheitsgefängnis und dort saßen die schlimmsten Verbrecher ein. Teilweise zu mehr als hundert Jahren verurteilt. Água Santa war ein Synonym für die Hölle und alle, die dort einmal waren, wünschten sich nichts sehnlicher, als in eine andere Anstalt verlegt zu werden. Dieser Knast sollte meine nächste Station werden. Am Morgen gab es noch ein letztes Mal im Polizeigewahrsam Frühstück für uns, Kaffeeersatz und eine Stulle mit Butter. Zu packen hatte ich nichts. Meine Turnschuhe hatte man mir vor zwei Tagen weggenommen, um noch einmal gründlich die Sohlen nach einem etwaigen Drogenversteck zu untersuchen. Ich war barfuss, trug eine Jeans, eine Unterhose und ein T-Shirt. So wurde ich gemeinsam mit fünf anderen Gefangenen zur hermetisch abgeriegelten Schranke in der Tiefgarage gebracht. Die Hände auf den Rücken gefesselt, bestieg ich zum zweiten Mal die Horrorminna und fuhr mit ihr ins Ungewisse. Die anderen schrien unablässig und beleidigten die Fahrer als Hurensöhne und kündigten an, eines Tages ihre Mütter zu ficken. Die

Fahrer revanchierten sich mit abrupten Bremsmanövern, so dass wir uns die Köpfe blutig schlugen.
Der Transport war so Furcht erregend, dass mir die bevorstehende Einlieferung in Água Santa als Befreiung erschien. Als der Wagen zum Stehen kam, waren wir bereits im Inneren des Gefängnisses und wurden von unfreundlichen Wärtern mit Maschinengewehren empfangen. Die Beamten hatten die gleichen Verbrechervisagen wie die Knackis, nur mit dem Unterschied, dass sie eine Uniform trugen. Von vier Wächtern wurden wir in den Zugangsbereich eskortiert. In einer nackten steinernen Zelle, an die ein Waschraum angrenzte, wurden wir barsch aufgefordert, uns nackt auszuziehen. Noch nie hatte ich heruntergekommenere Räumlichkeiten gesehen. Überall nackter Stein, ein uraltes Gemäuer, in dem jedes Wort nachhallte.
„Ihr verdreckten Lumpen! Zeit zum Waschen. Nie zuvor habe ich so einen verlausten und verkommenen Haufen wie euch Halunken gesehen. Zeit für eine Desinfektion, damit ihr wieder wie Menschen ausseht!" Den Spruch sagte der Schließer bestimmt bei jedem Zugang auf. Der Waschraum war sauber, aber die Sanitäreinrichtungen spotteten jeder Beschreibung. Alles war gammelig und verbogen, rostige Rohre, Waschbecken aus verbeulten Blech, von der Emaillefarbe war längst nichts mehr zu sehen. Intensiver Schweißgeruch waberte in der Luft. Wir durften uns einseifen. Drei Stück Seife wurden verteilt, je zwei Gefangene mussten sich ein Stück teilen. Das letzte Mal hatte ich in meinem Appartement geduscht. Das war nun sieben Tage her. Endlich duschen! Die Fingernägel hatte ich mir seit einer Woche nicht mehr geschnitten und dabei lege ich besonderen Wert auf makellose Maniküre. In meinem Gepäck hatte sich ein hochwertiges Nagelnecessaire befunden, mit dem sich nun wahrscheinlich der Delegado die Füße pflegte.
Mein Bart wucherte. Keine Rasierklingen – keine Rasur. Ohne Kamm auch kein Kämmen, und wenn es ein Gefühl gab, das einem in jeder Sekunde spüren ließ, wie man verwahrloste und verfaulte, dann dieser abgestandene, pelzige Geschmack im Mund.
Beim Duschen besserte sich meine Stimmung ein wenig. Es war brütend heiß. Handtücher hielt man offensichtlich für unnötigen

Luxus. Mir schien das alles wie ein surrealistischer Traum. Nur wenige Kilometer von hier entfernt hatte mir Rio zu Füßen gelegen, hatte ich ein Playboyleben geführt und hier war ich nun froh und dankbar, dass ich mich einseifen durfte. Die Brasilianer lachten und scherzten, sie sprachen über Fußball und Weiber. Für sie war die rauhe Wirklichkeit hier Normalität. Mir war das Lachen vergangen. Immer noch hatte ich nicht die geringste Ahnung, wie lange mein Martyrium dauern würde.

„So, ihr Hurensöhne. Genug gebadet. Ihr bekommt nun eure Suiten zugeteilt. Auch du, Gringo! Fast so gut wie im Palace Hotel, nur das ihr keine Miete zu zahlen braucht!" Auch das war wahrscheinlich ein Standardspruch. Die Kleidung wurde uns bis auf die Unterhose abgenommen. Die Schließer machten sich auf meine Kosten einen kleinen Scherz, denn mir ließen sie nicht einmal die Unterhose. Ich stand völlig nackt da. So mussten sich Sklaven gefühlt haben, wenn sie zu früheren Zeiten auf dem Marktplatz versteigert wurden. Dann wurden wir auf unsere Zellen verteilt. Ein Wärter begleitete mich. Meine Bitte, mir meine Unterhose zu belassen, wurde abgelehnt. „Du bekommst deine Kleidung später wieder, wenn sie gewaschen ist", bekam ich zu hören. Auf meinen Einwand, dass die anderen doch ihre Unterhose behalten durften, bekam ich als Antwort einen Stoß in den Rücken. „Vorwärts, Gringo, hier gibt es keinen Ausländerbonus."

Würde man mich fragen, was mein bisher schlimmstes Erlebnis war, dann stünde an erster Stelle die Fahrt in der Horrorminna. Gleich an zweiter Stelle meiner Hitliste folgt aber mein nackter, entwürdigender Gang durch das Gefängnis. Sobald wir das Gittertor zum Hauptgebäude passiert hatten, brandete das Schreien der Verdammten in meine Ohren. Ich betrat das Erdgeschoss des vierstöckigen Zellentraktes. Auf jeder Seite waren acht Zellen, in denen ungefähr 30 Gefangene auf vier mal sechs Meter eingepfercht waren. Jede Einlieferung wurde mit Spannung erwartet. Im Knast verbreiteten sich Neuigkeiten rasend schnell. Es war schon vorher bekannt, wer eingeliefert werden würde. Als Ausländer, noch dazu als Deutscher, war ich etwas Besonderes. Meine Geschichte vom Flughafen hatte bereits die Runde gemacht. An diesem Tag war ich die Attraktion und meine Ankunft wurde ungeduldig erwartet. Man stelle sich eine Kakophonie Hunderter Menschen vor, die alle durcheinander schrien. Von der Lautstärke her vergleichbar mit dem Tosen, wenn im Fußballstadion ein Tor fällt. Hinter den Gitterstäben Gewimmel, Gesichter, Leiber die sich dagegen pressten, mit den Händen ruderten. Zerlumpte Gestalten, zahnloses Lachen, Beleidigungen und immer wieder Pfiffe, so als würde eine Blondine im Minirock an einer Baustelle vorbeigehen.

„Schaut mal, aqui vem a puta alemã, da kommt die deutsche Hure. Du hast ein süßes Ärschchen. Du brauchst einen richtigen Arschfick. Olala!" Und ich immer noch nackt zum Gaudium aller. Der Wärter lief vorne weg. Ich versuchte Haltung zu bewahren und schritt hinter dem Wärter her als hätte ich Kleidung an. Was würde nun geschehen? Ich konnte mir nicht vorstellen, ein Leben als Knasthure zu fristen. Was aber, wenn mich dort einer nach dem anderen vergewaltigte? „Du wirst viele Schwänze lutschen, Gringo", hatte mir der Delegado prophezeit. Ich nahm mir fest vor, falls es soweit käme, demjenigen, der es versuchen sollte, seinen dreckigen Schwanz abzubeißen, auch wenn dies mein Todesurteil sein sollte. Der Wärter bewegte sich wie in Zeitlupe durch alle vier Stockwerke.

Es sollte nicht zum Schlimmsten kommen, da ich Ausländer war. Diese wurden alle zusammen in einer bestimmten Zelle untergebracht. Über dem Eingang eingraviert stand das Wort „Internacional". Das war Rettung in höchster Not, mit der ich bereits nicht mehr gerechnet hatte. Auf meinem Weg durch das Gefängnis hatte ich riesige Angst und fühlte mich, als würde man mich wilden Tieren zum Fraß vorwerfen.

Im Unterschied zu den anderen Zellen, wurde meine Ankunft in der „Internacional" zwar mit Neugierde erwartet, aber nicht von Schreien und durch Rütteln an den Gittern begleitet. Sofort spürte ich den wohltuenden Unterschied zu den übrigen Zellen. Aufrecht trat ich ein und suchte mir ein Fleckchen, auf dem ich stehen oder sitzen konnte. Es gab fünf Etagenbetten für 24 Gefangene, so dass jeder Insasse nur einen Quadratmeter für sich hatte. Die körperliche

Nähe der anderen war so unerträglich, dass ich unwillkürlich die Luft anhalten wollte, mich so dünn wie möglich machen wollte. Mit jeder kleinsten Bewegung konnte ich in das Territorium eines anderen einbrechen. Ich fühlte mich wie in einem übervollen Bus, außerdem war ich immer noch splitternackt.
„Hello, everybody, my name is Rodger", sagte ich, um überhaupt etwas zu sagen. Ich hoffte, dass mir die anderen wohlgesinnt sein würden, mir einen Weg aus meiner Nacktheit und inneren Verstörtheit weisen würden. Kurz, ich hoffte auf ein freundliches Wort und eine Hose, oder wenigstens auf ein Handtuch. Ein Blick in die Runde genügte, um festzustellen, dass meine Zellengenossen aus den verschiedensten Ländern stammten: Nigerianer, Amerikaner, Holländer, Uruguayer, Argentinier, Belgier, Österreicher, Franzosen und sogar ein alter Chinese waren hier inhaftiert. An der Wand entdeckte ich ein freies Fleckchen. Dort setzte ich mich vorsichtig hin und hoffte auf eine Zigarette.
Das Zellenleben ging an diesem Tag nicht seinen gewohnten Gang. Man beschnüffelte und beäugte mich. Ein Neuzugang war auf der einen Seite nie gern gesehen, weil sich der Platz dadurch noch mehr verringerte, andererseits aber war es eine Abwechslung im tristen Knastalltag. Tom, ein Vietnamveteran, gab mir seine Hand und hieß mich willkommen. „Zigarette?" Mir ging es schlagartig besser. Der Rauch tat so unendlich gut. Ich saß mit dem blanken Hintern auf dem Steinfußboden. Ein spindeldürrer Afrikaner kam lächelnd auf mich zu und sagte: „Zieh die hier an. Ich leihe sie dir, bis du etwas hast!" Er warf mir eine ausgeblichene alte Turnhose in den Schoß. Nie zuvor in meinem Leben hatte ich ein wertvolleres Geschenk erhalten. Fast fühlte ich mich wieder wie ein richtiger Mensch. In den folgenden Stunden erzählte ich den Zellengenossen, wie es mir am Flughafen ergangen war. Die meisten Ausländer saßen in Brasilien wegen versuchten Kokainschmuggels ein. Rauschgifthändler, glücklose Kuriere und auch Süchtige, die die günstigen Preise lockten. Lediglich Helmut, ein Österreicher, saß wegen Scheckbetrugs. Später tauchte da auch noch Bernd auf, den sie mit einem falschen Pass erwischt hatten.

Unser Zusammenleben war durch ungeschriebene Gesetze geregelt. Zehn Betten für fünfundzwanzig Mann bedeutete, dass in Schichten geschlafen werden musste. Diejenigen, die als letzte eingeliefert wurden, hatten überhaupt kein Anrecht auf ein Bett und mussten mit dem nackten Boden vorliebnehmen. Aufgerückt wurde nach dem Rotationsprinzip. Wer es sich leisten konnte, kaufte eine dünne Schaumgummimatratze, um dem Steinfußboden etwas Bequemlichkeit abzuringen. Diejenigen, die kein Geld hatten, schliefen auf dem nackten Boden. Nichts wurde vom Gefängnis gestellt. Ich hätte nie gedacht, dass man so wenig brauchte, um existieren zu können. Immer schon war es mir leicht gefallen zu schlafen. Ob in fremder Umgebung oder auch zu ungewöhnlichen Zeiten - das Sandmännchen war stets zur Stelle. Es war extrem unbequem, aber irgendwie ging es doch. Mein Körper ertrotzte sich einfach das Quantum Schlaf, das notwendig war, um weiter zu bestehen, und war der Boden noch so hart!

Während des Tages bemühte ich mich, niemandem im Weg zu stehen, und bezähmte auch mein Verlangen, die anderen nach Zigaretten anzubetteln. Ich wollte weder als Schwächling gelten noch Verpflichtungen eingehen. Ich blieb erst einmal passiv und wartete ab. Das Leben auf so engem Raum erforderte ein Höchstmaß an Selbstdisziplin und gegenseitiger Rücksichtnahme. Jeder Schritt und jedes Wort wollte gut überlegt sein. Man vermied instinktiv, den anderen in die Augen zu sehen. Es wäre ungehörig gewesen, allzu neugierig Blicke schweifen zu lassen. Auch dies gehörte zur Zellenetikette. Von allen Inhaftierten war ich der jüngste. Man behandelte mich mit einer gewissen Achtung, denn mein Delikt war hier keines, dessen ich mich zu schämen brauchte. Selbst die Brasilianer in den angrenzenden Zellen ließen Respekt für mich durchblicken. Ein Kilo Kokain war keine Bagatelle und so war ich in den Augen der Brasilianer kein Eierdieb. Es gehört Mut dazu, Drogen durch den Zoll zu schmuggeln. Es war kein „feiges" Verbrechen. Nicht auszudenken, wie es wäre, in Brasilien wegen Vergewaltigung oder Unzucht mit Minderjährigen einzusitzen. Männer, die diese Delikte begangen hatten, sind nirgendwo auf der Welt beliebt, aber in Brasilien war

die Chance für diese, lebendig entlassen zu werden, fast Null.
Mit der Zeit lernte ich meine Mitgefangenen kennen, blieb dabei aber immer zurückhaltend und eröffnete nie von mir aus ein Gespräch. Nicht etwa, weil ich schüchtern gewesen wäre, sondern weil ich in der Hierarchie der „Rangniedrigste" war.
Inzwischen hatte sich auch meine Kleidung ein wenig vervollständigt. Nun besaß ich ein T-Shirt, das mir Tom, der Amerikaner geschenkt hatte. Tom war ein wortkarger Mann und wie schon erwähnt, Berufssoldat. Über ein knappes „Hallo" gingen unsere Gespräche anfangs nicht hinaus.
Tom wurde ebenso wie ich auf dem Flughafen verhaftet. Mit dem Unterschied, dass er zwei Kilo Kokain schmuggeln wollte. Er hatte regelmäßig zwei Kilo Kokain nach Amsterdam geschmuggelt. Tom bekam Besuch von Anwälten und konnte sich auch kleine Annehmlichkeiten wie Zigaretten, frische Kleidung, Toilettenartikel und besseres Essen leisten. Eben alles, was man sich für Geld innerhalb der Gefängnismauern verschaffen konnte. Mein Englisch war gut und so ging ich zu seinem Bett, um ihm für das Hemd danken. Erst dachte ich, er wolle nicht von seiner Times aufsehen, so wie ein hoher Vorgesetzter, der seine niedrigen Angestellten erst einmal spüren lässt, welche Position er innehatte und angelegentlich in seinen Papieren blättert. Tom belegte den oberen Teil eines Stockbettes. Wir hielten etwas Small Talk und verstanden uns anfänglich ganz gut, bis er von Vietnam zu erzählen begann und prahlte, wie viele Vietkong er abgeschlachtet hatte. Auf mich machte das keinen Eindruck. Richtig warm wurden wir nie miteinander. Trotzdem war ich ihm sehr dankbar für das Hemd.
Ein besonderer Höhepunkt war für mich die Begegnung mit Eddy. Aus Andeutungen der anderen Gefangenen wußte ich, dass Eddy mit riesigen Drogenmengen hantierte, angeblich im Tonnenbereich und einer der ganz Großen im Business war. Er war einer, der mit Kartellen verhandelte und die Ware fast direkt beim Erzeuger einkaufte. Sein Trick hatte darin bestanden, das Rauschgift in Filtern von Swimmingpools zu verstecken. Begleitet wurde Eddy von zwei düsteren Argentiniern, die sich wie Bodyguards gebärdeten und fast

nie sprachen. Ihm imponierte meine jugendliche Entschlusskraft, er lobte mich für meine Initiative und spornte mich an, es beim nächsten Mal besser zu machen. Eddy stammte aus Antwerpen. Er war fünfzig Jahre alt und erinnerte mich vage an Tim, den Reporter, aus den Comic Heften von Tim und Struppi. Eddy war in seinem früheren Leben leitender Angestellter in einem internationalen Bankhaus gewesen und sprach acht Sprachen fließend. Ein richtiger Weltbürger! Irgendwie war es paradox, so einen außergewöhnlichen Menschen unter solchen Umständen kennen zu lernen. Eddy gehörte ebenfalls zu denen, die selten den Mund aufmachten. Er besaß eine Aura, die mich in ihren Bann zog. Er verkörperte all das, wovon ich am Anfang meiner so jählings beendeten Drogenhändlerkarriere geträumt hatte.

Schnell stellte ich fest, dass ich zu denjenigen in der Zelle gehörte, die am besten portugiesisch sprachen, was in der Folgezeit ein enormer Vorteil für mich sein sollte. Das war, so glaube ich heute, auch ein Grund, warum Eddy sich hin und wieder mit mir abgab. Eddy sprach auch ein ganz passables Portugiesisch, nicht ganz so gut wie ich, aber ausreichend, um ohne fremde Hilfe auszukommen. Einmal wollte er von mir wissen, was in Agua Santa das Schlimmste für mich sei.

„Dass ich mir nicht die Zähne putzen kann. Ich fühle mich wie der letzte Dreck", sagte ich. Er stand auf und entnahm aus seinem Hygienebeutel eine Zahnbürste und eine angebrochene Tube Zahnpasta. „Hier nimm! Hast du niemanden, der dich besucht oder dir Geld schickt? Was ist mit einem Anwalt oder dem Konsulat?" „Bis jetzt hänge ich vollkommen in der Luft und eigentlich weiß ich überhaupt nicht, wie es weitergehen soll!"

Nach mir wurde ein Nigerianer eingeliefert, der mit großem Hallo von zwei Landsleuten, die schon einige Monate einsaßen, empfangen wurde. Durch diesen Neuzugang erfuhr ich, warum es notwendig war, auch die Körperöffnungen zu kontrollieren. Der Nigerianer hatte nämlich genau dort eine größere Menge Crack versteckt gehabt. Crack ist mit Backpulver angereichertes Kokain, das ausschließlich geraucht wird. Ich kannte das damals noch nicht. Bei dem Nigeria-

ner war die Polizei nachlässig gewesen. Ich musste mir unwillkürlich vorstellen, wie er über all die Tage im Polizeigewahrsam immer wieder den Beutel heraus geschissen hatte und ihn danach wieder mit seinen kotverschmierten Fingern in den After eingeführt hatte.
Die drei waren außer Rand und Band vor Wiedersehensfreude. Sie klopften sich unermüdlich auf die Schultern und lagen sich freudestrahlend in den Armen. Jetzt konnte die Party steigen. Sie hatten es sich auf einem Bett bequem gemacht und angefangen das Crack zu rauchen. Eine Vorrichtung zum Inhalieren war schnell angefertigt. Eine Coca-Cola-Büchse reichte dafür aus. Mit einer Gabel stachen sie ein paar kleine Löcher in den Boden der Dose. Diese bedeckten sie mit Zigarettenasche. Dann platzierten sie ein kleines Cracksteinchen darauf, führten die Dose mit dem offenen Verschluss an den Mund und inhalierten kräftig. Sofort entfaltete die Droge ihre berückende Wirkung. Die drei Nigerianer waren schlagartig fantastischer Laune und schienen vollkommen vergessen zu haben, dass sie sich in einer elenden Zelle befanden.
Der Nigerianer hatte einen ziemlich großen Klumpen in seinem Arsch versteckt gehabt. Es waren mindestens fünfzig Gramm, wie ich aufgrund der Größe schätzte. Großzügig reichten die Burschen die Büchse an die anderen Mitgefangenen weiter. Auch an mich! Was für ein Teufelszeug! Ich schwöre, dass alle meine Sorgen wie auf einen Schlag weggeblasen waren. Dieses Crack hatte es in sich. Natürlich war es vor allem eine Party zwischen den Nigerianern, aber weil sie eben auch den anderen etwas abgaben, fühlte sich bald die ganze Zellenbelegung in Hochstimmung.
Nachts verdrückte ich mich in meine Ecke, zog das T-Shirt aus und legte es mir als Unterlage für meinen Kopf zurecht. Vorher putzte ich mir akribisch meine Zähne. Das war für mich noch erhebender als das beste Kokain der Welt. Natürlich war die Versuchung groß, mich weiter in der Nähe der Nigerianer herumzudrücken, so wie einige andere, die nicht genug bekommen konnten. Ich zog es jedoch vor, mich hinzulegen.
Wecken am Morgen. Die Beamten liefen an den Zellen vorbei und ließen einen Stock über die Gitter tanzen, was einen höllischen Lärm

machte. Dann kam die Morgenkaffeeausgabe. Ein braunes Gebräu, das nicht den Namen Kaffee verdiente und dazu ein Stück Brot. Der Ausspruch, bei Wasser und Brot zu sitzen, kam der Veköstigung in Água Santa gefährlich nahe. Die Nigerianer waren immer noch zugange, ließen unermüdlich die Dose kreisen und verzichteten auf das Frühstück. So ging das immer weiter. Volle drei Tage insgesamt saßen sie auf dem Bett und taten nichts anderes, als Crack zu rauchen. Nicht eine Stunde schliefen sie. Doch irgendwann ging ihnen das Rauschgift zur Neige. Der Brocken, der anfangs die Größe eines Hühnereis gehabt hatte, war nun zu einem kleinen Kügelchen geschrumpft. Die Stimmung bei ihnen verschlechterte sich und ihr Ton wurde aggressiver. Alles deutete auf eine Katastrophe hin. Irgendwann war auch der letzte Krümel aufgebraucht. Das Gefühl, unbesiegbar zu sein, war verschwunden und stattdessen stellten sich bei ihnen Depressionen ein. Jetzt war der Spaß vorbei. Mit irrem Blick suchten sie nun Zentimeter für Zentimeter den Boden nach Resten ab, die sie vorher achtlos fallen gelassen hatten, als sie noch aus dem vollen schöpfen konnten. Anfänglich fanden sie tatsächlich einige wenige Brösel, die dann unter Streit und Geschrei geraucht wurden. Ein außergewöhnliches Schauspiel! Auch der Ton wurde immer schärfer, denn keiner gönnte dem anderen den ersten Zug. Außerdem beschuldigten sie sich gegenseitig, heimlich etwas abgezweigt zu haben. Wie sonst sollte so ein riesiger Brocken so schnell aufgebraucht sein? Ich sah dem Treiben vom anderen Ende der Zelle zu und hielt ganz bewusst einen Sicherheitsabstand. Auch die anderen, die sich die letzten Tage hatten freihalten lassen, zogen sich zurück. Warum zum Teufel legten sich die Nigerianer nicht einfach ins Bett? Ganz einfach, weil man vom Crackrauchen wahnsinnig wird! Plötzlich ist eine Schlägerei im Gange. Wie Kampfhunde gehen die Nigerianer aufeinander los und dreschen sich die Schädel blutig. Längst schon sind wir anderen so weit es irgendwie geht, zurückgewichen. Ohne Vorwarnung schlägt einer der Nigerianer seinem Kumpel mit einer Flasche über den Schädel, die dabei krachend zu Bruch geht. Das Blut läuft an seinem Oberkörper hinunter. An seinem Kopf hat er mehrere tiefe Schnittwunden davongetragen.

Aus seinen Augen leuchtet der Irrsinn. Er stürzt sich nun seinerseits auf die beiden anderen, die sich am Boden wälzen. In Raserei tritt er mit seinen nackten Füßen wahllos auf seine Kumpel ein. Köpfe schlagen gegen den Steinboden und wir anderen hören, wie Finger und Nasenbeine brechen. Die Geräusche, die dabei entstehen, sind so fürchterlich, dass mir schon vom reinen Zuhören alle Knochen weh tun. Niemand in unserer Zelle kommt auf den Gedanken, die drei zu trennen. Nur einem Lebensmüden hätte derartiges einfallen können. Wenige Stunden zuvor waren sie noch die besten Freunde. Der Tumult in unserer Zelle ist natürlich im gesamten Zellenbau zu hören und in Windeseile spricht sich überall herum, was in der Ausländerzelle vor sich geht. Schließer stehen auf einmal vor unserer Tür und stürmen in unsere Zelle. Acht Mann sind nötig, um die drei zu trennen. Auch die Beamten sind nicht zimperlich und schlagen mit Knüppeln auf die Unruhestifter ein, als gilt es, ihnen den Teufel auszutreiben. Sie schlagen solange mit den Schlagstöcken auf die Nigerianer ein, bis sie nicht mehr zucken und ohnmächtig liegen bleiben. Dann schleifen sie die Nigerianer raus. Überall auf dem Boden ist verspritztes Blut, ausgeschlagene Zähne liegen herum und ausgerissene Haarbüschel daneben. Schlimmer konnte es auch im Schlachthof nicht aussehen. Dieses grauenhafte Spektakel sollte der Anfang von diversen Vorfällen dieser Art werden!
Nach Água Santa schickte man in der Regel drei verschiedene Gruppen: Untersuchungsgefangene im allgemeinen und Strafgefangene, die zu besonders hohen Strafen verurteilt worden waren, und dann gab es noch die Gruppe derjenigen, die woanders keinen Platz mehr fanden, weil sie in allen anderen Gefängnissen rund um Rio Feinde hatten.
Uns Gringos war das relativ egal. Wieder einmal wurden zwei neue Ausländer eingeliefert. Ein Franzose namens Frederic, der eine auffällig kräftige Figur und ein mir unsympathisches Gesicht hatte. Mit ihm kam noch ein älterer Mann, dem Anschein nach ein Asiate. Später stellte sich heraus, dass er Japaner war. Er trug eine Holzprothese am rechten Bein und darin hatte er versucht, zwei Kilogramm Kokain über die Grenze zu schmuggeln. Ich hatte Mitleid mit dem

gebrechlichen alten Mann. Doch ich durfte mich nicht täuschen lassen, denn er war ein abgebrühter Drogenschmuggler, der diese Tour nicht das erste Mal gemacht hatte. Den ganzen Tag verharrte er reglos im Schneidersitz und schien gar nicht anwesend zu sein. Ich hatte ihn nur wenige Male sprechen hören. Er war eine faszinierende Person, die ich niemals vergessen würde. Im Gegensatz zu dem Franzosen hatte er Stil.

Frederic machte sich wichtig und fiel den anderen auf die Nerven. Ein Angeber, der sich etwas auf seinen muskulösen Körperbau einbildete. Auf mich hatte er es von Anfang an abgesehen. Weil ich der Jüngste war, meinte er, mich zu seinem Laufburschen machen zu können. Drei Tage lang provozierte er mich bei jeder Gelegenheit. Als er mich einen Hurensohn und Mutterficker nannte, platzte mir der Kragen. Ich saß gerade bei Tom auf dem oberen Teil des Etagenbetts. Schlägereien waren mir seit jeher ein Gräuel, doch Frederic hatte mich nun einmal zuviel gepiesackt. Er vertraute wohl darauf, dass ich es auf Grund seiner körperlichen Überlegenheit nicht wagen würde, ihn anzugreifen. Da hatte er sich getäuscht, denn auf einmal stürzte ich mich wie ein Bussard auf Frederic und riss ihn zu Boden. Der wusste überhaupt nicht, wie ihm geschah. Ich versuchte, seinen Kopf gegen den Steinboden zu schlagen. Frederic gewann wegen seiner körperlichen Überlegenheit aber schnell Oberhand. Meine Wut verlieh mir jedoch Kräfte, von denen ich nicht geahnt hatte. Wie ein Wahnsinniger verbiss ich mich in seine Nase und in seinem Gesicht. Kurz darauf wurde ich von vier „Funcionários" (Beamten) fortgerissen. Alles ging so schnell, dass ich es gar nicht richtig mitbekommen hatte. Was aus ihm wurde, kann ich nicht sagen. Nur so viel: Alle waren froh, dass er weg war, und meine Zellenkollegen sagten bei den Wärtern aus, dass alle Provokationen von ihm ausgegangen seien. So begann nun auch ich zu verrohen!

Den Brasilianern hatte das gefallen. Nun war ich nicht mehr die deutsche Hure. Am nächsten Tag kehrte wieder Alltag ein. Meistens gab es Bohneneintopf, den ich nur mit größtem Wohlwollen als Fejoada bezeichnen konnte. Die Fejoada ist das Rückgrat der brasilianischen Küche. Schmackhafte, einfache Kost; nährstoffreich und lecker. Die

Knastfejoada hingegen war wässrig und fad. Der ungewaschene Reis schmeckte nach nichts. Wurststücke oder Fleisch musste ich mit der Lupe suchen. Es empfahl sich jedoch, schnell Freundschaft mit der Verköstigung zu schließen, wenn man überleben wollte.
Auch war es wichtig, sich gut mit dem Hausarbeiter, der das Essen ausgab, zu stellen. Je nach Laune und Sympathie hatte er es in der Hand, ob er den Schöpfer korrekt voll machte oder nur halbherzig in den Bottich tunkte. Rührte er nicht kräftig um, bekam man nur wässrigen Brei in den Napf. Mein großes Glück war, dass mich die Brasilianer leiden konnten. Bei der Essensausgabe riss ich Witzchen und war immer freundlich und gut gelaunt. Vor allem gefiel den Brasilianern, dass ich so gut portugiesisch sprach und seit dem Zwischenfall mit Frederic hatten sie zudem noch Respekt vor mir. Fast gelang es mir, wie ein Carioca, also einer, der in Rio zur Welt gekommen war, zu sprechen. Zur Belohnung bekam ich immer eine randvolle Schöpfkelle in meinen Blechnapf.
Die Nahrung reichte gerade so zum Überleben aus, aber ohne Nährstoffe hatte es der Körper schwer, Abwehrkräfte aufzubauen. Krank werden durfte man hier nicht!
Nach zwei Wochen bekam ich unerwarteten Besuch. Ein Wärter führte mich in ein Zimmer, wo ein gut gekleideter Endvierziger auf mich wartete. Er stellte sich als Dr. Riveiro vor, von Beruf Anwalt.
„Ola Rodger, sou teu advogado, Ich bin dein Anwalt. Christina, deine Freundin war bei mir und hat mich beauftragt, dich zu besuchen." Ich konnte mein Glück gar nicht fassen und hatte tausend Fragen auf einmal. „Ja, Rodger, da bist du in einen richtigen Schlamassel geraten. Die Zeitungen waren voll von dir. Ist aber nur halb so wild. Ich erkläre dir, wie das hier in Brasilien läuft. Hätte dir jemand bei der Verhaftung beigestanden, dann hätten wir den Delegado schmieren können und du wärst längst draußen. Dafür ist es zu spät. Nun ist die Akte beim Staatsanwalt, aber auch dort gilt, dass sich alle Türen öffnen, wo Geld voranschreitet. Mit dem richtigen Gutachten und einem Termin bei einem milden Richter kommst du vielleicht mit zwei Jahren davon und die sitzt du dann in einem halboffenen Vollzug ab, spielst den ganzen Tag Fußball und

bekommst Besuch von Frauen. Es kann aber auch anders laufen. Ohne Anwalt und wohldosierte finanzielle Zuwendungen wartest du erst mal ewig auf deinen Prozess. Wenn du Pech hast, bekommst du zehn Jahre, die du in den übelsten Löchern absitzen musst."
Wie immer lief alles aufs Geld hinaus. Korruption war hier in Brasilien bei der Justiz der Normalfall. Seit meiner Inhaftierung ärgerte es mich, dass ich wegen lumpiger 2000 Dollar in diese Lage geraten war. Manchmal erstickte ich fast an meinen Selbstvorwürfen. Woher aber sollte ich das nötige Geld nehmen? Bei meinen geschiedenen Eltern machte ich mir da wenig Hoffnung.
„Dr. Riveiro, bitte werden Sie konkreter", sagte ich. „Von welchen Beträgen sprechen wir hier?" „Mit 10 000 Dollar sollten wir auskommen. Damit sind meine Kosten gedeckt und auch die notwendigen Zuwendungen geleistet." Aussichtslos, war mein erster Gedanke. Soviel konnte ich niemals auftreiben. Trotzdem musste ich Zeit gewinnen und den Anwalt bei Laune halten. „Das sollte kein Problem sein", sagte ich im Brustton der Überzeugung, wohl wissend, dass dem nicht so war. „Ich werde nach Deutschland schreiben und mir Geld schicken lassen." „Sehr gut, vertraue nur auf mich. Wir machen das Beste daraus. Behandelt man dich gut hier?"
„Ja, die Leute hier sind freundlich und wenn ich von all den Missständen absehe, kann ich nicht klagen." Der Anwalt gab mir Hoffnung und ließ mir zum Abschied zwei Schachteln Hollywood, Briefmarken und etwas Geld da. In Brasilien ist es gestattet, einen bestimmten Betrag mit ins Gefängnis zu nehmen. „Ich komme dich in zwei Wochen wieder besuchen. Christina sagte mir, dass sie auch kommen wolle. Laß dich nicht unterkriegen, Gringo!"
Mein Gang zurück in die Zelle wurde diesmal nicht von zotigen Bemerkungen begleitet. Ich war nun Teil dieser Anstalt, gehörte dazu und wuchs in meine Rolle als Knastinsasse hinein. Ich schöpfte Mut und fühlte mich nicht mehr allein und hatte jetzt auch ein wenig Geld.
Tage darauf kam ein Mitarbeiter des deutschen Konsulats zu mir. Man führte mich wieder in das Besuchszimmer. Zu diesem Zeitpunkt wusste ich bereits vage, was auf mich zukommen würde.

Das Gespräch mit dem Anwalt, den Wärtern, dem Delegado und vor allem mit den Mitgefangenen ergab ein Puzzle, das sich immer weiter vervollständigte. Das Konsulat rundete nun das Bild ab und sollte mir letzte Gewissheit über meine Zukunft geben. Herr Ebel war um die 35 Jahre, sportlich gekleidet und trotz der Sommerhitze war er ziemlich blass. Er war ein trockener Zeitgenosse und sprach knapp und sachlich. „Das war das Dümmste, was Sie machen konnten", waren seine ersten Worte. „Ich frage mich immer wieder, wie es Menschen geben kann, die sich auf so ein Risiko einlassen. Und wir sollen dann helfen!" Sofort spürte ich, dass ich von ihm wenig Trost zu erwarten hatte. „Jetzt bin ich auch klüger. Die Situation ist nun aber mal so, wie sie ist. Glauben Sie mir, niemand tut das alles mehr leid als mir." „Erhalten Sie Hilfe von zu Hause? Vertritt Sie ein Anwalt?" Während ich erzählte, machte er sich Notizen. Er hatte eine kleine, filigrane Schrift. Ich berichtete ihm von Dr. Riveiro und den 10.000 Dollar. Vor allem aber wollte ich von ihm hören, dass meine Lage nicht ganz so düster aussah, und dass ich bald wieder frei sein würde.

„Was soll ich Ihnen sagen? Wenn Sie Glück haben, richtet der Anwalt etwas aus. Vermutlich aber presst er Sie nur aus und behält das Geld für sich. Für ein Kilo Kokain gibt es zwischen zwei und fünfzehn Jahren. Damit müssen Sie rechnen. So sieht die Praxis aus!"

„Können Sie mir denn gar nicht helfen? Wenn ich ehrlich bin, weiß ich nicht einmal, wie ich den Anwalt bezahlen soll, geschweige denn, wie ich die Mittel für Bestechungen aufbringen soll!" „Da können wir Ihnen überhaupt nicht helfen. Wir sind nicht verpflichtet, Ihnen einen Anwalt zu stellen. Das hätten Sie sich vorher überlegen sollen."

Langsam fragte ich mich, wozu er überhaupt hergekommen war. „Für Leute wie Sie habe ich keinerlei Verständnis", fuhr er fort und blickte mich kalt an. „Drogenhändler haben nichts Besseres verdient. Was hätten Sie gemacht, wenn alles gutgegangen wäre?" Er hielt kurz inne, sah mich abschätzend an. „Ich sage es Ihnen. Verkauft hätten Sie das Kokain, um andere damit süchtig zu machen. Wenn ich überhaupt im hintersten Winkel meines Herzens ein wenig Mitleid für Sie aufbringen kann, dann nur auf Grund der Tatsache, dass Sie noch sehr jung sind und so himmelschreiend naiv. Das konnte doch niemals gut gehen. Und selbst, wenn Sie es einmal geschafft hätten. Irgendwann frisst der Drogenhandel alle seine Handlanger auf. Sie sind das typische Beispiel dafür!" Es fehlte nur noch, dass er mich züchtigen und mir die Ohren lang ziehen würde. „Sollen wir in Deutschland jemanden verständigen? Ihre Mutter vielleicht?" Ihr hatte ich vor zwei Tagen geschrieben und auch einigen anderen Freunden und Bekannten. Es waren verzweifelte Briefe, mit der Bitte, mich hier rauszuholen.

„Ja, bitte, benachrichtigen Sie meine Mutter. Ich habe ihr zwar geschrieben, aber falls der Brief verloren geht, könnte es nicht schaden." Herr Ebel stand auf, klappte sein Notizbuch zu, und reichte mir die Hand. „Geben Sie mir wenigstens ein bisschen Geld und Zigaretten. Ich habe nichts und schlafe auf hartem Stein. Nicht einmal eine Zahnbürste kann ich mir kaufen." „Eigentlich ungern. Es widerstrebt mir, Ihnen auch noch Geld zu geben. Aber bitte, ein wenig Taschengeld kann ich verauslagen. Unterschreiben Sie diese Quittung!" Er drückte mir umgerechnet 50 Mark in die Hand, ein knickriges Sümmchen. Dieser Mann hielt die deutschen Steuermittel zusammen. „Und damit Sie sehen, dass ich es gut mit Ihnen meine", sagte er, und griff in seine Aktentasche, „gebe ich Ihnen die neueste Ausgabe des „Spiegels". Ich habe ihn bereits ausgelesen. Ich komme Sie wieder besuchen. Gehen Sie in sich, nutzen Sie die Zeit und werden Sie klüger, damit dies der einzige Fehler in Ihrem Leben bleibt. Sie sind noch jung. Sie schaffen das!"

Das Konsulat, so schien es, hatte mir seinen sympathischsten Mitarbeiter geschickt. Von ihm konnte ich keine große Hilfe erwarten.

Im Verlauf der nächsten Monate sollte ich feststellen, dass die Vertretungen anderer Länder wesentlich konzilianter und großzügiger gegenüber ihren Landsleuten waren. Die Amerikaner zum Beispiel bekamen wöchentlich Besuch. Auch wurden von denen Anwaltskosten ausgelegt und die Betreuung der Inhaftierten war insgesamt wohlwollender und wärmer. Ganz anders das Deutsche Konsulat. Da gab es die Knute, zumindest verbal. Da war ich mehr ein

Vorgang, der aktenmäßig verwaltet wurde, und nicht wirklich ein Mensch, der sich in einer schrecklichen Lage befand und verzweifelt Hilfe suchte. Dennoch ging es mir nach dem Besuch besser. Ich war nicht vergessen worden und nicht mehr ganz so schutzlos der brasilianischen Justiz ausgeliefert. Herr Ebel lieferte mir das letzte Puzzleteilchen, damit ich mein Bild abrunden konnte. Ich stellte mich auf fünf Jahre ein!

Das Leben in der Zelle war stumpfes Vegetieren. Eine dünne Steinwand, ungefähr einen Meter hoch, diente beim Toilettengang als Sichtschutz. Wenn ich mich hinkniete, war der Kopf immer noch zu sehen. Bei 30 Mann oder mehr in einer Zelle war das stille Örtchen niemals still. Da wir ja in Schichten schliefen und manchmal jeder Zentimeter des Bodens belegt war, stieg ständig jemand über mich hinweg, um auf die Toilette zu gehen. Außerdem vermischten sich die Gerüche der ungewaschenen Leiber mit dem Gestank der Ausscheidungen. Irgendwann roch ich es nicht mehr. Ein Vorteil, denn ich genoss, weil ich als Ausländer im obersten Stock lebte, den Vorteil, dass der hintere Teil der Zelle nach oben hin offen war, natürlich mit dicken Stahlstäben vergittert. Direkt über uns befand sich ein Posten der PM. Wir sahen zumindest den Himmel, den Regen, wir sahen die Sonne auf- und untergehen.

Hatte man kein Bett, war man ständig im Weg. Wenn es geregnet hatte und der Innenraum belegt war, musste man sich wohl oder übel aufweichen lassen. Manchmal war das ganz angenehm, je nach Jahreszeit. Die Winter können in Brasilien allerdings recht frisch werden. Ich habe das Thermometer schon bis auf fünf Grad fallen sehen und die alten Betonmauern leiteten die Kälte noch intensiver ins Innere der Zelle. Mitunter war es wie im Kühlhaus. Wir deckten den Außenbereich mit Plastikplanen ab, die wir an den Gitterstäben befestigten. Das half, den kalten Wind ein wenig abzublocken. Fehlende Bewegung tat ein übriges, um unsere Abwehrkräfte zu schwächen.

Einmal pro Woche durften wir zum Hofgang. Im Hof war Sandboden, uneben und holprig, doch genug Platz für ein kleines Fußballfeld, zwei zusammengenagelte, schiefe Holzlatten bildeten die

Tore. Wer nicht Fußball spielte, drehte seine Runden und unterhielt sich, einige joggten. Mancher war barfuss, nicht jeder hatte Geld für Turnschuhe. Der Rest stand in Gruppen herum. Der Höhepunkt des Jahres war ein Turnier, bei dem die besten Mannschaften gegeneinander antraten, und auch Gastmannschaften von anderen Gefängnissen geladen wurden. Wie gesagt, nur die Besten durften teilnehmen. Wir als Ausländer hatten ein Freilos für dieses Turnier bekommen, alle anderen Mannschaften mussten sich in strenger Auslese qualifizieren.

In meiner Zelle war ich derjenige, der am meisten vom Fußball verstand. Ohne Widerworte übernahm ich die Funktion des Trainers und des Kapitäns in Personalunion. In meiner Jugend hatte ich viel Zeit auf dem Fußballplatz verbracht. In vier Wochen musste ich ein gutes Team zusammenstellen, das zudem auch noch konkurrenzfähig sein sollte. Die Auswahl an Fußballern, die ich in der Zelle hatte, war bescheiden. Nur vier konnten etwas Fußball spielen: Alberto, der am Ball sehr gut war, aber dem die körperliche Fitness fehlte; Tom, der nur American Football kannte, dann Pedro, der Mann aus Uruguay, unsere Geheimwaffe und letztendlich meine Wenigkeit. Ich war zwar kein Pele, aber besser als die anderen allemal. Zwei Spiele mussten wir bestreiten, um ins Finale zu kommen, was uns wie durch ein Wunder auch gelang.

Wir trafen im Finale auf das Team von Bangu, dessen Coach gleichzeitig der heimliche Chef von Água Santa war. „China" nannte man Ihn. Draußen, so sagte man, hatte er als Auftragskiller gearbeitet. Er sah aus wie Dschingis Khan und hatte für sein Alter einen gut durchtrainierten Körper. Ein glatzköpfiger, zäher Kerl! Er hatte natürlich die besten Spieler in seinen Reihen, die er sich zusammengekauft hatte. Zu vergleichen mit Abramowitsch, dem Ölmillionär, der mit seinem Geld einen Verein unterhält. Er war großzügig. Für ihn war dieses Turnier Lebenselixier. Darauf freute er sich das ganze Jahr. Geld hatte er im Überfluss und Zeit ohnehin bei siebzig Jahren Knast. Sein filigranster Spieler war Luis, der Kantinenmann. Gerade er sollte zur tragischen Figur im Elfmeterschießen werden. Er verschoss bei Gleichstand und ich, der den letzten Elfmeter zu schießen hatte, versenkte den Ball ins linke obere Eck. Wie Weltmeister fühlten wir uns und waren stolz. David gegen Goliath. Glück war natürlich auch dabei, aber entschieden hat der Wille. Wir nahmen jedes Spiel ernst, nahmen nichts auf die leichte Schulter. Brasilianer neigen zur Überheblichkeit. Das war es, was ihnen das Genick gebrochen hatte.

Der erste Gratulant war China. „Meus Parabems, Gringo. Vou mandar uma coisa para vocês, a noite, ta legal!" Von nun an war ich eine feste Größe im Água Santa und alle respektierten mich. So war es mir recht. Mein Revier war nun abgesteckt. Jeder wußte, was er von mir zu halten hatte. In der Nacht brachte Luis Cola und Hamburger für alle. Danach, sozusagen als i-Tüpfelchen, gab es noch eine Extraration Marihuana, quasi als Sonderzulage.

Die Sterne leuchteten an diesem Abend besonders hell, zumindest kam es mir so vor. Wir schauten in den Himmel und waren für einige Augenblicke glücklich und stolz. Langsam gewann ich wieder Zuversicht und sah kämpferischer in die Zukunft. Ich war härter als viele andere Leidensgenossen, denen man ansah, dass sie panische Angst vor dem Knast hatten. Die hatte ich zwar auch, doch ich nahm die Dinge wie sie kamen. Was blieb mir denn auch anderes übrig? Manche Häftlinge kamen mit der Situation überhaupt nicht zurecht, sprachen von Selbstmord und jammerten den ganzen Tag darüber, wie scheußlich hier alles sei. In dieser Hinsicht war ich Herrn Ebel ähnlich. Ich hatte auch nichts für Leute übrig, die sich gehen ließen, und ich konnte es gut akzeptieren, dass nur mich allein die Schuld an meiner Situation traf. Das war eben das Geschäftsrisiko, wenn man sich auf kriminelle Dinge einließ. Der Österreicher war für diese Jammertypen ein gutes Beispiel. Dauernd lag er uns anderen in den Ohren, dass er seine Freundin vermisse und Tag und Nacht grübele, ob sie ihm wohl treu bliebe. Nachts flennte er.

Ich hatte den Tiefpunkt bereits hinter mir. Nackt war ich in diese Zelle gekommen, mit buchstäblich nichts am Leibe. Trotzdem ging es immer weiter. Es bürgerte sich langsam ein, dass man mich mit delikaten Missionen beauftragte. Die reicheren Gefangenen hatten immer Sonderwünsche. In der Regel handelte es sich um Marihuana oder um andere Dinge, die sie sich auf obskuren Wegen verschaffen wollten. Ich wuchs in die Vermittlerrolle hinein, verhandelte über Preise und Konditionen. Wenn Eddy etwas brauchte, schickte er immer mich vor. Das war zum beiderseitigen Vorteil, denn ich war geschickter und routinierter und bekam die Sachen einfach billiger. Eddy zeigte sich erkenntlich und gab mir immer großzügig ab. Fast konnte man sagen, dass ich aufgrund meines Alters in die Rolle des Maskottchens hineinwuchs. Vor dem Schlafengehen gönnte ich mir ab und zu einen Joint und entfloh auf diese Weise ein wenig der tristen Umgebung. Marihuana war im Knast allgegenwärtig. Drogen waren das Schmiermittel des Gefängnisses und bestimmten das Leben der Insassen. Der Anstaltsleitung blieb dies nicht verborgen, aber sie wäre niemals auf den Gedanken gekommen, diesem Treiben Einhalt zu gebieten. Nur wenn ausreichend Drogen zirkulierten, blieben die Massen ruhig und es kam seltener zu Aufständen. Die Gefängnisverwaltung verhielt sich wie eine Mutter, die aus Bequemlichkeit und Faulheit ihr kleines Kind vor den Fernseher setzt. Hauptsache es quengelt nicht!

Wie versprochen, bekam ich wieder Besuch von meinem Anwalt, Dr. Riveiro. Inzwischen war ihm klar geworden, dass aus Deutschland keine großzügigen Mittel fließen würden. Auf meine Frage, was das wohl für Konsequenzen für mich hätte, meinte er nur trocken: „Das wird dann wohl nichts mit dem halboffenen Vollzug und den bequemeren Knästen, Gringo. Deine Mutter hat 2000 Dollar zugesichert und schon mal vorab 500 Dollar fürs gröbste per Brief geschickt. Damit können wir zumindest erreichen, dass du nicht zu lange auf deinen Prozess warten musst, und ich verspreche dir, dass du unter sechs Jahren bleibst." Viel war es nicht, aber in der Not klammerte ich mich auch an den dünnsten Strohhalm. Und wieder einmal bekam ich vor Augen geführt, dass man ohne Geld nicht weit kommt! Ich ließ mir die Enttäuschung nicht anmerken und bedankte mich für seine bisherigen Bemühungen, schüttelte ihm die Hand und bat ihn wie immer um Zigaretten und Geld. Wir verständigten uns darauf, dass er mich wieder besuchen kommen würde, sobald der Gerichtstermin feststünde. Immerhin kam nun

Bewegung in meine Angelegenheit und da ich ein optimistischer Mensch bin, wartete ich getrost auf meine Verhandlung. Ich lebte zwar in ständiger Unsicherheit, da bei einer Verurteilung zwischen zwei bis fünfzehn Jahren alles möglich war, aber ich konnte zumindest meine Grundbedürfnisse ab und zu befriedigen. Eine dünne Schaumstoffmatratze, eine Zahnbürste, Seife, Zigaretten und ein dünnes Tuch zum Zudecken. So konnte ich wenigstens in „Würde", auf meine Verhandlung warten. Ab und an leistete ich mir einen Hamburger oder eine Cola aus der Kantine. Nach Monaten des Knastfraßes explodierten mir diese Köstlichkeiten regelrecht im Mund und waren fast auf obszöne Weise sinnlich. Ein Feuerwerk für die Geschmackssinne!

Eines Tages brachte man wieder einen Neuen in unsere Zelle. Einen kleinen, stämmigen Mann, um die vierzig. Brav gescheitelt und mit einer gewaltigen Hakennase ausgestattet. Er war blass wie der Tod, aber ansonsten in guter körperlicher Verfassung. Ich begrüßte ihn freundlich, und hieß ihn im Namen aller willkommen. Immer wenn ein Neuzugang kam, musste ich an meine eigene Einlieferung denken und wie gut es mir damals getan hatte, ein freundliches Wort zu hören.

Alois und ich verständigten uns auf Englisch und er erzählte mir alles über seine Verhaftung. Er war dankbar, jemandem sein Herz ausschütten zu dürfen. Es gibt Leute, die man sofort mag, ohne dass es hierfür eine rationale Begründung gibt. Alois war mir gleich sympathisch. Im Laufe der Zeit wurden wir immer unzertrennlicher und verbrachten den ganzen Tag miteinander. Alois war gebürtiger Tscheche, lebte aber schon viele Jahre in Holland und hatte einen holländischen Pass. Wie fast alle in der Zelle, war auch er Drogenhändler und bisher recht erfolgreich in diesem Metier gewesen. Sechs Kilo reinstes bolivianisches Kokain waren der Grund für seine Anwesenheit in Água Santa. Alois war kein Klein- oder Gelegenheitsdealer, sondern arbeitete mit anderen zusammen, wie ein kleiner mittelständischer Betrieb. Die ersten Tage in Água Santa verbrachte er ohne Besuch von Anwälten und Freunden. Brüderlich teilte ich das Wenige, das ich hatte, mit ihm. An den Abenden rauchten wir

gemeinsam Joints, gefüllt mit purem Marihuana, ohne Tabak. Eine kleine Auszeit vom Horror!
Plötzlich wurde ich krank, wirklich ernsthaft krank. Ich hatte extrem hohes Fieber und Schüttelfrost. Seit einigen Wochen hatte ich schon einige offene Stellen an meinem Körper ignoriert, die sich eitrig und heiß anfühlten. Anfänglich hatte ich es als Bagatelle abgetan, obwohl ich mich ständig schlapp gefühlt hatte. Alles strengte mich an. Im Laufe des Tages erholte ich mich aber immer wieder einigermaßen und das beschwichtigte mich. Ich hoffte, dass mein Unwohlsein von vorübergehender Natur sei. Beim Aufwachen, war ich so schwach auf den Beinen, dass ich es vorzog, liegenzubleiben. Mein Körper war schweißnass und trotzdem fror ich erbärmlich. Überall hatten sich Geschwüre gebildet. Eitrige, pochende Wunden, die selbst bei leisestem Druck höllisch schmerzten.
Mein Zustand war ernst, so ernst, dass Alois mir sein Bett ganztägig freimachte und er selber auf dem Boden schlief. Turnusmäßig hätte ich zwar längst ein Bett haben müssen, aber die reicheren Gefangenen erkauften sich die Schlafstellen, so dass ich nur zäh aufrückte. Alois, der wesentlich später als ich eingeliefert wurde, besaß schon nach kurzer Zeit eine Schlafstelle und von Anfang an eine Schaumstoffmatratze. Mein Zustand blieb niemandem verborgen. Jeder in unserer Abteilung sah, dass ich dabei war, abzukratzen. Bei der Essensausgabe versuchten die Hausarbeiter vergeblich, mir etwas einzuflößen. Die Beamten zuckten bedauernd mit den Schultern. Alois redete mit Händen und Füßen auf sie ein, versuchte verzweifelt eine Verlegung für mich auf die Krankenstation zu erwirken. Er zeterte und empörte sich unablässig, um das zu erwirken, und das übertrug sich auch auf die Zellen um uns herum. Ich war ja bei den brasilianischen Gefangenen sehr beliebt und von daher ließ sie mein Zustand nicht gleichgültig. Erst später erfuhr ich, wie solidarisch sich die Brasilianer verhalten hatten, so als wäre ich einer von ihnen. Auch sie gaben keine Ruhe und schrien den ganzen Tag nach einem Arzt für mich. Der Beamte war kein Unmensch, doch gab es zu der Zeit, als ich in Água Santa logierte, in der riesigen Anstalt keinen einzigen Arzt. Es gab nur zwei Gefangene, die als Krankenpfleger

fungierten und lediglich über medizinische Grundkenntnisse verfügten. Doch auch die größte medizinische Kunstfertigkeit hätte ohne Medikamente nichts genutzt. So beschränkte sich die Versorgung auf das Nähen von Stichverletzungen, Einrichten von Knochenbrüchen (fast immer ohne Betäubung) und all die Dinge, die man auch mit primitiven Mitteln bewerkstelligen konnte. „Tut mir leid, Gringo", sagte der diensthabende Beamte auf unserer Galerie zu Alois, nachdem er sich in der Krankenstation vergewissert hatte, dass keinerlei Antibiotika vorhanden waren. „Kein Penicillin da und auch kein Arzt. Was soll ich machen? Betet zu Gott. Vielleicht hilft er!" Senhor Almeida hatte von allen Beamten das freundlichste Gesicht. Nie war er launisch und er versah seinen Dienst so menschlich es ging. Bei den Gefangenen war er beliebt und respektiert. Die Beamtenlöhne waren karg, so karg, dass man sich unwillkürlich fragte, wie man davon seine Familie durchbringen konnte. Das ging nur, wenn man einen Nebenjob hatte. Objektiv betrachtet, waren die Beamten genauso arme Schweine wie wir und nur die wenigsten widerstanden der Versuchung, sich bestechen zu lassen. Das gesamte Justizsystem war korrupt bis hinab zu den geringsten Chargen. Alois gab Senhor Almeida ausreichend Geld und bat ihn, in die Apotheke zu gehen und Antibiotika zu kaufen. Das bedeutete natürlich, dass sie bis zu seiner Schicht am nächsten Tag warten mussten. Weitere quälende 24 Stunden, in denen ich dahindämmerte. Die anderen zwangen mich, Wasser zu trinken. Ich war so schwach, dass ich mich aus eigener Kraft nicht mehr aufrichten konnte. Dann endlich kam die Rettung. Senhor Almeida brachte die gewünschte Medizin und Alois machte mir unverzüglich eine Injektion. Am nächsten Tag ging es mir schon ein wenig besser und es gelang mir, einige Löffel Nahrung zu mir zu nehmen. Nach drei Tagen war das Fieber unten und nach einer Woche war ich wieder auf den Beinen. Zwar zu einem Skelett abgemagert, aber am Leben!
Hätte mir früher jemand erzählt, dass heutzutage in einem Gefängnis Menschen sterben, weil keine Antibiotika vorhanden sind, dann hätte ich das als „Räuberpistole" abgetan. Nun wußte ich es aus eigener Erfahrung besser. Wie viele waren wohl schon gestorben, weil

sie nicht behandelt wurden? Ich war dankbar, unendlich dankbar und ich war voller Liebe für diesen Tschechen, der mich pflegte, mir sein Bett überließ, mich wusch und der mich auf seinen Armen zur Toilette trug und mir sogar den Hintern abwischte. Der mir Wasser einflößte, gut zuredete und mir regelmäßig die lebensrettenden Spritzen setzte. Ich stand tief in seiner Schuld. Von nun an waren wir noch unzertrennlicher. Jetzt war es an mir, ihm etwas zurückzugeben. Der sensible Alois fand sich im Gefängnis nur schwer zurecht. Dabei hatte er es relativ komfortabel. Ihm standen zwei ausgezeichnete Anwälte zur Seite und außerdem konnte er sich alles leisten, was man für Geld im Gefängnis bekommen konnte. In meiner Gesellschaft vergaß er bisweilen seine Depressionen. Immer wieder erkundigte er sich, wie ich es denn schaffen würde, trotz dieser beschissenen Lage meinen Mut nicht zu verlieren. Ich wußte es selber nicht. Alois war wie ein kleiner Junge, der bestimmte Dinge nicht akzeptieren konnte.

Obwohl Alois eine Anklage wegen sechs Kilo Kokain erwartete, waren seine Anwälte zuversichtlich, dass er mit drei, vier Jahren Knast davon kommen würde. Diese Strafe, so stellten ihm seine Verteidiger optimistisch in Aussicht, würde er dann in einem halboffenen Vollzug verbüßen. Alois klammerte sich an diese Hoffnung. Mit einem blauen Auge davonkommen und nach Möglichkeit fliehen! Mit Geld und einem falschen Pass war das ein Kinderspiel. Meine eigene Verhandlung stand ebenfalls bevor. Eines Morgens bekam ich die Vorladung. Inzwischen war ich seit acht Monaten zu Gast in Água Santa. Meine Perspektiven sahen im Vergleich zu Alois nicht gerade günstig aus. Mein Anwalt hatte sich damit abgefunden, dass bei meiner Mutter nicht viel Geld zu holen war, aber das wenige, das sie tatsächlich schickte, reichte aus, um mir das Schlimmste zu ersparen. Mein großes Glück war, dass mich der Anwalt mochte und ich glaube, dass er mir sogar geholfen hätte, wenn ich völlig mittellos gewesen wäre. Auf keinen Fall aber durfte ich mir Hoffnung auf ein „Sanatorium" machen. Mit leeren Taschen fand man in den besseren Gefängnissen keinen Einlass.

Mit zitternden Händen riss ich den Brief vom Gericht auf. Es gab zwei gute Nachrichten: die eine war, dass ich in vier Wochen Verhandlung haben würde und die andere, dass ich nur noch wegen 500 Gramm Kokain angeklagt war. Die anderen 500 Gramm hatte offensichtlich der Delegado zusammen mit meinem Nagelpflegeetui in Verwahrung genommen. Ich zeigte den Brief meinen Mitgefangenen, da ich nichts zu verbergen hatte. Doch die verpaßten mir dann eine kalte Dusche. „Schlimmer hätte es nicht kommen können", meinte Eddy trocken und gab mir die Vorladung zurück. „Weißt du denn nicht, dass es in ganz Rio keine strengere Richterin gibt? Wenn sie kann, verhängt sie die Höchststrafe." „Erzähl doch keinen Scheiß. Du siehst doch, dass es sich nur noch um 500 Gramm handelt. So schlimm kann es doch nicht werden. Außerdem bin ich noch nicht vorbestraft!" „Egal, sie wird dir so viel aufbrummen, wie nur möglich. Ihre Tochter ist an einer Überdosis Kokain gestorben!" Das war ein Schlag in die Magengrube. Was nun? Mein Anwalt musste helfen. Sofort setzte ich mich hin und schrieb Dr. Riveiro einen Brief mit der dringenden Bitte, einen Gerichtstermin bei einem anderen Richter zu erwirken. Meine Richterin war derart verhasst, dass nicht wenige von ihr verurteilte Gefangene davon träumten, ihr das Licht auszublasen. So weit wollte ich es nicht kommen lassen. Nachdem, was ich gehört hatte, durfte ich mir mindestens zehn Jahre bei ihr ausrechnen.

Der tägliche Ausnahmezustand war mir bereits zur Routine geworden. In all dem Chaos hatte ich mir ein Fleckchen erobert, aber nun war die anfängliche Angst wieder da. Da wartete ich Monat um Monat auf die erlösende Verhandlung, und nun, als der Termin feststand, musste ich alles unternehmen, um dieser Richterin zu entgehen.

Nach Wochen, in denen ich total in der Schwebe hing, bekam ich endlich Besuch von Dr. Riveiro. Er hatte erreicht, dass ich einen anderen Termin bei einer anderen Richterin bekam, die den Ruf hatte, moderater in punkto Strafzuweisung zu sein. Bei ihr durfte ich auf ein angemessenes Urteil hoffen; nach den Worten des Anwalts zwischen vier und sechs Jahren. Nach den letzten Wochen des zermürbenden Wartens kam das fast einer Entlassung gleich. Ich sprang von meinem Stuhl auf, rannte um den Tisch herum und küsste ihn auf beide Wangen.

Kurz vor meiner eigenen Verhandlung wurde auch über Alois gerichtet. Sieben Jahre brummten sie ihm auf. Kalkweiß betrat er nach dem Urteil unsere Zelle. Er war am Boden zerstört. Nun waren seine Träume zerplatzt. Nun wurde es nichts mehr mit einer alsbaldigen Überstellung in einen halboffenen Vollzug. Das Strafmaß war einfach zu hoch, und so wie es aussah, musste er mindestens drei weitere Jahre in geschlossenen Anstalten zubringen. Tatsächlich fand ich, dass er billig davongekommen war. Es hätte viel schlimmer kommen können.

Alois war in den folgenden Tagen apathisch, er hatte kaum Hunger und fühlte sich dem Tode nahe. Ich indes war noch mit mir selber beschäftigt und sehnte mein Urteil herbei, egal, wie es denn ausfallen sollte. Nur nicht mehr diese Ungewissheit ertragen!

Von zu Hause erhielt ich anklagende Briefe meiner Mutter. Bittere Vorwürfe, wie ich ihr so etwas hatte antun können. Mein Vater ließ verlauten, dass ich für ihn gestorben sei, genauso, wie für meinen Bruder, der meinte, dass alles seine Richtigkeit habe, und dass es nur recht und billig sei, für seine kriminellen Taten einzustehen.

Herr Ebel kam auch noch mal zu Besuch. Insgesamt war er dreimal da gewesen. Bei ihm beantragte ich ein deutsches Führungszeugnis, um vor Gericht belegen zu können, dass ich bisher unbescholten war. Wie jedes Mal ließ er mir nur widerwillig Geld da. Auch von seiner Seite kamen hauptsächlich Vorwürfe. Weil ich ihn aber bereits kannte, spielte ich ihm ein wenig Reue vor. Christina kam ebenfalls zu Besuch. Ich betrat zum ersten Mal das reguläre Besuchszimmer. Anwalts- und Konsularbesuche fanden in anderen Räumlichkeiten statt. Entgegen den Gepflogenheiten in anderen Haftanstalten gab es in Água Santa nur überwachten Besuch. Intimbesuch war hier nicht möglich. Der Gefangene setzte sich mit seinen Angehörigen und Freunden an einen großen Tisch. Die Besuchszeit betrug nur 30 Minuten. Der Raum war zum Bersten voll. Auf einmal stand Christina vor mir. Über neun Monate hatte ich sie nicht gesehen. Mit ihr hatte ich meine letzte Nacht in Freiheit verbracht. Eine Frau!

Eine Gestalt aus einem anderen Leben!
Zuerst atemloses Reden und Worte der Wiedersehensfreude. Kurz darauf dann die Frage, ob ich ihr nicht etwas Geld geben könnte. Sie war voll auf Kokain und hatte Pupillen wie Saugnäpfe. Sie hatte eine schlechte Zeit gehabt. Traurig ging ich wieder zurück in meine Zelle, in der nun 33 Mann untergebracht waren. Traurig, weil ich spürte, dass Christina verloren war.
Zwei Tage vor meiner Verhandlung hatte ich ein Gespräch mit Alois. „Du, Rodger", sagte er, „wir müssen etwas bereden". Ich sah ihn aufmunternd an, nahm eine Zigarette, die er mir hinhielt, und fragte mich, was nun kommen sollte. Ich kannte Alois bereits recht gut. So gut, wie man eben jemanden unter solch extremen Bedingungen kennen konnte. Die letzten Tage war er schweigsam und verschlossen gewesen. Zusätzlich wurde er von Harndrang geplagt. Mitunter musste er alle 15 Minuten auf die Toilette gehen. Den anderen ging er damit auf die Nerven. Man stelle sich eine Stehtribüne auf dem Fußballplatz vor. Menschen dicht gedrängt und dann kommt ständig einer, der sich durch die Mitte drückt. Mir tat er leid, weil ich spürte, wie sehr er kämpfte, um den Toilettengang so lange wie möglich hinauszuzögern und wie ihn der Harndruck und der peinliche Gang quälten. Selbst nachts ging er alle paar Minuten, sorgsam bedacht, niemanden zu stören, wenn er über ihre Leiber stieg. Seit seiner Verurteilung war er noch verzweifelter, als er es ohnehin schon gewesen war.
„Ich habe einen Plan, wie wir hier herauskommen", sagte er in seinem korrekten Englisch, bei dem man aber sofort den Osteuropäer heraushörte. „Wir warten deine Verhandlung ab und sehen was dabei herauskommt. Fällt die Strafe hart aus, dann kommst du mit mir und wir versuchen gemeinsam zu fliehen!" Tag und Nacht kreisten die Gespräche der Knackis um nichts anderes. Möglichkeiten gab es viele, aber nicht in Água Santa. Die Sicherungsvorkehrungen waren zu streng. Hier saßen diejenigen ein, denen in anderen Gefängnissen die Flucht gelungen war. „Wie willst du denn von hier wegkommen? Unmöglich!" „Unmöglich ist gar nichts. Mein Anwalt hat mir geraten, mich in ein anderes Gefängnis mit einer niedrigeren

Sicherheitsstufe verlegen zu lassen. Mit dem halboffenen Vollzug wird es in nächster Zeit nichts werden. Wenn du willst, sage ich meinem Anwalt Bescheid und sorge dafür, dass er ein Verlegungsgesuch für dich stellt. Bitte Rodger, komm mit mir mit. Allein schaffe ich es nicht. Ich brauche dich!" Verschwörerisch sogen wir an den Glimmstengeln. Alois sah mich ängstlich an. Was er mir vorschlug, war kein Sonntagsspaziergang. Ich hoffte, dass ich mit fünf Jahren davonkommen würde, maximal, mit Glück vielleicht nur vier Jahren. Ein Jahr hatte ich fast schon abgesessen. Bei guter Führung und Bereitschaft zu arbeiten würde ich mir ein weiteres Jahr sparen können. Wenn alles gut laufen würde, konnte ich in zwei Jahren wieder frei sein. Alois hingegen sah kein Licht am Ende des Tunnels. Fluchtversuche waren gefährlich. Die Polizei fackelte nicht lange, sondern schoss flüchtende Gefangene erbarmungslos nieder. „Ich brauche dich wirklich. Ich kann die Sprache nicht. Wie soll ich allein in einem fremden Knast eine Flucht organisieren? Ohne dich schaffe ich das nie!" „Also gut", sagte ich ihm, ohne lange zu überlegen. „Wir ziehen das gemeinsam durch. Ich bin dabei, egal, was bei meiner Verhandlung herauskommt."

Was hatte ich zu verlieren? Jeden Tag starben Leute bei Messerstechereien oder an Tuberkulose. Es gab keine Gewähr, den Knast zu überleben, selbst wenn man noch so brav war. Es reichte oft schon, wenn einem seine Nase nicht passte. Nur drei Zellen weiter, war es vor kurzem zu einer grausigen Tat gekommen. Eines späten Nachmittags wurde ein Neuzugang in eine der übervollen Nachbarzellen gesteckt. Dort lief eine Party mit viel Kokain und Crack und es ging hoch her. Zehn Minuten nachdem der Neue die Zelle betreten hatte, war er tot. Später erfuhr ich den genauen Hergang. Das Opfer hatte lediglich das Pech, jemandem ähnlich zu sehen. Pedro, der Mörder, dachte in seinem Rausch wohl, er sähe nicht richtig. Spazierte doch tatsächlich sein Nebenbuhler herein, dessentwegen ihn seine Frau hatte sitzen lassen. Er hatte sich auf ihn gestürzt und ihm die Kehle durchgeschnitten. Wieder nüchtern, bedauerte er den Irrtum sehr. Das hatte er nicht gewollt. Egal, nun würde man ihm zu seinen 120 Jahren weitere 15 aufbrummen.

Je eher ich hier rauskommen würde, desto besser für mich! Nur noch einen Tag bis zur Verhandlung! Ich war schrecklich aufgeregt, versuchte aber, nach außen hin gelassen zu bleiben. In der Nacht fiel ich in unruhigen Schlaf. Mir war heiß und ich schwitzte. Die Unterlage war pitschnass. Die letzten Monate waren für mich nicht leicht gewesen, und mein sehnlichster Wunsch war es, entlassen zu werden. Ich stellte mir vor, wie es wohl wäre, das Gericht als freier Mann zu verlassen. Ich fand, dass ich genug gebüßt hatte für das bisschen Kokain!

Sechs Uhr. Ohrenbetäubendes Wecken. Der Moloch Knast erwachte zum Leben. Kaffeeausgabe und eine Stulle mit einem Klecks Butter. Eine Zigarette. Es war so weit! Weil ich Verhandlung hatte, ließen mir meine Mitgefangenen bei der Morgentoilette den Vortritt. Das war so üblich. Gespannte Erwartung lag in der Luft. Wie viele Jahre würde ich bekommen? Ich säuberte mich, als würde ich diese Zelle nie wieder betreten müssen. Ich wollte einen guten Eindruck auf die Richterin machen und hatte die Hoffnung, ihr zu gefallen. Sonst kam ich bei den Frauen auch immer gut an. Ein Wärter holte mich ab. Wortlos verließ ich meine Zelle. Ich hatte Schiss! Mein Weg wurde begleitet von vielstimmigen, gut gemeinten Worten aus den anderen Zellen. Jeder wußte, dass heute mein Tag war. Unten wartete die Horrorminna auf mich. Ich dachte an Flucht. Vielleicht ergab sich eine Möglichkeit davonzulaufen.

Wie immer war die Fahrt qualvoll. Nach 20 Minuten langten wir beim Gerichtsgebäude an. Dann durfte ich ein paar Schritte gehen. Die Handschellen saßen stramm. Auf der Straße toste lärmender Verkehr, die Geräusche einer Millionenstadt. Was hätte ich dafür gegeben, einer der vielen Passanten zu sein. Wehmütig erinnerte ich mich an frühere glücklichere Tage, die ich in Rio verbracht hatte.

Der Gerichtssaal lag im zweiten Stock. Das Gebäude war alt, erhaben und Ehrfurcht gebietend. Die Erbauer hatten sich an pompösen römischen Palästen orientiert, um unmissverständlich zu zeigen, dass das Recht über allem stand. Ich fühlte mich klein. Das war kein fröhlicher Ort! Im Gerichtssaal nahm man mir die Handschellen ab. Mein Anwalt war bereits da und hatte sich auf der Anklage-

bank niedergelassen. Vor ihm eine Akte, ein Kugelschreiber und ein Aschenbecher.
„Ola Rodger, tudo bem? Você quer um cigarro?" Ich nahm dankend an. Es war noch Zeit. Wir sprachen noch mal alles durch. Mein Anwalt schwor mich darauf ein, ihm das Reden zu überlassen und nur dann den Mund aufzumachen, wenn die Richterin mich dazu aufforderte. Minuten verronnen langsam wie Stunden. Dann ging die große Holztür auf und die Richterin betrat gemeinsam mit vier Schöffen den Saal. Sie war eine kleine zierliche Mulattin, die ihre Haare streng nach hinten zu einem Zopf geflochten hatte. Sie mochte dreißig oder auch fünfzig sein, ich konnte das nicht einschätzen. Ich saß neben meinem Anwalt. Der Beamte, der mir die Handschellen abgenommen hatte, befand sich schräg hinter mir. Der Gerichtssaal war klein.
Meine Sache wurde aufgerufen. Wir mussten aufstehen. Der Blick der Richterin war streng auf mich geheftet. Ein kurzes Taxieren. Nun hatte der Vorgang ein Gesicht. Die Akte wurde zum Menschen. Ich nahm eine demütige Haltung ein, denn ich wollte auf sie wie ein Chorknabe wirken. Nur nicht provozieren und keine falsche Geste. Die Richterin sollte mich im milden Licht sehen. Der Staatsanwalt verlas die Anklageschrift in nüchternem Ton. Wie würde es weitergehen? Dann sprach die Richterin. In der rechten Hand hielt sie meine Akte. „Schämen Sie sich nicht", sprach sie mich unvermittelt an. Nicht etwa, dass sie über mich in der dritten Person redete, oh nein, sie richtete das Wort direkt an mich. „Schämen Sie sich nicht, dass Sie Ihrer Familie soviel Kummer machen. Drogenhandel ist eines der schlimmsten Verbrechen. Haben Sie keinen Anstand im Leib? Sie sind kein Kind mehr! Sie haben sich einer sehr verwerflichen Tat schuldig gemacht!"
„Frau Richterin", hob ich an. Weiter kam ich nicht, denn sofort fuhr sie mir über den Mund und belehrte mich, dass ich nur dann zu sprechen habe, wenn ich dazu aufgefordert würde. Das klang streng und ich zuckte zusammen. Ich wollte lediglich entgegnen, dass ich das Kokain keinesfalls verkaufen wollte, sondern es vielmehr für meinen Eigenbedarf erworben hatte. Scharf packte mich

mein Anwalt am Arm. „Ganz ruhig, Rodger. Halte deinen Mund!"
Nun das Plädoyer meines Verteidigers. Im großen und ganzen blieben wir bei meiner Version vom unbekannten schwarzen Mann, der mir die Drogen verkauft hatte. Und vor allem betonte mein Anwalt, dass ich selber abhängig sei. Der Anwalt wies auf mein junges Alter hin und dass es sich um einen einmaligen Fehltritt handelte und ich bisher nicht strafrechtlich in Erscheinung getreten sei.
Der Staatsanwalt sah dies ganz anders. Mit 21 Jahren war man erwachsen und hatte sich dementsprechend zu verhalten. Ich hätte mit Kalkül geplant und es ging mir vor allem um das schnelle Geld. Im stillen dachte ich kurz: Was für eine Farce! Besonders in Hinblick auf mein Fußpflegeset und die 500 Gramm Koks, die der Delegado, mithin die Exekutive, großzügig für sich einbehalten hatte. Schuldgefühle hatte ich keine.
Der Staatsanwalt fuhr fort und nannte mich einen Schandfleck der Gesellschaft, den es exemplarisch zu bestrafen gelte. Sechs Jahre forderte er für meine Tat und fügte noch an, dass ich damit noch glimpflich davonkäme, denn auch er sei sich bewusst, dass dies mein erstes Vergehen und ich noch jung sei. Außerdem gab er zu bedenken, dass mein Aufenthalt als „verwöhnter Gringo" in Brasilien bestimmt nicht leicht war.
Ganz zum Schluss fragte mich die Richterin, ob ich etwas zu sagen habe. Ich stand auf und holte tief Luft: „Hohes Gericht, werte Richterin. Ich habe mich schuldig gemacht. Da gibt es nichts zu beschönigen. Heute verstehe ich mich selber nicht mehr. Ich kann es nicht ungeschehen machen, aber ich bedaure meine Tat zutiefst und bereue. Nie wieder würde ich mich auf so etwas einlassen. Die letzten neun Monate waren für mich die Hölle. Fast wäre ich an einer Infektion gestorben. Es gibt keinen schlimmeren Ort als Água Santa auf Erden." Ich hielt kurz inne, denn ich war so aufgeregt, dass ich kaum sprechen konnte. Ich hatte das Gefühl, meine Stimme würde versagen. Ich wußte, dass dies die letzte Möglichkeit für mich war, die Richterin für mich einzunehmen und milde zu stimmen. Ich gab noch einmal alles. „Ich schäme mich, meiner Mutter soviel Ungemach bereitet zu haben und hier vor Ihnen zu sitzen.

Frau Richterin, mir bleibt nur, nach vorne zu blicken und künftig anständig zu bleiben. Deswegen bitte ich Sie, trotz meiner schweren Tat, ein mildes Urteil zu fällen und mir nicht mein Leben zu verbauen. Es tut mir von ganzem Herzen leid!" Mit gesenktem Kopf nahm ich Platz. „Rodger", raunte mir mein Anwalt zu, „Rodger, du solltest Schauspieler werden. Die Rede war erstklassig!"

Das Gericht zog sich zurück. Mein Anwalt und ich gingen in die Kantine, immer unter Aufsicht des Vollzugsbeamten, der uns folgte, mir aber ansonsten wohlgesinnt schien, da er mir keine Handschellen anlegte und mich aufmunternd anlächelte. Ich genehmigte mir einen Hamburger und frisch gepressten Orangensaft. Dann einen Kaffee. Gehetzt sog ich an der Zigarette. „Was meinen Sie, Dr. Riveiro?" „Abwarten, Rodger." Mein Hals fühlte sich nach den vielen Zigaretten kratzig an.

Endlich war es so weit. Urteilsverkündung! Ich nahm mir vor, ruhig zu bleiben. Gelassen das Strafmaß hinzunehmen. Egal wie es ausfiel. Reiß dich zusammen, trieb ich mich an.

Vier Jahre und sechs Monate lautete das Urteil. Dann folgte die Begründung. Reglos stand ich da. Vier Jahre und sechs Monate! Jetzt wußte ich es endlich. „Nimm es nicht tragisch", flüsterte mir der Anwalt zu und drückte meine Hand. „Es hätte wirklich schlimmer kommen können. Du hast noch einmal großes Glück gehabt!"

Obwohl ich mich auf fünf Jahre eingestellt hatte, kam mir das Strafmaß hoch vor. Noch eine letzte Zigarette ohne Handschellen und dann ging es wieder zurück ins Loch!

Die Fahrt zurück in der Horrorminna nahm ich gar nicht wahr. Von nun an sollte es für mich nur einen Gedanken geben. Flucht! Und wenn ich dabei draufgehen sollte!

In der Zelle gab ich mich cool, befriedigte die Neugier der anderen und schwor Alois darauf ein, alle Register zu ziehen, um gemeinsam in einen anderen Knast verlegt zu werden.

Von nun an war für mich Galpão, so hieß der Knast, in den wir uns verlegen lassen wollten, Synonym für Verheißung. Galpão lag im Zentrum Rios und hatte einen üblen Ruf, war aber wesentlich schlechter als Água Santa bewacht. Dort waren bereits mehrere

spektakuläre Fluchten geglückt. Die Spezialität der Ausbrecher in Galpão war, einen Tunnel zu graben. Auf diese Weise entkamen bisweilen Dutzende Gefangene auf einen Schlag.
Wir verhielten uns ruhig und warteten die Zeit bis zur Verlegung ab. Nun, da ich wußte, woran ich war, ging es mir schlagartig besser. Mit meinem Strafmaß hatte ich mich schnell abgefunden. Ja, fast fühlte ich mich wieder wie früher. Mein Optimismus steckte auch Alois an. Nun saßen wir beide im selben Boot.
Nach vier Wochen wurden wir aufgefordert, innerhalb von fünfzehn Minuten gepackt zu haben. Plötzlich und unerwartet kam die Verlegung. Hastig rafften wir unsere Habe zusammen. Endlich ging es los! Schulterklopfen, Umarmungen und Händeschütteln. Unser Bett war frei. Nun konnten andere nachrücken. Die Brasilianer verabschiedeten mich herzlich. Sie wünschten uns das Beste für unsere Zukunft und dass wir uns nicht unterkriegen lassen sollten. Ich spürte einen Kloß im Hals. Diese Elendsgestalten, die Alois abfällig Affen nannte, mochten mich wirklich. Es war bewegend, wie ich an den Zellen vorbeilief und unzählige Hände sich mir entgegenstreckten. Der ganze Knast war in Aufruhr. „Du scheinst hier eine Menge Freunde zu haben", meinte der Schließer, der vor mir her lief und sich kurz nach mir umdrehte. „Dein Tor im Finale war nur Glück, Gringo. Du weißt, dass wir Brasilianer die besten Fußballer sind!" „So gut wie ihr spiele ich allemal!"
Unten am Tor, wo die Minna bereitstand, gab er mir noch die Hand. „Desejo todo de bom para você, Alemão. Muita sorte!" Das waren die letzten Eindrücke, die ich aus Água Santa mitnahm. Routiniert stieg ich in die Minna. Fahrtziel Galpão!

Die Flucht

Galpão war ein rechteckiger Kasten und sah auf den ersten Blick wie ein großes Fabrikgebäude aus. Wäre nicht die hohe Außenmauer gewesen, wäre ich nicht auf den Gedanken gekommen, dass es sich um einen Knast handelte. Ein Klotz, ungefähr 200 Meter lang und 50 Meter breit. 30 Meter hoch, das Dach aus Wellblech. Unser neues Zuhause!
Alois, ich und vier weitere Gefangene wurden eingeliefert. Wir durchliefen die übliche Zugangsprozedur und hörten dieselben blöden Sprüche der Wärter, die wir schon aus Água Santa kannten. Trotzdem war der Ton eine Spur familiärer. Wir waren in Strafhaft. Alle Gefangenen waren verurteilt und erfahrene Knackis. Alois hielt sich an mich, wie an einen Blindenhund. Für die Brasilianer waren wir exotische Vögel. In Galpão gab es so gut wie keine Ausländer und die wenigen, die da waren, hatten das gleiche wie wir im Sinn. Waren wir in Água Santa noch sorgsam von den Einheimischen abgeschirmt worden, so galt dieses Trennungsgebot in Galpão nicht mehr. Alois fühlte sich unwohl. Ihm war der Kontakt zu den Brasilianern unangenehm. Er wußte nicht, wie er sich verhalten sollte, und außerdem verstand er nach wie vor kein Wort portugiesisch. Die Brasilianer sind ein neugieriges Volk. Alois war Ausländer und das allein war Grund genug, um ihn ständig anzuquatschen. Meist handelte es sich nur um belangloses Zeug, völlig harmlos und in der Regel blieb ihm nichts anderes übrig, als hilflos mit den Händen zu fuchteln und etwas auf Englisch zu stammeln. „I`m sorry! I don't speak Portuguese." Wenn dann der andere weiterhin keine Ruhe gab, dann war es recht bald um die Geduld von Alois geschehen. Oft wandte er sich dann einfach ab und drehte seinem „Gesprächspartner" den Rücken zu. Nicht aus Unhöflichkeit, sondern aus Hilflosigkeit. So schafft man sich keine Freunde, und ich hatte manchmal alle Hände voll zu tun, um die brasilianischen Mitgefangenen zu beschwichtigen und ihnen zu erklären, dass Alois es nicht böse meinte. Ganz anders erging es mir! Für mich war der Kontakt

mit den Brasilianern wie ein Bad in der Menge. Inzwischen sprach ich wirklich wie ein waschechter Carioca. So gut, dass manch einer glaubte, ich sei tatsächlich Brasilianer. Das kam überall gut an. Alois hielt sich also an mich, wie ein schutzbedürftiges Kind. Ich war der Führer, der sich mit der Machete eine Bresche durch das unwegsame Gefängnisdickicht schlug. Erklärungen seitens der Beamten gab es kaum. Ausziehen, duschen, ankleiden und ab in die Zelle. Ich nahm einen Wärter zur Seite und bat ihn, mich und Alois gemeinsam in eine Zelle zu stecken, weil wir Freunde seien und vor allem, weil Alois kein Wort portugiesisch spräche und sich allein nicht zurechtfände. Ohne viel bürokratischen Aufhebens entsprach man unserer Bitte und mein erster Eindruck, nämlich dass es hier familiärer zuging, bestätigte sich. Mein Hauptaugenmerk galt natürlich der Bewachung. Das war es, was mich am meisten interessiert hatte. War es von hier aus wirklich leichter zu fliehen? Die Außenmauer war sehr hoch. Dazu sechs Wachtürme, in etwa so angeordnet, wie die Löcher eines Billard Tisches. Mein erstes Gefühl sagte mir, dass es möglich wäre, aber nicht ohne Unterstützung!

Wir betraten unsere Zelle. Es war ganz anders, als wir es uns vorgestellt hatten. Die Zellen waren recht groß, in etwa zehn mal vier Meter und in jeder befanden sich zehn Etagenbetten. Hier in Galpão musste niemand in Schichten schlafen. Am Ende der Zelle war der Hygienebereich. Sechs Rohre in zwei Meter Höhe, aus denen dreimal am Tag für 30 Minuten Wasser plätscherte. In der Ecke ein Kackloch!

Von Anfang an war ich überrascht über die Anordnung des Zellentraktes. Nicht etwa, dass es sich um ein mehrstöckiges Gefängnis handelte, wie ich auf Grund des hohen Gebäudes vermutet hatte, nein, es gab nur ein Erdgeschoss. Das Innere war aufgeteilt wie ein Setzkasten. Die Zellen waren durch vier Meter hohe Wände abgetrennt und nach oben hin offen. Man sah also von unten das 30 Meter hohe Dach und irgendwie fühlte ich mich dadurch nicht ganz so eingesperrt.

Unsere Zelle war nur zur Hälfte belegt. Der Chef war ein alter, abgezehrter Mann mit langem, schütterem, grauen Haar, den alle nur

„Dreiundvierzig" nannten. Was nichts anderes besagte, als dass er schon 43 Jahre im Bau war. „Dreiundvierzig" war extrem freundlich zu uns. Er begrüßte uns herzlich und wies uns die Betten zu. Ich war bereits mit der Mentalität der Brasilianer vertraut und blieb erst einmal auf freundliche Art reserviert. Mir war klar, dass er sich Hoffnungen machte, dass Geld in seine Kasse käme. Wir waren Ausländer und Alois war kein armer Hund. Erfahren, wie er war, hatte er sofort gesehen, dass bei meinem Kumpel etwas zu holen war. Sein Verhalten war mir eine Spur zu aufgesetzt und seine Worte klangen falsch. Er hatte kaum Zähne im Mund und war von oben bis unten tätowiert. Seine Statur war sehnig und abgezehrt, die Haut spannte sich über seinen Rippen. Bei ihm galt es noch mehr, auf jedes Wort zu achten. Ein Blick auf seine Schlafstelle genügte, um zu sehen, dass er kein armer Gefangener war. Er besaß einen Schwarzweißfernseher, einen Gaskocher und sein Schränkchen war wohlgefüllt mit Dingen, die das Leben in der Haft erträglicher machten. Die Wände waren mit Postern von nackten Mädchen bepflastert. Blondinen mit einladend geöffneten Schenkeln. Wie trübsinnig war das Dasein ohne Frauen!

Dann der erste Misston. „43" war der Ansicht, dass wir für Strom und Bett zu bezahlen hatten. In den Sälen gab es Kabel, an die man einen Kocher oder einen Fernseher anschließen konnte. „43" richtete seine Worte an Alois, der natürlich nichts verstand. Ich zeigte Flagge. Niemand sollte denken, dass wir alles mit uns machen ließen. Mit deutlichen Worten sagte ich zu „43", dass dies nicht in Frage käme. Wozu sollten wir für Strom und Lager bezahlen? Er bezahlte ja auch nichts. „43", sagte ich, „damit das klar ist, wir bezahlen keinen Cruzeiro. Vergiss es! Lieber lasse ich mich umbringen. Irgendwo ist die Grenze!"

Er ließ es darauf beruhen, denn er hatte wohl gespürt, dass es mir ernst war. Es gibt Menschen, die geborene „Opfer" sind. Solche Menschen strahlen Signale ab, dass man sich alles mit ihnen erlauben kann. Sie ziehen Schläge und Erniedrigungen geradezu magisch an. Ich war voller Energie und Tatkraft und die Opferrolle lag mir nicht. Alois hatte Schiss, befürchtete, dass es vielleicht klüger wäre

zu bezahlen. „Und was kommt als nächstes?" fragte ich Alois. „Wenn er dich morgen zu sich ruft, bläst du ihm dann einen und wäschst ihm seine Unterhosen?"
Der Vorfall war schnell vergessen. Ansonsten verstanden wir uns. „43" wirkte auf mich wie eine Ausgeburt der Hölle, ein Überlebenskünstler, der seit Anfang der Vierziger Jahre inhaftiert war. Über seine Taten hat er nie gesprochen, aber jeder wußte, dass er ein mehrfacher Mörder war. Obwohl ich ihn nicht sympathisch fand, faszinierte er mich. Wie konnte man so lange hinter Gittern überleben? Nach seinen Worten war der Knast heutzutage ein Kuschelvollzug. Nichts im Vergleich zu früher, fast wie ein Hotel. „43" war wie Unkraut, nicht totzukriegen, ein authentisches Knastgewächs. Kurioserweise war er von mir angetan. Einmal sagte er: „Du bist jetzt 21, Rodger. Als man mich damals eingesperrt hat, war ich genauso alt wie du heute!"
Die Art, wie er mit mir umging, ließ Respekt durchblicken. Er war weder herablassend, noch versuchte er einen Deppen aus mir zu machen. Brasilianer hatten im allgemeinen einen Hang zur subtilen Ironie und die Tatsache, dass er auf versteckte Anspielungen verzichtete, insbesondere einem Ausländer gegenüber, war an sich schon ein Zeichen von Wertschätzung. Alois ignorierte er weitgehend. Die Zelle war wesentlich komfortabler als in Água Santa und da sie nur zur Hälfte belegt war, hatte ich das Glück, eines der unteren Stockbetten allein für mich zu haben. Ein eigenes Bett wohlgemerkt, das 24 Stunden am Tag nur mir gehörte! Die unteren Schlafstellen waren aus drei Gründen begehrt. Zum einen, weil man nicht nass wurde, denn das Fabrikdach, das aus Wellblech bestand, war an vielen Stellen undicht. Zum anderen war man geschützt vor herab fallenden Körpern. Wie schon erwähnt, waren die Wände vier Meter hoch, auf denen die Brasilianer wie Ameisen darüber huschten. Die Türen waren zwar abgeschlossen, aber man konnte innerhalb des Knastes überall hin, ohne dass dies von der Gefängnisleitung verboten worden wäre. Nicht selten geschah es aber, dass einer herunterfiel und wenn man Pech hatte, dann fiel dieser direkt ins Bett, sofern man oben schlief. Es gab da noch einen dritten Punkt, der für mich be-

sonders wichtig war. Wer unten lag, konnte sich eine Privatsphäre schaffen. Dazu bedurfte es nur einiger Tücher, die man rund um das Bett spannte. In den letzten zehn Monaten konnte ich nicht ein einziges Mal vernünftig onanieren. In Água Santa gab es nie einen wirklich unbeobachteten Augenblick. Weder auf der Toilette, noch im Bett. Tatsächlich ist mir auch bei den anderen nie etwas in dieser Art aufgefallen. Im ganzen hatte ich mir vier oder fünf Mal in Água Santa Erleichterung verschafft. Ich hatte eine dünne Überdecke und mit zeitlupenhaften Bewegungen hatte ich mein Glied stimuliert, damit die anderen Mitgefangenen nichts davon bemerkten. In meinem Kopf führte ich einen geistigen Spagat aus. Auf der einen Seite rief ich Bilder ab und auf der anderen horchte ich konzentriert, ob jemand etwas mitbekäme. Am ruhigsten war es noch, wenn der Morgen graute, doch trotzdem waren immer einige wach und wenn es etwas gab, wobei ich nicht beobachtet werden wollte, dann beim Wichsen!

Im Vergleich zu Água Santa waren die Verhältnisse hier paradiesisch. Von nun an durfte meine rechte Hand selbstbewusster werden und mehr Engagement zeigen. Überhaupt hatte ich sämtliche Trübsal abgelegt. Ich freute mich auf die Flucht, war dies allein schon ein Abenteuer, auf das ich wie besessen zusteuerte. Mein Strafmaß stand fest und ich fühlte mich pudelwohl. Waren die Haftbedingungen auch grauenhaft, so litten die anderen vor allem unter der Trennung von ihren Freunden und der Familie. Hier erwies es sich als Vorteil, Einzelgänger zu sein, ohne feste Beziehung und Anhang. Ich war frei und ungebunden. Fast fühlte ich mich, als sei ich in einen Knastfilm versetzt. Von Anfang an war der Aufenthalt in Galpão spannend und abenteuerlich. An der Außenmauer regieren die Militärpolizei, im Inneren die Verbrecher. Der Direktorin kam im Grunde nur eine Statistenrolle zu. Die Gefangenen organisierten fast jeden Aspekt des Zusammenlebens nach eigenen Regeln und Gesetzen. Der wahre König war einer der Gefangenen, der mit eiserner Hand die Anstalt im Griff hatte. Er war es, der den knastinternen Drogenhandel betrieb, die Fluchten organisierte und die Macht hatte, jeden, wann immer er es wollte, töten zu lassen.

Höhenangst kannte ich nicht und bereits nach wenigen Wochen versuchte ich, es den Brasilianern nachzutun. Am einfachsten war es, die Mauern bei den Duschen hochzuklettern. Ein Klimmzug und schon war ich oben. Zuerst setzte ich mich rittlings auf die Mauer, die ungefähr zwei Fuß breit war. Dann musste ich mich vorsichtig aufrichten und erst einmal stehend das Gleichgewicht suchen und Schritt für Schritt gehen; am besten, ohne in die Tiefe zu sehen. In dreißig Metern Höhe befand sich das Dach. Zu manchen Stunden waren die Mauern besucht wie ein Vergnügungspark. Ich übte erst einmal und ging um die eigene Zelle herum. Es war faszinierend zu sehen, wie geschickt sich die Brasilianer dabei anstellten. Anmutig wie Gazellen liefen sie über die schmalen Mauern, als wären es großzügige Bürgersteige. Ich sagte mir, dass es mir nicht schaden konnte, wenn ich dies auch erlernte. Alois hatte leider nicht nur den Kontakt zu anderen Gefangenen vermieden, sondern er blieb auch den Mauern fern, wegen Höhenangst, wie er sagte. Ich war schon immer ein guter Turmspringer gewesen und es machte mir nichts aus, nach unten zu sehen. Außerdem hatte ich vom Fußballspielen ein ausgeprägtes Gleichgewichtsgefühl.

Seitdem ich mit Alois in Galpão war, trieb ich ihn an, Portugiesisch zu lernen. So sehr ich ihm dankbar war, dass er mein Leben gerettet hatte, so sehr ärgerte mich sein Desinteresse. Er hasste alles, was mit Brasilien zu tun hatte, und wollte absolut nichts von den Leuten wissen und noch viel weniger deren Sprache erlernen. Ich hingegen liebte die Brasilianer und ihre Mentalität und fühlte mich in deren Gesellschaft wohl. Sie lachten oft und das gefiel mir. Alois ließ sich dann aber doch von mir überzeugen, und ich fing damit an, ihn zu unterrichten. Dabei stellte er sich ganz passabel an, besser als ich befürchtet hatte, und die anderen in der Zelle bemühten sich ebenfalls, ihm etwas Portugiesisch beizubringen.

Das Leben spielte sich nur in der Zelle ab. Es gab weder Hofgang, noch die Möglichkeit Sport zu treiben. Immerhin war die Zelle geräumiger und so fing ich an, mich körperlich zu ertüchtigen. Ich machte Liegestütze, Klimmzüge und Gymnastik, um wieder in Form zu kommen. Das tat not, denn ich war ziemlich eingerostet.

Die Infektion, die mich fast das Leben gekostet hatte, steckte mir noch immer in den Knochen. Vor allem aber war es die Mangelernährung, die mir zusetzte. Obwohl ich auf regelmäßige Mundhygiene achtete, verschlechterten sich meine Zähne. Vor meinem Aufenthalt in Brasilien war ich immer stolz auf meine Zähne gewesen, die ich hingebungsvoll mindestens dreimal täglich putzte. Regelmäßig war ich zur Kontrolle gegangen und nun musste ich feststellen, dass ich immer öfter Zahnschmerzen bekam. Mein Zahnfleisch hatte sich ziemlich zurückgezogen. Dies kannte ich bereits von meinem ersten Brasilienaufenthalt. Durch den Kokainkonsum hatte sich in dieser Zeit mein Zahnfleisch zurückgebildet, aber in den folgenden zwei Jahren hatte es sich wieder erholt. Nun aber konnte ich nicht dem Kokain die Schuld in die Schuhe schieben. Am Anfang war der Prozess des Rückgangs ganz schleichend, aber dann allmählich nicht mehr zu übersehen. Putzte ich zu stark, fing es an zu bluten und mir war, als ob einige Zähne locker säßen. Unnötig darauf hinzuweisen, dass es in der Anstalt keinen Zahnarzt gab. Weder in Água Santa, noch hier in Galpão. Wurden die Schmerzen tatsächlich unerträglich, durfte man nur auf Extraktion hoffen – natürlich ohne Betäubung! Aus diesem Grund waren Gefangene mit intakten Zähnen die Ausnahme. Hinzu kam, dass vielen Gefangenen schon bei der Verhaftung die Zähne herausgeschlagen worden waren, siehe Vito! Ich tat also, was ich konnte, um mich zu ertüchtigen. Dank des Geldes von Alois konnte ich mir nun auch besseres Essen leisten. Es gab eine Kantine, in der ich Zwiebeln, Knoblauch, Gewürze, Fleisch und andere Lebensmittel kaufen konnte, um den Knastfraß ein wenig aufzupeppen. Unverzichtbar war ein „Fugão", ein Kocher, den man entweder mit Gas oder Strom betreiben konnte. Gaskocher waren natürlich Luxus. Am verbreitetsten war die Marke Eigenbau. Ziegelsteine, in die Metall eingearbeitet war und die man an die Stromkabel anschloss. Oder selbst gebastelte Tauchsieder. Zwei dünne Kabel und eine Rasierklinge benötigte man. Fertig! Das Essen war in Galpão ein wenig besser und wenn ich Extrazutaten zur Verfügung hatte, konnte ich es mir verfeinern, und mir ein schmackhaftes Mahl zaubern.

Kreuz und quer spannten sich die Wäscheleinen, ständig brutzelten die Kocher und die Fernseher dudelten den ganzen Tag. So sah unser Alltag aus. Immer präsent die dichten Marihuanaschwaden, die wie Fesselballons aus den Zellen aufstiegen und sich unterhalb des Daches zu einer kompakten Wolke vereinten. Unsere brasilianischen Mitgefangenen waren wegen unterschiedlichster Verbrechen hier - die meisten natürlich unschuldig, wie sie beteuerten. Mörder, Räuber, Drogenhändler, Diebe, die zu wahnwitzigen Strafen verurteilt waren. Mir war schleierhaft, wie man den Lebensmut nicht verlieren sollte, wenn man mehr als hundert Jahre abzusitzen hatte. Dagegen war meine Strafe nur ein kurzer Ausflug. Dr. Riveiro hatte recht gehabt. Es hätte schlimmer kommen können. Ein drastisches Beispiel war Alfredo, ein junger Mulatte, er sah aus wie eine Spitzmaus, seine Augen waren unstet und er machte auf mich einen ganz und gar schutzbedürftigen Eindruck. Achtzehn Jahre hatte man dem armen Kerl wegen zwei Kilo Kokain aufgebrummt! Er hatte übrigens das Pech, von der Richterin, die ursprünglich für mich zuständig gewesen war, abgeurteilt zu werden. Es hätte wirklich sehr viel schlimmer kommen können!

Ich hielt meine Ohren auf, beobachtete das Geschehen und machte mir Gedanken, wo ich am besten ansetzen konnte, um meine Fluchtpläne in die Tat umzusetzen. Mochte die Freiheit innerhalb der Mauern auch groß sein, aus eigener Kraft war die Flucht unmöglich. Ich sah nur zwei Möglichkeiten: als Wühlmaus durch die Erde oder durch Bestechung der Militärpolizei. Alois vertraute vollständig auf mich und erwartete, dass ich dieses Problem lösen würde. Schnell wurde mir klar, dass es für uns nur einen Weg gab, und dieser führte über den heimlichen Knastchef Carnisso, der, wie schon erwähnt, die höchste Instanz in Galpão war. Ich war von Anfang an von ihm fasziniert. Die Brasilianer waren sehr mitteilungsfreudig und schnell konnte ich mir ein Bild von ihm machen. Carnisso war eine Legende, ein richtiger Verbrecher, der vom Knast aus seine illegalen Geschäfte steuerte. Hinzu kam, dass auch er bis ans Lebensende hinter Gittern zubringen musste, sofern er nicht selber flüchtete. Er war ein reicher Mann. Seine Haupteinnahmequelle war der Drogenhandel.

Bei ungefähr 800 Gefangenen war ein riesiger Markt zu bedienen. So einer wie er ließ sich die Drogen direkt von der Militärpolizei oder über die Anstaltsleitung liefern. Kiloweise! Carnisso hatte ein Heer von Soldaten unter sich, die für ihn dealten und töteten. Seine Organisation hieß Comando Vermelho. Comando Vermelho war in allen Gefängnissen Rios vertreten und man könnte sie als Dachorganisation verstehen. Carnisso war also nicht der Chef dieser Organisation, sondern einer der Führer. Diese Führer wiederum agierten für sich und wurden nicht zentral gesteuert. Carnissos Verkäufer erhielten die Ware von ihm auf Kommission und verteilten sie in der Anstalt. Die Mehrheit der Gefangenen war drogensüchtig und tat so gut wie alles, um sich eine Weile zu betäuben und ihrem tristen Alltag ein wenig Glück abzutrotzen. Der größte Fehler, den man hier im Knast begehen konnte, war, Kokain oder Marihuana auf Pump zu kaufen. Sollte man das Geld schuldig bleiben, hatte man sein Leben verwirkt. Die Leidtragenden waren die Frauen und Familien, die unter allen Umständen das Geld auftreiben mussten. Manche Frauen mussten sich prostituieren, um die Drogensucht ihrer Männer zu finanzieren und hatten daneben auch noch die Kinder zu versorgen. Brachte der Schuldner das Geld nicht auf, egal, ob es sich um ein oder zehn Gramm handelte, war es um ihn geschehen. Die Zwischenhändler waren in der gleichen Situation. Rechneten sie nicht korrekt mit Carnisso ab, ereilte sie das gleiche Schicksal. Am Ende bekamen sie ein Messer in den Leib gerammt! Oft erlebte ich mit eigenen Augen, wie Gefangene verzweifelt um eine Verlegung winselten. Das stieß fast immer auf taube Ohren. Die Beamten vertreten den Standpunkt, dass die Knackis solche Dinge unter sich regeln sollten. Einem Verbrecher weinte niemand eine Träne nach. Doch auch eine Verlegung hätte wenig Sinn gehabt, denn Carnissos Arm reichte in jede Haftanstalt.
Jeder wußte, wer die Gefolgsleute Carnissos waren, und genau mit denen wollte ich Kontakt aufnehmen. Bei der Essensausgabe standen die Türen offen. Gelegenheiten für ein Schwätzchen ergaben sich immer. Comando Vermelho war allgegenwärtig, auch in unserer Zelle. „43" gehörte ebenfalls dazu und war innerhalb der Organisa-

tion ganz oben und dementsprechend gefürchtet. Nun könnte man sich fragen, wieso man vor einem alten Mann zittern sollte. Ganz einfach, weil auch er seine Soldaten hatte, meist junge Burschen, die zu aberwitzigen Gefängnisstrafen verurteilt waren und ihm hündisch ergeben dienten. Sie kannten nichts anderes, als die Knastwelt und wollten sich einen Platz in der Hierarchie erobern und waren zu jeder Drecksarbeit bereit. „43" hätte jederzeit anordnen können, mich umbringen zu lassen. Jeder der Burschen hätte es für ein paar Gramm Kokain getan. Ohne zu zögern und ohne Skrupel. Gegen 20 Uhr wurde immer durchgezählt, danach war der Knast bis zum Wecken sich selbst überlassen. Abends kam viel Besuch über die Mauern. Dadurch hatte ich auch ausreichend Gelegenheit, die Gefolgsleute von Carnisso zu beobachten und mit ihnen zu reden. Mein Vorteil war, bei allen Brasilianern beliebt zu sein. In mir sahen sie nicht das reiche Muttersöhnchen, das alles von zu Hause in den Arsch geschoben bekam. Nein, ich schlug mich durch wie sie und darum war ich bei ihnen angesehen.

Leute wie „43" oder Carnisso hatten natürlich auch ein reges Liebesleben. In Galpão gab es einen Trakt, in dem nur Transvestiten untergebracht waren. Sie genossen Sonderstatus und schlossen sich keiner anderen Gruppe an. Die Transvestiten waren natürlich auf den Mauern ebenso behende wie alle anderen und stellten ihren Körper zahlungsfähigen Kunden zur Verfügung. Eines Abends kam so eine „bicha", wie sie genannt werden, zu Besuch. „43" hatte nach „ihr" verlangt. So wie sich ein Geschäftsmann eine Prostituierte ins Hotel kommen lässt. Mir und Alois fielen fast die Augen hinaus, man konnte unmöglich sehen, dass es ein Mann war. Knappe Hotpants, kapitaler Busen und ein Engelsgesicht. Sie verzog sich mit „43" ins Bett, nur durch Tücher vor unseren neugierigen Augen verborgen. Diese Bicha sah schlichtweg umwerfend aus!

Noch war ich nicht mit dem gesamten Knast vertraut. Meine Ausflüge auf den Mauern beschränkten sich auf die unmittelbare Umgebung, vor allem deshalb, weil ich sichergehen wollte, nicht aus Unkenntnis in fremde Territorien einzudringen. Es gab noch so viel zu entdecken. Carnisso beispielsweise kannte ich nur vom Hören-

sagen, ebenso wie die Transvestitenabteilung, in die ich nur zu gern einen Abstecher gemacht hätte. Unangemeldet war das natürlich unmöglich. Deswegen bezähmte ich meine Neugier und wartete geduldig ab.
Ich nahm mir vor, möglichst schnell die Entscheidung zu suchen und keine Zeit mehr zu verlieren. Ich wußte ja, dass meine Flucht nur über Carnisso laufen konnte. In den nächsten Tagen wollte ich einen Gefolgsmann von ihm ansprechen und einen Termin vereinbaren. „43" wollte ich nicht einweihen, um nicht in die schwierige Lage zu geraten, ihm erklären zu müssen, warum ich mit seinem Chef reden wollte. Besser war ein neutraler Mann, der keine Fragen stellte. Ich hatte bereits einen im Auge. Eduardo, einen hellhäutigen Knaben, mit dem ich oft über Fußball philosophierte und der darüber hinaus keine anderen Interessen zu kennen schien. Ihn wollte ich bitten, für mich und Alois bei seinem Chef Carnisso einen Termin zu vereinbaren. Alois war mit allem einverstanden, er war nach wie vor inaktiv und daran würde sich auch in Zukunft nichts ändern. Er vertraute mir blind, sah er doch mit eigenen Augen, wie gut ich mit den anderen zurechtkam.
Wir machten es uns so angenehm wie möglich. Über „43" kauften wir regelmäßig Gras. Vorzügliches Kraut, das uns einen angenehmen Schlaf bescherte. Sozusagen als „Betthupferl". Die Nächte waren mitunter schaurig. Im Gegensatz zu Água Santa wurde es nie richtig ruhig in der Anstalt. Das lag natürlich vor allem daran, dass man sich auf den Mauern überall hin bewegen konnte. Schaurig waren die Nächte deshalb, weil sie des öfteren von markerschütternden Schreien unterbrochen wurden. Schreie, wie man sie ausstieß, wenn man ermordet wurde. Grauenhaft und endgültig. Nicht so, wie ich es aus dem Kino oder dem Fernsehen kannte. Nach solch einem Todesschrei war es um meine Nachtruhe geschehen. Die Vorstellung, dass nur wenige Meter entfernt ein Mensch auf bestialische Weise umgebracht wurde, war schrecklich. Trotzdem schüttelte ich diese Beklemmungen rasch ab. Nicht so Alois, der nach solchen Vorfällen in tiefe Depressionen verfiel. Er war einfach zu weich für den Knast. Geschehnisse dieser Art warfen ihn aus der Bahn und ich hatte

Mühe, ihn wieder aufzurichten, damit er nicht in ein dunkles Loch fiel. Nachdem ich etliche solche Vorfälle erlebt hatte, stellte sich bei mir eine Art routinierter Umgang damit ein. Alois klammerte sich noch mehr an mich. Er war allein auf mich fixiert und nahm es nur widerwillig hin, dass ich meine Zeit auch mit anderen verbrachte. Er war fast ein wenig wie eine eifersüchtige Frau. Es musste etwas geschehen und zwar rasch!

Am nächsten Tag suchte ich das Gespräch mit Eduardo. Es war Essensausgabe und es dauerte eine Weile, bis alle versorgt waren. Das war die beste Gelegenheit, um ihm meine Bitte anzutragen. Zuerst brachte ich das Gespräch auf Fußball: „Bei der WM haben die Argentinier völlig unverdient gewonnen. Reines Glück, und ich verstehe gar nicht, wie die überhaupt ins Endspiel kamen. Außerdem sind die besten Zeiten von Maradona vorbei. Mir gehen die Argentinier auf den Sack." „Genau", sagte Eduardo. „Mittelklassige Spieler, die einfach das Glück hatten, durchzurutschen." „Jetzt sind sie Weltmeister und tun so, als hätten sie Fußball erfunden. Mal was anderes, Eduardo, Alois und ich müssen mit deinem Chef Carnisso reden. Kannst du ihm etwas ausrichten?" „Na klar kann ich das!" „Also, sag ihm, es sei wichtig und dass ich persönlich mit ihm reden will. Kannst du das für mich tun?"

Eduardo kratzte sich am Sack und sah mich fest an. „Es ist doch wirklich wichtig?" „Sonst würde ich es nicht sagen." Eduardo kratzte sich noch immer am Sack. Er trug nichts als eine Turnhose und Sandalen, sah man von einer kleinen Goldkette mit einem Kreuz ab. „Ich sag dir Bescheid. Bei der nächsten WM gewinnt Brasilien. Jede Wette!" „Vergiß es. Wenn einer gewinnt, dann Deutschland!"

Ich gab ihm die Hand, dankte ihm und zog mich in meine Zelle zurück, um Alois zu berichten, der wie auf Kohlen saß. Nun kam endlich Bewegung in meine Fluchtpläne.

An Samstagen und Sonntagen konnte Besuch empfangen werden. Anders als in Deutschland, war dieser großzügiger geregelt. Unüberwachten Intimbesuch, wie in vielen Anstalten in Brasilien üblich, gab es auch in Galpão nicht, doch durften Angehörige und Freunde Essen mitbringen. An diesen Besuchstagen sammelten sich vor dem Gefängnis hunderte Menschen und warteten geduldig auf Einlass. Frauen mit ihren schreienden Kindern, Eltern und Freunde, die schon frühzeitig kamen und viele Stunden bei Wind und Wetter anstanden und ausharrten. Auf diesem Weg gelangten auch die Drogen in die Anstalt. Es wurde zwar kontrolliert, aber bei so vielen Menschen beschränkte man sich auf Stichproben. Es wäre ein Unding gewesen, sämtliche Körperöffnungen kontrollieren zu wollen. Waren die Drogen einmal im Besuchsraum, war der Rest ein Kinderspiel. Wenn man sichergehen wollte, schob man sich das Zeug in den After oder bestach einen der Wärter, der dann die Sachen in die Anstalt schmuggelte. Alle Beamten wussten, was vor sich ging. Ebenso die Militärpolizei und die Verwaltung. Dieses Klima der scheinbaren Toleranz war es gewesen, das mich in dem falschen Glauben versetzt hatte, nur ein Kavaliersdelikt zu begehen.

Der Staat und seine Organe waren überfordert. Die meisten seiner Vertreter konzentrierten sich darauf, die eigenen Taschen zu füllen. Die Justiz war nicht unabhängig und wenn man sah, wie schwerste Straftaten in Gefängnissen begangen wurden, wie etwa Mord und Totschlag - auch von Seiten der Polizei - dann war im Grunde alles eine Farce.

An den Besuchstagen herrschte ein gutes Klima im Knast. Es waren die ruhigsten Tage. Die Gefangenen sahen ihre Lieben, konnten ihre Frauen und Kinder küssen und waren ausgeglichener. Vor allem aber sorgten die Drogen für Frieden. Eine Auszeit, fast wie zu Weihnachten, in der man das Alltagsleben ruhen ließ und sich zurücklehnte. Das war nur im Sinne der Verwaltung, die froh war, dass an diesen Tagen keine Morde oder Bandenkriege stattfanden. Am Wochenende herrschte Waffenstillstand. An den Abenden nach den Besuchstagen stiegen dann aus allen Zellen Rauchwolken auf, beinahe so dicht wie Trockeneisnebel bei Rockkonzerten. An diesen Tagen gingen nur die ärmsten der Gefangenen zur Essensausgabe, diejenigen, die keinen Besuch erhielten. Die anderen verspeisten die vom Besuch mitgebrachten Leckereien. Mitte der Woche verschlechterte sich die Stimmung der Süchtigen dann wieder zusehends. Spätestens da waren die Reserven aufgebraucht. Der Ton untereinander wurde aggressiver und es lag Unheil in der Luft. Das steigerte sich wieder bis zum Wochenende, wenn der Zyklus von vorne begann und die gütige Hand der Drogen wieder über den Knast zu streichen schien. Es war grauenhaft! Kokain wurde auf zwei Arten konsumiert. Entweder geschnupft oder gespritzt. Crack war damals noch nicht in Mode und wurde lediglich von einer Avantgarde praktiziert. Es war eine relativ neue Unsitte, die aus Amerika zu uns herüberschwappte und zum Glück noch nicht verbreitet war. Es kursierten etliche Insulinspritzen, die gemeinsam benutzt wurden. Einige hatten sich sogar darauf spezialisiert, Spritzen herzustellen. Man benötigte dafür lediglich einen Kugelschreiber. Das war alles. Aus der Mine stellten die Burschen Kanülen her, indem sie die Tinte vollständig entfernten. Die Mine wurde dann angespitzt und als Nadel verwendet. Diese speziellen Kugelschreiber waren transparent und unter den Gefangenen weit verbreitet. Diejenigen, die mit sehr viel handwerklichem Geschick solche Spritzen herstellten, boten diese komplett gefüllt an. So eine kursierende Spritze war eine große Ansteckungsgefahr. Von einer Vene raus und in die nächste rein. Es war oft ein richtiges Blutbad, denn es war nicht leicht, eine so dicke Mine in die Vene zu stechen.

Es war die Zeit, in der Aids in Deutschland als Epidemie erkannt wurde. In Brasilien gab es, als ich dort im Knast war, noch keine Bemühungen der Behörden, diese Gefahr zu bannen.

Ich hielt mich im großen und ganzen von Kokain fern. Hin und wieder bot man es mir an. Meistens lehnte ich ab und ich ließ mich nur bei sehr wenigen Gelegenheiten einladen und nur von Leuten, denen ich vertraute. Ich konsumierte das Pulver auf herkömmliche Art, durch die Nase. Gegenüber Spritzen hatte ich seit jeher eine Aversion. Gottlob, denn sonst wäre ich heute nicht mehr am Leben, denn die Leute begannen im Knast zu sterben und vegetierten auf elenden Krankenstationen dahin.

Haftunfähigkeit war in Brasilien ein Fremdwort. Man starb hinter Gittern!

An einem Besuchstag stand auf einmal Eduardo vor mir in der Zelle. Behende wie ein Akrobat kletterte er die Mauer hinab. „Rodger, es

geht los. Carnisso wartet auf dich. Komm mit!" Ein fragender Blick zu Alois und mir war klar, dass ich allein gehen musste.
Eduardo war blitzschnell an der Mauer und huschte wie ein Salamander hinauf. Ich ihm nach. Weniger elegant, aber entschlossen. Als ich oben stand, war er schon gute 30 Meter vor mir. „Was ist denn", rief er mir zu und lachte. „Wenn die Deutschen so Fußball spielen, wie du dich auf der Mauer anstellst, sehe ich für euch schwarz bei der nächsten WM!" Er hatte gut reden. Ich folgte ihm, so schnell ich konnte und sah vor allem nie nach unten. Mein T-Shirt war bereits nach wenigen Metern durchgeschwitzt. Aus den Augenwinkeln heraus sah ich das Treiben in den anderen Zellen. Intensiver Marihuanageruch mischte sich mit Küchengerüchen. Carnissos Zelle lag genau auf der gegenüberliegenden Seite. Gute hundert Meter entfernt. Sich dieser Zelle unangemeldet zu nähern, wäre unmöglich gewesen. Späher achteten auf jede verdächtige Bewegung. Alle in Carnissos Nähe waren verlässliche, ihm treu ergebene Burschen und auf der Hut, um das Leben ihres Chefs zu schützen. Carnisso hatte viele Feinde.
Endlich langte ich bei seiner Zelle an. Gute zehn Minuten hatte ich benötigt. Im Vergleich zu den anderen war ich eine lahme Ente, aber immerhin, ich hatte es geschafft und war nicht abgestürzt. An den Duschrohren kletterte ich nach unten. Zuerst wurde ich nach Waffen durchsucht. Viele Gefangene trugen selbst gemachte Messer, sogenannte „facas". Es kursierten sogar Revolver im Knast. Ich war gespannt und neugierig und fand es faszinierend, einen Menschen wie Carnisso persönlich kennen zu lernen. Carnisso hatte das gesamte Stockbett in einer Ecke in Beschlag genommen und ließ sich bei meinem Kommen gerade die Füße von zwei „Bichas" pflegen. Er war ein hagerer mittelgroßer Mann, um die 35 und hatte einen dichten Schnurrbart. Seine Haut war so dunkel, dass man ihn für einen Afrikaner hätte halten können.
„So, du bist also der Gringo, der mit mir sprechen will." Träge stand er auf, machte eine vage Handbewegung in Richtung der „Bichas" und reichte mir seine Hand, herablassend wie ein Gutsherr. Dieser Mann legte Wert auf Nagelpflege, wie man sofort an seinen Händen

sah. Ein richtiger Patron, wie in den brasilianischen Novelas. Kräftig erwiderte ich seinen Druck.

„Danke, dass du Zeit für mich hast. Können wir in Ruhe sprechen?" sagte ich und blickte dabei in die Runde. „Wir sind hier unter uns. Sei ganz ruhig. Das sind alles Freunde!" Carnisso ging zum Tisch, hieß mich Platz zu nehmen und bot mir zu meiner Überraschung ein Stück Apfelkuchen an. Ungefragt schenkte er mir ein Glas Schnaps ein, nicht etwa den selbst gebrannten Fusel, den sogenannten „Pinga", der eine weitere Säule des geregelten Lebens hinter Gittern darstellte. Echter Jim Beam. Auch der Kuchen war lecker. Nicht ohne Stolz sagte er mir, dass ihn seine Großmutter gebacken hatte und dass es niemanden auf der Welt gäbe, der besser backen könnte. Den Whisky schluckte ich zügig herunter und versicherte Carnisso, dass der Kuchen wirklich erstklassig sei: „Glaub mir, ich verstehe etwas vom Backen. Ich habe Koch gelernt!" Die anderen starrten zu uns hinüber. Ich starrte ebenfalls zu den beiden Bichas rüber, die mir vorkamen wie ein fleischgewordener Männertraum. Sie sahen genauso toll aus wie die vielen schönen Mädchen an Rios Stränden, die so zauberhaft waren, dass man ernsthaft darüber nachdachte, ob man überhaupt wieder nach Deutschland zurückkehren wollte.

„Dir gefällt die Kleine. Sieht klasse aus. Vielleicht lege ich mal ein gutes Wort für dich ein." Ich sagte besser nichts. Carnisso war höflich, aber ich wußte nicht, was er dachte. Am Ende würde er mich umbringen, weil ich seine Freundin angestarrt hatte. „Na Mônica, gefällt dir der Deutsche?" Carnisso sah die Bicha an. Er schenkte nach. Die Wirkung des Alkohols stellte sich umgehend ein. Ich vertrug nicht viel, war ich doch seit jeher ein mäßiger Trinker. Mônica stand auf, trat von hinten an mich heran und beugte sich zu mir hinab. „So einer wie du könnte mir schon gefallen. Du hast ja wunderschöne blaue Augen." Ich spürte ihre Locken an meiner Wange und wußte nicht, woran ich war. Unter normalen Umständen und allein mit ihr, hätte ich mich anders benommen. Aber unter diesen Bedingungen? Mônica strich mir mit einer Hand über die Brust. Samtweich fühlte sich das an. Diese zärtliche Berührung kam für mich völlig unerwartet. Mônica beugte sich noch ein Stückchen weiter hinab und tastete sich unter meiner Turnhose bis zu meinem Glied vor, das bereits ein Eigenleben entwickelt hatte.

„Nun, Deutscher, was willst du von mir?" Carnisso, vor dem die ganze Anstalt zitterte, sah mich unverwandt an und tat so, als nähme er Mônicas Handlung an mir gar nicht wahr. Sie wußte, wie und wo sie hinzulangen hatte. „Alois und ich wollen hier aus Galpão raus. Deswegen bin ich da!" Ich schwitzte, Mônica setzte sich rittlings auf meinen Schoß und rieb ihr Gesäß hin und her. Ihre Lippen waren aufgeworfen und lüstern. In ihren Augen glitzerte das Kokain. Sie nahm einen Schluck von meinem Glas, gab mir einen Kuss und zog sich in das Bett von Carnisso zurück. Sie sagte: „Vielleicht besuche ich dich mal. Dann kannst du mir ja mal zeigen, wie gut die Deutschen sind!"

„Mein Kumpel und ich wollen hier raus", wiederholte ich noch einmal. „Kannst du uns helfen?" Carnisso sah mich scharf an. Zwei Meter entfernt stand ein Farbfernseher, nicht so ein kleiner, wie Alois oder „43" ihr eigen nannten, sondern ein richtig großes Gerät. Es lief gerade eine Sambashow. „Habt ihr Geld?" „Haben wir!" „Genügend?" „Kommt darauf an." „Also, das kostet euch fünftausend Dollar, einen Farbfernseher und hundert Gramm Kokain. Wir graben einen Tunnel. Die Arbeit damit hat bereits begonnen. Das kann ein paar Monate dauern. Insgesamt werden 20 Mann flüchten können." „Warum so teuer"? fragte ich. Mehr, um zu zeigen, dass ich nicht gewillt war jedes Angebot anzunehmen. „Dafür bekommt ihr einen guten Platz. Ist wie im Theater. Die vorderen Ränge sind am teuersten. Die ersten beiden, die durch den Tunnel verschwinden sind meine eigenen Männer. Die Plätze drei und vier gehören euch. Alles streng festgelegt. Ihr habt Logenplätze!"

Alois würde diese Summe problemlos aufbringen können, so viel wußte ich. Ich wollte es jedoch mit ihm absprechen, bevor ich zusagte. Nicht auszudenken, wenn ich mein Wort nicht halten konnte. „Ich denke, dass es sich machen lässt, muss aber erst mit meinem Freund Rücksprache halten, weil das Geld von ihm kommt!"

„Worauf wartest du, Gringo?" Carnisso stand auf und drückte mir die Hand. Die Audienz schien beendet.

„Geh rüber, besprich dich mit ihm und sage mir später Bescheid!"
Wie auf Kommando fingen die Bichas wieder an, sich Carnissos Füßen zuzuwenden. Es gab nichts mehr zu sagen. Ich machte mich unverzüglich auf den Rückweg. Ich war euphorisch. Sollte alles gut gehen, würde ich in wenigen Monaten in Freiheit sein. Der Alkohol tat ein Übriges und ich balancierte zügig über die Mauer.
Alois war natürlich mit dem Plan einverstanden und gab mir grünes Licht. Was für eine Nacht! Ohne lange zu fackeln, schwang ich mich wieder auf die Mauer. Dieses Mal ging ich noch geschwinder. Ich musste einfach ganz normal laufen, als wäre die Straße zwei Meter breit und nicht nur zwanzig Zentimeter.
Bei meinem zweiten Besuch saß Carnisso am Tisch. Die Fußpflege war beendet und der Pegel der Flasche gesunken. Vor ihm lag nun ein Häufchen Kokain. Wortlos reichte er mir einen Schein. „Besseres Kokain bekommst du in ganz Rio nicht!" Er machte eine einladende Handbewegung, füllte für mich ein neues Glas, diesmal randvoll. Unerhörter Luxus, fuhr es mir durch den Schädel. Ich war heiß auf Koks, richtig schnupfgeil. Mônica sah zum Anbeißen aus. Was für ein Zeug! Da war er wieder der Teufel, der mich hierher geführt hatte. Wer einmal im Leben den Fehler gemacht hatte, sich auf Kokain einzulassen, der wird auf seinem weiteren Weg feststellen, dass diese Droge an den unmöglichsten Stellen lauerte. Fast war mir, als sei ich nicht im Knast. Alles schien mir so surreal und entbehrte nicht einer schwülstigen Erotik wegen dieses Geschöpfes, das von einem anderen Planeten zu stammen schien. Sie sah aus wie eine Göttin.
„Ich habe mit Alois geredet. Wir akzeptieren deine Bedingungen", sagte ich ihm, um wieder auf den Kern zu kommen. Carnisso nickte kurz. Das war geklärt!
Später in meiner Zelle rauchte ich noch einen Joint und legte mich zufrieden ins Bett, wollte meinem drängenden Verlangen Fleischlichkeit verschaffen. Wenigstens ansatzweise. Ich stellte mir Mônica vor und ersetzte ihren „Schönheitsfehler" durch eines der vielen Bilder, die ich in Überfülle aus meinem Gedächtnis abrufen konnte. Dann kam die nächste Überraschung dieser Nacht! Plötzlich teilte sich der Vorhang und ein warmer Körper legte sich zu mir, just, als

ich fast soweit war.
Mônica war es, die sich zu mir ins Bett gelegt hatte. Die absurde Umgebung, die Mischung aus Alkohol, Kokain und Gras und die zeltartige Lagerromantik machten den besonderen Reiz dieser Begegnung aus. Es war irgendwie - romantisch. Mônica küsste mich wie besessen und flüsterte mir ins Ohr, dass sie noch nie mit so einem schönen Mann zusammen gewesen war. Als wir fertig waren, lagen wir still nebeneinander, rauchten und sagten nichts. Es war eine tolle Nacht und ich sah nun optimistisch in die Zukunft und war dankbar für die Zärtlichkeit des stillen Zusammenseins. Wie lange war es her, dass mich eine Hand gestreichelt hatte. Da lag ich nun mit einem Mann in meinem Bett. Es war unglaublich! Ich war glücklich. Alois schnarchte im Bett nebenan und träumte vermutlich von der Freiheit. Irgendwann verschwand Mônica. Ich war wieder alleine und wichste mir noch einen, um mir endgültige Bettschwere zu verschaffen!
Bereits am nächsten Tag nahm Alois Kontakt zu seinem Anwalt auf. Das Staffelholz lag nun in seiner Hand. Zwei der Bedingungen waren leicht zu erfüllen. Wie aber hundert Gramm Kokain beschaffen? Ich schlug vor, die Drogen über Christina zu besorgen und in dem zu liefernden Fernseher zu verstecken. Alois hatte keine Kontakte in Brasilien und der einzige Mensch, der mir einfiel, uns diesen Gefallen zu tun, war Christina. Zunächst galt es, einen Wärter zu bestechen, der es mit der Kontrolle des Apparats nicht so genau nehmen würde. Alois war einverstanden. Bereits nach einer Woche hatten wir 5000 Dollar, die der Anwalt bei seinem Besuch mitbrachte und die Alois in seinem Schuh verborgen in die Zelle schmuggelte. Ich kam nicht umhin, seine Finanzkraft zu bewundern. Es schien, als habe er unbegrenzte Mittel in der Rückhand. Seit er inhaftiert war, hatte es ihm an nichts gemangelt. Teure Anwälte und all die zusätzlichen Annehmlichkeiten, die er sich täglich gönnte, mussten bereits ein Vermögen verschlungen haben. Auch daran erkannte ich, wie weit unten ich im Drogenbusiness rangierte. Alois war ein Global Player! Einmal erzählte er mir, wie er es anstellte, solche Mengen von Südamerika nach Holland zu transportieren. Wie verpackt

man sechs Kilo? Nun, er bestach den Zoll in Bolivien und ebenso in Schipol, dem Flughafen von Amsterdam. So arbeiteten erfolgreiche Kaufleute!

Ein kurzes Gespräch mit Eduardo (über Fußball natürlich) und nach der abendlichen Anwesenheitskontrolle machte ich mich gemeinsam mit ihm auf den Weg zu Carnissos Zelle. Oben auf der Mauer stellte er anerkennend fest, dass ich sicherer auf den Beinen war. Diesmal war der Abstand zwischen uns kleiner. „Also, wenn die Deutschen bei der nächsten WM so spielen, wie du über die Mauern läufst, besteht vielleicht Hoffnung, dass ihr ins Achtelfinale kommt!" „Pass nur auf, dass ich dich beim nächsten Mal nicht überhole", rief ich ihm zu. „Du würdest ja nicht einmal meine Großmutter einholen!" Die anderen Gefangenen feuerten mich auch an, sie waren allesamt von meinen Fortschritten beeindruckt. Von überall drangen Stimmen zu mir hinauf: „Fall nicht runter, Gringo", oder „Los, zeig es dem Angeber!"

Carnisso saß am Tisch, spielte Schach und vor ihm stand eine Flasche Absolut Vodka. Ich blieb die ganze Nacht. Carnisso wollte, dass ich ihm von Deutschland erzählte. Zuerst aber gab ich ihm die 5000 Dollar, wollte sie endlich loswerden. Er warf das Bündel ohne zu zählen auf sein Bett. „Für den Fernseher und das Koks brauchen wir noch ein wenig Zeit", entschuldigte ich mich. „Keine Eile, Deutscher. Bis es soweit ist, vergehen mindestens noch drei Monate." Carnisso hatte ein gut bestücktes Bücherregal und ich war überrascht, die Blechtrommel und Effi Briest dort vorzufinden. Carnisso las gern und Klassiker hatten es ihm angetan. Jetzt zahlte es sich aus, dass auch ich seit jeher ein Freund der Literatur gewesen war und viele seiner Bücher kannte. Leichen pflasterten Carnissos Weg und nun dozierte er über die Schachnovelle von Stefan Zweig, die im übrigen auch zu meinen Lieblingsbüchern zählte. Wie von Zauberhand lag wieder ein Häufchen bestes Kokain auf dem Tisch. Im Schach hatte ich gegen ihn keine Chance und außerdem war ich nicht ganz bei der Sache. Ständig stellte er Fragen und wollte wissen, wie die deutschen Frauen waren, die für ihn mit ihren blonden Haaren der Inbegriff weiblicher Schönheit darstellten.

„Die Arschfickerei ist auf Dauer kein Zustand", stellte Carnisso in sachlichem Ton fest. „Die Bichas geben sich Mühe, blasen gut, aber es geht nichts über eine richtige Fotze, meu amigo. Mônica war übrigens ganz begeistert von dir!" Heute waren keine Bichas anwesend. Zufällig lief gerade eine Dokumentation über den Holocaust im Fernsehen. Das war ein Thema, das ihn faszinierte.
„Hitler hat zwei große Fehler gemacht. Erstens hätte er nicht die Juden vergasen dürfen und zweitens, nachdem er Frankreich besiegt hatte, sich zufrieden geben sollen. Dann hätten nicht die Amerikaner die Atombombe gebaut, sondern die Deutschen!" „Sei froh, dass es nicht dazu kam oder glaubst du, dass Brasilianer seinem Herrenmenschenideal entspräche?" „So ist das eben. Der Stärkere unterdrückt den Schwachen!" Das war Carnissos Welt.
Die Nacht verging wie im Flug und kurz vor dem Wecken machte ich mich auf den Rückweg. Fast fühlte ich mich so wie nach den Nächten, die ich mit Antônio in der Favela verbracht hatte und nach denen ich betrunken und voll auf Koks heimgewankt war.
Die Wochen flogen nur so dahin. Wir waren in Lauerstellung und wollten die Zeit so angenehm wie möglich totschlagen. Den Fernseher hatten wir zwischenzeitlich ebenfalls bekommen. Der Anwalt hatte Christina genug Geld gegeben, damit sie hundert Gramm besorgen konnte und gab ihr zur Belohnung noch fünfhundert Dollar. Nun war die Passage gebucht. Von unserer Seite her waren die Bedingungen erfüllt. Wir wussten, dass die Tunnelarbeit nur sehr langsam voranging. Ich vermutete, dass er in einer der Zellen, die der Außenmauer am nächsten lagen, gegraben wurde. Die logistischen Probleme, die zu bewältigen waren, um einen 15 Meter langen Stollen durch das harte Erdreich zu treiben, waren ungeheuer. Und all das unter den Augen der Militärpolizei. Dieser Tunnel in der Zelle war natürlich ständig in Gefahr, entdeckt zu werden. Ich fragte mich, auf welche Weise sie das Erdreich verschwinden ließen, ohne dass es auffiel. Wie man so etwas über so einen langen Zeitraum geheim halten konnte? Da sieht man den Unterschied zwischen Deutschen und Brasilianern. Die Deutschen haben einen Hang zum Denunzieren und neigen dazu, sich gegenseitig in die Pfanne zu hauen. Erst

verpfeifen sie sich gegenseitig und später drehen sie ihre Runden gemeinsam im Hofgang. Nicht so die Brasilianer, bei denen Verrat gleich nach Unzucht mit Kindern kam. Verräter wurden kurzerhand umgebracht, selbst wenn sie das Glück hatten, in einen speziellen Sicherheitsknast verlegt zu werden, in denen die Haftbedingungen noch unmenschlicher waren. Dort verkrochen sie sich und verließen niemals ihre Zellen. Und trotzdem, irgendwann einmal, ereilte sie der Tod. Diesen Ehrenkodex hatten die Gefangenen in Galpão verinnerlicht, denn die Arbeiten gingen zügig voran. Trotzdem wuchs die Anspannung von Tag zu Tag. Wir lebten immer in der Angst, dass der Tunnel doch durch einen dummen Zufall entdeckt werden würde.

Scheinbar spielte sich der Alltag wie gewohnt ab, doch irgendwie lag eine Gereiztheit, wie ich sie bisher noch nicht gekannt hatte, über der Anstalt. Es braute sich etwas zusammen. Alle paar Tage wurde einer abgestochen, die üblichen Händel wegen Drogenschulden, Eifersüchteleien oder offener Rechnungen aus früheren Zeiten. Immer der gleiche Zyklus von Wochenende zu Wochenende, verlässlich wie der Rhythmus der Gezeiten.

Fast unmerklich begann sich eine neue Gruppe innerhalb des Gefängnisses zu formieren und zwar um einen Mann, der, so schien es, ausgezogen war, um die Macht in Galpão zu übernehmen. Carnissos Stellung war kein Erbpachthof und es konnte immer sein, dass neue Allianzen gebildet wurden. Wie sagte Carnisso so schön: Der Stärkere frißt den Schwachen!

Der neue Mann hatte ebenso wie Carnisso Soldaten um sich geschart. Leute, die in ihm den neuen Führer sahen und es leid waren, sich Carnissos Regiment zu unterwerfen. Nicht wenige hatten Schutzgelder an Carnisso zu bezahlen und mussten ständig um ihr Leben fürchten. Da ich meine Augen und Ohren offen hielt, empfing ich diese Strömungen wie ein Seismograph. Langjährige Gefangene kannten so etwas bereits und gaben mir Nachhilfe in Knastpolitik. Es bahnte sich etwas an. Am Ende würde einer der beiden tot sein!

Die Gefolgsleute Carnissos traten nur noch in Gruppen auf, vermieden es, den anderen allein über den Weg zu laufen und hielten immer ihre Facas verborgen in der Hand, bereit, sofort zuzustechen. Carnisso verließ seine Zelle so gut wie nie. Den Beamten entging das natürlich nicht und es schien, dass auch sie Verfechter der natürlichen Auslese waren. Ihnen ging es letztendlich nur darum, dass jemand die Gefängnisordnung aufrechterhielt und dafür sorgte, dass es nicht zu offenen Rebellionen oder zu Übergriffen auf die Wärter kam. Wenn man so wollte, nahmen sie das gesetzlose Treiben im Austausch für die eigene Unversehrtheit hin. Gefängnisaufseher hatten einen gefährlichen Beruf. Im Sinne der Anstalt machte Carnisso seinen Job gut. Es war relativ ruhig, denn es wurden keine Wärter umgebracht und nicht wenige von ihnen standen auf seiner Gehaltsliste und konnten sich hin und wieder etwas hinzuverdienen. Carnisso bezahlte besser als die Justiz und viele Wärter arbeiteten nur deswegen in Haftanstalten, weil es dort lukrative Nebenjobs gab.

Das Leben ging weiter. Ich hielt mich aus allem heraus und bezog nie Stellung. Ich war Ausländer. Was gingen mich diese Ränkespiele an? Trotzdem war auch ich irgendwie in Alarmbereitschaft. Ich lenkte mich mit angenehmeren Dingen ab. Mônica wusch inzwischen meine Wäsche, kostenlos wohlgemerkt, was einer Liebeserklärung gleichkam. Zuerst empfand ich es ein wenig komisch, als sie mit meiner Wäsche über den Mauern verschwand, gewöhnte mich aber sehr schnell daran, alles am nächsten Tag frisch gewaschen und gebügelt auf meinem Bett wieder vorzufinden. „43" nickte mir anerkennend zu. Die anderen, schien es, waren ein wenig neidisch, dass ich so bemuttert wurde. Ja, es war ein Vorteil, blond zu sein. Bisher hatte ich meine Sachen immer mit Kernseife gewaschen und so richtig frisch roch die Kleidung nie. Ich war einfach nicht zufrieden mit dem Waschergebnis. Das Schlimme war, dass es in Galpão mitunter infernalisch heiß wurde. Bei heißem Wetter verwandelte sich Galpão in einen Glutofen. Das Blechdach schien die Hitze zu bündeln und eine schlechte Ventilation tat ein übriges. Man erstickte fast. Ich schwitzte von morgens bis abends. Die meisten Gefangenen hatten nur kurze Turnhosen an, alles andere war Ballast. Fehlte manchmal die Abkühlung infolge des ungünstigen wärmeleitenden Materials, so hielt das Dach an regnerischen Tagen andere Überraschungen parat. Es war undicht und das Wasser lief in Sturzbächen herab und ergoss sich über die Insassen, denen eigentlich nur die Möglichkeit blieb, sich im unteren Stockbett zu verkriechen. So kam es, dass Schirme ein begehrtes Gut waren, für die man teuer bezahlen musste. Über unserer Zelle war das Dach zum Glück dicht. Wie dem auch sei, Mônica wusch meine Wäsche und brachte mir auch kleine Geschenke mit. Ein neues Hemd oder ein paar Sandalen. Schadhafte Kleidung besserte sie kunstvoll aus. Durch sie konnte ich nun auch meine Neugierde in punkto Transvestitenabteilung befriedigen, für die ich mich brennend interessierte. Ich wollte wissen, was das für Menschen waren, wie sie lebten und wie sie sich hier in dieser Knastwelt behaupteten.

Mônica erzählte mir, dass sie anschaffen ging. Auf Grund ihrer Kundschaft – immerhin ging sie bei Carnisso ein und aus – konnte man sie als eine Edelhure bezeichnen. Sie betätigte sich des weiteren als Wäscherin, Näherin und kochte auch auf Bestellung. Natürlich war die Prostitution das einträglichste Geschäft und nicht wenige Gefangene waren verrückt nach ihr. Aus Sicherheitsgründen hätte ich mich nicht mit ihr eingelassen, wenn Carnisso sie nicht in mein Bett geschickt hätte. Eifersuchtsdramen sind hier an der Tagesordnung. Und immer ging es um eine Bicha. Mônica stammte eigentlich aus Recife und hatte ihr Glück auf Rios Straßen gesucht. Sie hatte einen festen Freund gehabt, die Liebe ihres Lebens, wie sie sich ausdrückte. Der Grund, warum sie hier gelandet war, lag in seiner Eifersucht. Jeden Tag gab es Szenen, wenn sie sich für den Straßenstrich fertigmachte. Er warf ihr vor, dass sie ihn nicht liebe und dass sie Spaß am Sex mit den Freiern hätte. Eines Abends stieg sie zu einem Kunden ins Auto und fuhr mit ihm auf einen ruhigen Parkplatz. Plötzlich stand ihr Freund an der Fahrerseite, riß die Tür dort auf und hielt dem Freier eine Pistole an den Kopf. Mônica saß mit aufgeknöpfter Bluse daneben, die Hände im Schritt des Mannes. „Geld her, du Schwein", schrie er. „Gib sofort dein Geld her und nimm die dreckigen Hände von meiner Frau!"
Mônica schrie ihn an und forderte ihn auf, zu verschwinden. Der

Mann verkannte die Gefahr, sah in Mônicas Freund einen Schuljungen, den man nicht ernst zu nehmen brauchte und fing an zu lachen. Außer sich vor Wut entlud der Freund sein ganzes Magazin in den Körper des Freiers. Dann griff er in die Gesäßtasche des Toten und nahm die Geldbörse an sich. Er flüchtete und lief Mônica hinterher, die bereits so schnell sie ihre Füße tragen konnten schreiend mit offener Bluse fortgerannt war. Rio hatte den beiden kein Glück gebracht. Zufällig war eine Streife in der Nähe und beide wurden nur wenige hundert Meter entfernt vom Tatort verhaftet. Ihr Freund blieb zwar in der Vernehmung bei der Version, dass Mônica nichts mit der Sache zu tun hatte, aber man glaubte ihm nicht und tat seine Beteuerungen als Schutzbehauptung ab. Außerdem, so sagte er aus, hätte er niemals abgedrückt, wenn der andere nicht so provozierend gelacht hätte. Das Ende vom Lied war, dass er fünfzehn Jahre wegen Mord bekommen hatte und Mônica acht Jahre für Beihilfe. Es waren einfach zu viele Transvestiten in Raubüberfälle verwickelt, als dass man Mônicas Beteuerungen Gehör geschenkt hätte. Ich glaubte ihre Geschichte. So konnte es sich durchaus abgespielt haben. Ohne Anwälte und Beistand von der Familie hatte sie keine Chance und einem Transvestiten, von denen jeden Tag viele aus allen Teilen des riesigen Landes wie Treibgut nach Rio gespült wurden, weinte niemand eine Träne nach. Mônica war 23 und sie tat mir leid. Ein zierliches Persönchen, das hier in Galpão so deplaziert wirkte wie ein Nerzmantel. Wie die meisten anderen auch, gab sie alles Geld für Drogen aus. Außerdem ließ sie sich von den Wärtern weibliche Hormone bringen. Das war für sie fast noch wichtiger als die Drogen. Oder sollte sie sich einen Bart wachsen lassen? Hut ab, dachte ich. Mônica schlug sich bewundernswert gut in der harten Gefängniswelt durch!
Mit Mônica konnte ich es wagen, die Transvestitenzelle zu besuchen. Auch hier war es angebracht, nicht einfach so zu erscheinen. Die Bichas sahen zwar weiblich aus, waren aber brandgefährlich und standen den anderen in ihrer Gewaltbereitschaft in nichts nach. Jede dieser Bichas war mit Messern oder Rasierklingen bewaffnet, von denen sie ohne zu zögern Gebrauch machten. Da durfte man sich

nicht täuschen lassen. Es waren tödliche Nattern, die bei Gefahr sofort zubissen. Sie waren Menschen, die es gewohnt waren, sich gegen Widerstände aller Art durchschlagen zu müssen – ihr Leben lang!
Die anderen Gefangenen akzeptierten diese Gruppe, über die sich niemand lustig machte. Näherte man sich den Bichas, sah man bereits aus einiger Entfernung schwülstiges Rotlicht. Das sah hier aus wie ein schäbiger kleiner Puff in einem heruntergekommenen Gewerbegebiet. Dieser Ort, war eine Brutstätte für alle Geschlechtskrankheiten dieser Welt. Genauer gesagt, waren es zwei Zellen, in denen alle Transvestiten untergebracht wurden. Insgesamt ungefähr dreißig Personen.
Es war soweit. Ich machte mich an den Abstieg, tauchte ein ins Rotlicht und wurde fast augenblicklich von den Bichas umringt und mit allerlei zotigen Bemerkungen begrüßt. Um mich herum waren ausschließlich Bichas, grell geschminkt, als ob sie sich für die Disco fertiggemacht hätten. Von ganz jung, bis zur Großmutter. Zum Glück hatte ich Mônica dabei, die mich abschirmte. Ihre Haltung signalisierte unmissverständlich, dass ich ihr Mann sei, von dem die anderen die Finger zu lassen hätten. Im Unterschied zu unserer Zelle, waren die Wände mit Fotos und Postern von nackten Männern und gut aussehenden Schauspielern bepflastert: Arnold Schwarzenegger als Conan der Barbar, Dolph Lundgren, Typen in diesem Stil.
Ich fühlte mich als Sexobjekt. Die Bichas zogen mich mit Blicken aus und warfen mir lüsterne Blicke zu, rückten sich den Busen zurecht und kokettierten mit ihren Haaren und lockten mit einem Augenaufschlag, der mir die Schamröte ins Gesicht trieb. Was für ein Schauspiel. Auf den Schränkchen Wimperntusche und Lippenstift. An den Wänden Spiegel. In unserer Zelle hatten wir hingegen nur eine Scherbe, die gerade ausreichte, um uns rasieren zu können. Die Glühbirnen waren mit roten Tüchern verhangen, um ein schummriges Licht zu erzeugen. Schüchtern nahm ich an einem Tisch Platz. Immer wieder fuhren mir Bichas mit den Händen durchs Haar, fasziniert von seiner weizenblonden Farbe. Viele hatten gefärbte Haare und schworen mir, dass sie wer weiß was darum gäben, blond zu

sein. Mônica bot mir selbstgebrannten Schnaps an, der wie Feuer in meiner Kehle brannte. „So, hier lebe ich. Das ist mein Zuhause. Was sagst du?"
Was sollte ich sagen? Ich war beeindruckt. Als sich die erste Unruhe gelegt hatte, widmeten sich die Bichas wieder den Tätigkeiten, die sie bei meinem Kommen unterbrochen hatten. Es ging betriebsam zu. Zwei waren mit Auftragswäsche beschäftigt, die sie in großen rosa Plastikwannen bereiteten. In der einen war das Seifenwasser und in der anderen klares Wasser zum Ausspülen. Nicht weit davon entfernt entdeckte ich ein selbst gebasteltes Bügelbrett und ein richtiges Bügeleisen. Überall in der Zelle war ein Gewirr von Wäscheleinen, so dass man sich ständig bücken musste. Angenehmer Duft von frisch gewaschener Wäsche stieg in meine Nase und förderte ganz alte Erinnerungen an meine Kinderzeit zutage, als ich meiner Mutter beim Aufhängen der Wäsche geholfen hatte. Es wurde geflickt, gestopft und genäht. Die Bichas hielten ihre Kleidung in Schuss, trugen knappe Hotpants, von denen man unwillkürlich erwartete, dass sie jeden Moment aufplatzten, weil sie sich so straff über die Arschbacken spannten und dazu hautenge Tops. Da, wo die Natur nicht für weibliche Formen sorgte, halfen die Bichas nach. Dass sie wie Frauen aussahen, verdankten sie vor allem den Hormonen, von denen sie großzügig Gebrauch machten und welche sie sich überall dorthin spritzten, wo es die Natur bei ihnen hatte fehlen lassen. Am Hintern, den Oberschenkeln und der Brust und auch in die Wangen und in die Lippen. Begehrt war ein Schmollmund à la Brigitte Bardot.
Sie waren wie Bildhauer, die ihren Körper nach ihren eigenen Wünschen modellierten, doch viele der älteren Bichas litten Höllenqualen, weil die Hormone in früheren Zeiten von minderwertiger Qualität waren. Entzündungen und Schmerzen waren die Folge. Eine der Bichas mit einem Krötengesicht, vom Alter her wie Miss Marple, injizierte just als ich da war, Hormone in die Lippen eines ganz jungen Transvestiten, der noch kaum Brust hatte und die Haare mit einem Kopftuch nach hinten drapiert hatte. Sein verzerrtes Gesicht verriet, wie schmerzhaft die Prozedur war.. Die Hormone ließ sich

„Miss Marple" von einem Wärter in den Knast hereinschmuggeln. Die Behandlungen waren sehr teuer. Weiß der Teufel, wie die Bichas das Geld hierfür auftrieben. Alle wünschten sich nichts sehnlicher, als eine Frau zu sein.
Weitere wichtige Einkunftsquellen waren das Kochen auf Bestellung, die Herstellung von Süßigkeiten und das Brennen von „Pinga". Am lukrativsten war und blieb jedoch die Prostitution. Die Bichas waren begehrt und gingen ihrer Tätigkeit ganz offen nach. Die Brasilianer schienen auf diesem Gebiet insgesamt toleranter zu sein und wären gar nicht auf den Gedanken gekommen, dergleichen in die Nähe der Homosexualität zu rücken. Mit so einer „Sie" zu verkehren, war jedenfalls nichts, dessen man sich zu schämen brauchte. Mônica verdiente gut und konnte sich die Kunden aussuchen. Von allen sah sie am reizvollsten aus. Zwar gab es noch ein paar jüngere, die wirkten aber eher wie Tunten.
Von Anfang an war mir eine aufgefallen, die bettlägerig war und offensichtlich von den anderen gepflegt wurde. Als ich in ihre Richtung sah, nahm mich Mônica bei der Hand. „Komm, ich will dir Jaquêline vorstellen!" Zögernd folgte ich ihr.
Jaquêline war ein alter Transvestit, abgemagert zu einem Skelett, und hatte nur ein halbes Gesicht. „Sie hat nicht mehr lange, Krebs! Eigentlich müsste sie auf die Krankenstation, aber wir haben den Wärtern versprochen, uns um sie zu kümmern. Sie soll nicht allein sterben!" Ich schluckte. Zittrig streckte mir Jaquêline eine Hand entgegen, die mit dunklen Flecken bedeckt war. Die Nägel waren rot lackiert und der Schädel war kahl, bis auf einzelne graue Strähnen. Die Stirn war schweißnass und sie atmete pfeifend. Ich unterdrückte den Impuls zurückzuzucken, ergriff die Hand und setzte mich auf die Bettkante. Ich zwang mich, Jaquêline in das deformierte Gesicht zu sehen. Ich war tief erschüttert, zu grauenhaft war der Anblick. Später erfuhr ich, dass Jaquêline bei einem Schusswechsel das halbe Gesicht verloren hatte. Anstelle der Nase hatte sie nur ein Loch, das linke Auge fehlte und die ganze linke Wange war zerstört. Dazu war sie krebskrank im Endstadium. Welches Verbrechen wog so schwer, dass man Jaquêline nicht entlassen konnte? Jaquêline hatte noch

zwei Jahre zu verbüßen und war bereits zehn Jahre hier. Ich hätte vor Empörung schreien können, doch mir kam kein Wort über die Lippen.
Um uns herum herrschte geschäftiges Treiben. Brasilianer sind kommunikativ und die Bichas waren besonders geschwätzig. Sie schnatterten, ohne Luft zu holen, wie auf einem Wochenmarkt. Musik und verschiedene Fernsehprogramme lieferten sich Duelle. Und ich saß da mit dieser alten Bicha, als wäre die Zeit stehen geblieben. Nach wie vor hielt sie meine Hand und zog mich noch ein Stückchen näher zu sich heran. „Du bist ein richtig hübscher Bengel", sagte sie mit schwacher Stimme und lächelte mich mit ihrem zahnlosen Mund an. Mônica trocknete ihr hin und wieder die Stirn. „Weißt du, früher war ich auch so schön wie Mônica. Die Männer waren verrückt nach mir. Ich hatte einen Freund, einen Franzosen. Der nahm mich sogar mit nach Paris. Ich kann gut Französisch, das kannst du mir glauben. Jean Luc hieß er und er sah dir ähnlich. Er hatte auch so schöne blaue Augen wie du. Du gefällst mir sehr gut. Du bist ein netter Junge!"
Matt ließ sie sich wieder zurücksinken, hielt aber immer noch meine Hand. Ich beugte mich zu ihrem Gesicht hinunter und küsste sie zweimal ganz zärtlich. Ich setzte mich an den Tisch zurück und weinte, weinte das erste Mal seit meiner Festnahme. Es wurde still in der sonst so fidelen Gemeinschaft. Nachdem ich keine Tränen mehr hatte, machte ich mich zum Aufbruch bereit und schüttelte viele Hände. Mônica schenkte mir einen Pudding und verabschiedete mich mit einem traurigen Lächeln. Ich nahm mir vor, gleich am nächsten Tag einen Wärter auf Jaquêline anzusprechen. Vielleicht gab es doch eine Lösung!
Ich fühlte mich die ganze Nacht verfolgt von Bildern, die mir keine Ruhe ließen. Dann Wecken! Am Morgen war ich einsilbig. Alois merkte sofort, dass etwas mit mir nicht stimmte. Ich war nicht wie sonst. Stockend berichtete ich ihm von der todkranken Bicha. Ich erzählte ihm von meinem kleinen Ausflug, von dem Alois eigentlich annahm, dass dieser durch Liebeswonnen gekrönt worden war und nicht mit einer Begegnung mit dem Tod. Er versprach sofort, seinen

Anwalt zu befragen. Vielleicht gab es doch eine Möglichkeit, Jaquêline haftunfähig erklären zu lassen. Dann die Morgenkaffeeausgabe. Die Zellen waren offen, zwei Beamten standen in einer Ecke und hielten ein Schwätzchen.

Schnurstracks ging ich auf die beiden zu, das Herz voller Vorwürfe und Anklagen. „Entschuldigen Sie bitte. Können wir kurz reden?" „Was gibt es, Gringo?" Ich musste mich bezähmen und durchatmen, damit die Worte nicht unreflektiert heraussprudelten. „Also, es geht um Jaquêline, die alte Bicha. Ich finde, ..." Der Beamte schnitt mir das Wort ab. „Die Jaquêline? Woher weißt du? Neuigkeiten verbreiten sich sehr schnell bei euch Halunken. Kaum stirbt einer, weiß es der ganze Knast!" „Wie bitte", sagte ich ungläubig. „Heißt das, sie ist tot?" „Genau das, mein Junge. Heute Nacht gestorben. Gottlob! Es ist am besten so!"

So hatte sich der Anwalt erübrigt. Mir wurde flau im Magen. Vor wenigen Stunden hatte Jaquêline noch gelebt. Es war zu spät. Doch von mir war auch der Druck genommen. So musste ich nicht mehr unablässig an das Leiden Jaquêlines denken. Der Tod hatte nicht nur sie erlöst, sondern auch mich und die anderen, die zu einer menschlichen Regung fähig gewesen waren. Wo würde man den Leichnam beerdigen?

Das Leben ging weiter und ich spürte immer intensiver, dass Unheil drohte. Carnissos Schergen schienen noch nervöser als sonst, sie sahen sich ständig um. und witterten wie Kaninchen, die auf der Hut waren. Die imaginäre Skala in meinem Kopf zeigte nun Alarmstufe zwei. Carnisso hatte nicht mehr vollständig die Zügel in der Hand. Es gab Gefangene, die sich nicht mehr seinen Anordnungen beugten, sich seinem Regiment widersetzten und es auf eine offene Konfrontation ankommen ließen. Das war kein vorsichtiges, konspiratives Taktieren mehr, sondern eine Kriegserklärung.

Mir passte diese Entwicklung überhaupt nicht, hatten wir doch auf Carnisso gesetzt und was sollte werden, wenn man ihn stürzte? Unsere Flucht hing von ihm ab. Was, wenn es zu einem Krieg käme und der Tunnel auffliegen würde. Nicht auszudenken!

In Brasilien stand der Sühnegedanke im Vordergrund. Besonders galt dies für Galpão, wo es wenig Arbeit für die Gefangenen gab und auch keine Bemühungen sichtbar wurden, die Menschen in irgendeiner Form zu resozialisieren. Man pferchte die Verurteilten lediglich zusammen und überließ sie sich selber. Es gab weder Hofgang, noch einen Sportplatz. Als erschöpfe sich die Aufgabe der Justiz im Wegschließen, abgesehen von ein paar Mustergefängnissen, die nur einem exklusiven Club von Begüterten zur Verfügung standen. Nach dem Vorfall mit Jaquêline schwand auch der letzte Rest von Einsicht, dass ich der Gesellschaft gegenüber eine Schuld abtragen müsse. Ich musste hier so schnell es ging raus. Sollte alles gutgehen und wir wohlbehalten am anderen Ende des Tunnels hinauskommen, wollten wir über die grüne Grenze nach Paraguay und von dort aus nach Europa fliegen. Alois kannte diese Grenze, die zwischen Foz de Iguaçu und Ponto de Strössner lag. Dort war er schon einmal gewesen, als er von Bolivien aus einen Ausflug gemacht hatte, um sich die Wasserfälle anzusehen. Damals, so berichtete er mir, war er einfach mit dem Taxi zwischen Brasilien und Paraguay hin- und hergefahren, ohne dass man ihn kontrolliert hätte. So wollten wir es auch machen. Noch wußte ich nicht, wie ich zu einem Pass kommen sollte, fand aber, dass dies zweitrangig sei. Erst einmal raus aus Galpão. Alles Weitere würde sich finden! Ich vertraute darauf, mir mit Hilfe des Geldes von Alois einen Pass verschaffen zu können.

Ich vermied es, Alois mit meinen Befürchtungen, dass sich ein Umsturzversuch andeutete, zu beunruhigen. Er war bereits so auf die kommende Flucht fixiert, dass ich es nicht über mich brachte, ihn in meine Sorgen einzuweihen. Er klammerte sich zu sehr an den Gedanken auf Freiheit, die nun so greifbar nah für ihn schien. Er war ein Nervenbündel, ich musste ihn rund um die Uhr betreuen, damit er nicht den Verstand verlor. Vor meiner Zeit im brasilianischen Knast war ich unduldsamer und ordnete die Menschen schnell in Kategorien ein. Für mich existierte damals nur Weiß und Schwarz. Ich hätte ihn als Jammerlappen eingestuft und mich nicht weiter mit ihm abgegeben. Er war zwar gut im Verschieben von Drogen, doch fehlte ihm hier im Knast der Biß. Jetzt, wo er aus seinen gewohnten Strukturen gerissen war, fand er sich nicht mehr zurecht. Ich hatte alles, was ihm fehlte und deswegen waren wir ein ausgezeichnetes Team. Und wenn ich doch einmal ungeduldig mit ihm wurde, genügte ein Gedanke an seine Hilfsbereitschaft, um mich zu besänftigen. Außer mir und Alois befanden sich noch zwei weitere Ausländer in Galpão. Der eine hieß Francesco und kam aus Sizilien. Er saß ebenso wie wir wegen Kokain ein. Francesco war um die vierzig, hatte eine Halbglatze und graue Haare. Finanziell war er ähnlich gut ausgestattet wie Alois, er hatte sich im Gegensatz zu ihm aber vortrefflich eingelebt. Bei ihm hatte man das Gefühl, dass er hier auf Urlaub war. Alles prallte an ihm ab. Von früh bis Abend rauchte er Gras und ließ sich regelmäßig die Bichas kommen. Er machte keinen Hehl aus der Sache und erzählte haarklein von diesen Begegnungen. Fast erinnerte er mich ein wenig an Horst in der Druckerei, der täglich von seinen amourösen Abenteuern im Zug berichtet hatte. Francesco sprach begeistert von den wundervollen „bundas de cadeia" (Knasthintern), die ihm soviel Freude spendeten. Natürlich nicht ohne zu versäumen, darauf hinzuweisen, dass dies nur eine Übergangslösung sei. Er war ein lustiger Kerl, der sich nicht die gute Laune nehmen ließ.

Dann gab es noch einen Österreicher, Helmut. Ein Gestrandeter, der versucht hatte, ein Hotel auszurauben, dabei erwischt worden war und acht Jahre dafür bekommen hatte. Er war in einer der Nachbarzellen untergebracht und heftete sich wie eine Klette an Alois und mich. Bis zu einem bestimmten Grad ließen wir ihn gewähren und brachten auch ein gewisses Maß an Solidarität mit ihm auf. Weniger aus Sympathie, als aus der Tatsache heraus, dass er wie wir Ausländer war. Fortwährend wollte er alles besser wissen. Ihm fehlte vor allem das Gespür dafür, wann es Zeit war, sich diskret zurückzuziehen. Sein ewiges Gepolter und seine plumpe Vertraulichkeit stießen mich einfach ab. Auch mochte ich seinen Wiener Dialekt nicht. Hin und wieder besorgten wir uns gemeinsam etwas zu rauchen, oder wir schickten ihn los, Fleisch zu besorgen. Wir spürten, dass all sein Getue nur aufgesetzt war und er damit nur seine Angst überspielen wollte. Wir erduldeten ihn hin und wieder aus Mitleid. Von unseren

Plänen erzählten wir ihm aber nichts.

Francesco hingegen verbreitete ganz offen, dass er sowieso in zwei Monaten fort sei. Er stand auf dem Sprung, schien seine Koffer schon gepackt zu haben. Auf welche Weise er zu entfliehen gedachte, behielt er für sich, aber ich zweifelte nicht daran, dass er seinen Worten Taten folgen lassen würde.

Seit einigen Monaten hatte Brasilien nach zwanzig Jahren Militärdiktatur einen demokratisch gewählten Präsidenten und nicht wenige hofften, dass es eine Generalamnestie geben würde oder zumindest einen Strafnachlass. In dieser Hinsicht machte ich mir wenig Illusionen. Eher noch befürchtete ich, dass alles noch chaotischer würde. War erst einmal das ganze Gefüge ins Wanken geraten, stünden wir Gefangenen sicherlich an letzter Stelle der Veränderungen. Von der Diktatur hatte ich bislang wenig gespürt. In Brasilien herrschten andere Zustände als etwa in Chile oder in Argentinien. Die Militärpolizei war zwar präsent, unterdrückte aber die Massen nicht mit offensichtlicher Gewalt. Die Diktatur ließ das Land jedoch finanziell ausbluten, so dass es in den Jahren ihrer Herrschaft in Armut versank. Die Inflation grassierte und wenn ein Staat nicht mehr weiterweiß, dann druckt er in der Regel neues Geld. Genauso verhielt es sich in Brasilien. Der Cruzado löste den Cruzeiro ab, ohne dass eine Konsolidierung der maroden Finanzen des Landes spürbar wurde. Ausverkauf wurde betrieben und die besten Pfründe wurden ans Ausland verscherbelt.

Es war die Zeit, in der ganz Südamerika seine Fesseln abschüttelte. Diktaturen waren Auslaufmodelle und nicht mehr wettbewerbsfähig und noch viel weniger geeignet, die bevorstehenden Herausforderungen des einundzwanzigsten Jahrhunderts zu bewältigen.

„43" konnte sich noch gut erinnern, wie das Militär in den sechziger Jahren an die Macht kam. Damals war er schon seit zwanzig Jahren in Haft. Ebenso wie heute machten sich die Gefangenen Hoffnungen auf eine Amnestie, nicht ganz unberechtigt, denn gerade die skandalösen Zustände in den Haftanstalten waren ein besonderes Anliegen der Militärs gewesen. Tatsächlich war es so, dass vor der Machtübernahme die Situation der Gefangenen so schlecht war, dass

„43" das Wort Kuschelvollzug benutzte, wenn er von den heutigen, „hotelähnlichen", Verhältnissen sprach. Säle, in denen 100 oder gar 200 Leute untergebracht wurden, waren damals keine Seltenheit! „Es gab jedoch damals keine Amnestie, Rodger, und es wird auch diesmal keine geben. Du wirst es erleben!" Schade, dass er nicht viel redete. Zu gern hätte ich mehr von früher erfahren, aber „43" beschränkte sich meist auf wenige Sätze. „Besser wäre, die Militärs blieben", war sein Fazit. „Ich weiß, wie es vorher war!"
Abgesehen von der Ungewissheit ging es mir sehr gut. Ich darbte nicht und richtete mich auf nur wenige Wochen ein, die es noch auszuharren galt. Gedanklich war ich schon in Deutschland und bei den Problemen, die dort auf mich zukommen würden. Ich würde mir eine Wohnung suchen müssen und die Stellenangebote lesen. Ich wappnete mich gegen die zu erwartenden Vorwürfe meiner Familie und hoffte, das alles bald hinter mich zu bringen. Das „tolle" Leben als Drogenhändler kannte ich nun und wußte, dass meine Zukunft nicht in diesem Metier lag. Erst einmal würde ich als Koch arbeiten, denn es gab immer Arbeit für einen Koch. Da machte ich mir keine Sorgen.
Ich wollte mich auf nichts einlassen. Mich in keine Angelegenheiten anderer verstricken lassen. Zu Mônica hielt ich losen Kontakt, ließ mich von ihr ein wenig bemuttern und bekochen. Ansonsten betrieb ich Leibesertüchtigung, las und sah fern. So vergingen meine Tage. Seit wir die Flucht bei Carnisso gebucht hatten, waren drei Monate vergangen. Nun musste es bald soweit sein. Wie sehr sehnte ich mich nach einer richtigen Frau, einer weiblichen Stimme. Das konnte Mônica nicht wettmachen!
War das Sterben um mich herum auch eine fast tägliche Routine, so hatte ich das Morden bisher noch nie mit eigenen Augen gesehen. Was ich kannte, waren die markerschütternden Schreie in der Nacht, im Moment des Todes ausgestoßen. Manchmal sah ich auch, wie am morgen die Hausarbeiter einen Leichnam, nur bedeckt von einem Laken, forttrugen. Meistens waren diese Laken viel zu kurz und kalte weiße Füße ragten unter ihnen hervor.
Es geschah eines Tages, kurz nach der Essensausgabe. Die Türen wa-

ren offen und die Gefangenen stellten sich für einen Schöpfer voll Bohnensuppe an. Es war ein Tag wie jeder andere. Vielstimmiges Geschnatter und die immer gleichen Klagen über das katastrophale Essen. Dazu dumme Sprüche von den Wärtern und den Hausarbeitern. Spannung lag in der Luft. Dann ging es wieder zurück in die Zelle. Den Eintopf verschlang ich noch halb im Stehen und war schon nach zwei Minuten fertig. Hauptsache es stopfte. Ich stand beim Essen in der Nähe des Gitters und sah in nur drei Metern Entfernung Horacio, den Mann, der Carnissos Nachfolge antreten wollte. Bisher hatte ich ihn nur flüchtig von weitem gesehen. Ein stämmiger Kerl mit Vollbart, Bauchansatz und kalten Augen. Behaart wie ein Affe, auch an den Schultern und am Rücken, fast wie ein Fell. Nicht weit von ihm entfernt stand eine Horde Halbwüchsiger. Die wenigsten waren älter als zwanzig. Schmalbrüstige, schwächliche Burschen. Diese setzten sich auf einmal wie ein Bienenschwarm in Bewegung und rannten blitzschnell zu Horacio, der anscheinend keine Gefahr erwartete und allein ohne den schützenden Kokon seiner Bewacher unterwegs war. Ein folgenschwerer Fehler. Es lag ja auf der Hand, dass Carnisso alles unternehmen würde, um sich die Konkurrenz vom Hals zu schaffen. Horacios Leben war verwirkt. Ich schätze, dass es zwanzig, wenn nicht gar dreißig Gefangene waren, die sich mit ohrenbetäubendem Gebrüll auf ihn stürzten. Ein jeder von ihnen war für sich war ein Hänfling, den Horacio mit einer kräftigen Ohrfeige hätte zur Räson bringen können.
Schlagartig blitzte eine Erinnerung in mir auf. So etwas in der Art hatte ich selber schon erlebt. Damals, in einem Bekleidungsgeschäft an der Copacabana, hatte ich eine nette Verkäuferin kennen gelernt und sie zum Essen eingeladen. Ein anständiges, braves Mädchen, das weder das sündige Nachtleben kannte noch Drogen nahm. Wir gingen ein Stück gemeinsam an der Copacabana spazieren. Plötzlich stand ein kleiner Junge vor uns und bettelte mich um eine Zigarette an. Ich war weder geizig noch ein Moralapostel, doch ich schätzte den Knaben auf sechs, maximal sieben Jahre ein. Natürlich war mir sofort klar, dass ich ein Straßenkind vor mir hatte. Ich gab

ihm keine Zigarette. In diesem Alter sollte man noch nicht rauchen. Er versperrte mir den Weg und wollte unbedingt einen Glimmstängel haben. Lachend drückte ich mich an ihm vorbei. Das Mädchen und ich kamen zehn Meter weit und da spürte ich plötzlich einen Schmerz am Oberschenkel. Der kleine Kerl hatte doch tatsächlich mit einem Knüppel nach mir geworfen. Irgendwo hörte der Spaß auf. Das Bein tat mir ziemlich weh. Ich hob den Stock auf und ging drohend auf ihn zu. Ich wollte ihn zur Rede stellen und ihn fragen, was das zu bedeuten hätte. Ich war ziemlich aufgebracht. Der Knabe machte keine Anstalten fortzulaufen. Als ich ihn an der Schulter packte, war ich auf einmal von gut zwölf Kindern umringt, von denen keines älter als zehn war. Kleine Bestien, die einen Kreis um mich bildeten, mit Steinen und Messern bewaffnet und bereit, sofort auf mich einzustechen, oder mir einen Stein an den Schädel zu werfen. Um uns herum waren viele Passanten, die einen Blick auf das Geschehen warfen, aber eilig weiterliefen. Es war verrückt. Strahlender Sonnenschein, gegenüber von uns aalten sich unzählige Sonnenanbeter und ich war in all dem Wohlstand von hungrigen Kindern umzingelt, die sich ihr Recht zu leben erkämpften.
Ich tat das einzig Richtige und hob beschwichtigend die Hände und gab dem Kleinen, der mir den Knüppel nachgeworfen hatte, die ganze Schachtel Zigaretten. Ich hatte auch ein paar Cruzeiros dabei und die gab ich ihm zusätzlich. Ich hatte Angst, wußte aber instinktiv, dass sie mich ziehen lassen würden. Und so war es auch! Ich blieb gelassen, obwohl ich genau wußte, dass ich keine Chance gegen sie gehabt hätte. Die Bande löste sich auf und meine Begleiterin und ich konnten unbehelligt weitergehen. Ich verstand die Burschen. Was sollten sie tun, allein und elternlos? Aus ihrer Sicht war es Notwehr. Sie waren moralisch im Recht und holten sich nur das, was ihnen von uns Erwachsenen vorenthalten wurde. Solche Burschen konnten nur an einem Platz enden. In Galpão! Oder in einer ähnlichen Einrichtung. Mit acht oder zehn war man selbst für Brasilien noch zu jung für den Knast, aber einige Jahre später würden sie das Kontingent derer stellen, die von der Gesellschaft verurteilt wurden, obwohl es eher umgekehrt sein müsste. Allein die

Präsenz der Straßenkinder war wie ein Tribunal, das die Gesellschaft unter Generalanklage stellte!
Dieses Erlebnis schoss mir durch den Kopf, als ich sah, dass sie wie ein Piranhaschwarm über ihn herfielen und mit ihren langen Facas auf ihn einstachen, unablässig wie im Blutrausch. Immer und immer wieder versenkten sie die langen Klingen in seinem Leib. Schrien dabei: „Stirb, du Hurensohn!" Horacio quiekte wie ein Schwein. Es war ein entsetzliches Blutbad. Ebenso schnell, wie die Mörder über ihm waren, ließen sie auch wieder von ihm ab. Die Stiche hätten ausgereicht, um ihn hundertmal zu töten. Es war eine grausame Hinrichtung und seine Mörder waren so im Blutrausch, dass es schien, als hätten sie Horacios Körper zerhacken und sich nicht nur mit seinem Tod, für den ja eigentlich ein wohl platzierter Stich ausgereicht hätte, zufrieden geben wollen. Sie verstreuten sich in alle Richtungen, so wie eine Gruppe Tauben, die man beim Fressen aufscheuchte. Ich stand wie gebannt am Gitter und konnte meine Augen nicht von diesem grausigen Schauspiel abwenden. Horacio war tot. So tot, wie man nur sein konnte nach hunderten von Messerstichen. In respektvollem Abstand standen zwei Wärter, die ebenso wie ich das Schauspiel verfolgt hatten, aber nicht eingriffen, was in etwa so gewesen wäre, als würde man freiwillig die Hand in eine Kreissäge halten. Im Unterschied zu mir waren die Wärter an derlei Metzeleien gewöhnt. Was nun folgte, war Routine. Eine Blutlache breitete sich auf dem dunkelgrauen Steinboden aus. Horacio war nur noch ein blutiger Klumpen. Zerstochene Augäpfel, das Gesicht unkenntlich. Hier hätte selbst der professionellste Leichenbestatter keine Chance gehabt, den Körper für eine ordentliche Bestattung zu restaurieren. Ein Haufen Fleisch lag dort mit grausig verdrehten Extremitäten auf dem Boden und war so schrecklich anzusehen, dass mir der Verstand bei diesem Anblick auszusetzen drohte. Dieser Vorfall hatte höchstens zwei Minuten gedauert. Carnisso war der Sieger und die Ordnung war wiederhergestellt. Mich erschütterte diese ungezügelte Gewalt, doch empfand ich nicht dasselbe Mitleid, welches ich für Jaquêline aufgebracht hatte. Horacio hatte gespielt und verloren.

Ohrenbetäubender Alarm gellte in der Anstalt. Sirenen, so laut, dass man meinte, das Trommelfell müsste einem platzen. Das hohe Dach sorgte nicht nur als Verstärker für die sommerliche Hitze, sondern begünstigte auch die Akustik. Nun setzten sich die Beamten in Bewegung und schlossen alle Türen ab. Die Mörder waren bereits in ihren Zellen. Wohin sollten sie auch? Wahrscheinlich waren sie gerade dabei, ihre blutverschmierte Kleidung und ihr Äußeres zu säubern. Ich zog mich erst einmal zurück. Zum Glück hatte ich den Eintopf schon vorher verschlungen. Wer weiß, ob ich jetzt noch Hunger gehabt hätte. Alle waren in Aufruhr. Alois wirkte gehetzt. Was kam nun? „43" verhielt sich ruhig und routiniert. Ich war ebenfalls aufgeregt und hatte Angst, dass der Tunnel im Zuge dessen, was nun kommen sollte, auffliegen würde. „43" schob eilig seinen Fernseher unter das Bett und die anderen Gefangenen entwickelten ebenfalls hektische Aktivitäten. Ein jeder bemühte sich, seine Habseligkeiten, so gut es irgendwie ging, zu verstecken.

Nun war es soweit. Ich durfte mit eigenen Augen erleben, wie die Anstalt von der PM gestürmt wurde. Die Militärpolizei beschränkte sich normalerweise auf die Außenbewachung des Gefängnisses und zeigte nur dann Präsenz, wenn etwas Drastisches vorgefallen war. Immerhin war ein Führer der gegnerischen Brigade umgebracht worden und das erforderte ein bestimmtes Vorgehen. So wie eine Theateraufführung, die in Akte und Höhepunkte unterteilt war. Eine genau festgelegte Choreographie. Auf dem Gang baute sich die Militärpolizei mit Maschinengewehren, Schlagstöcken und martialischen Visieren auf. Dann Aufschluss. Zelle für Zelle. Nackt ausziehen und Heraustreten. Zählappell! Ich stand neben Alois, die Hände vor den Genitalien und den Kopf gesenkt, erstarrt zur Salzsäule, den Atem bezähmend, darauf bedacht, nach Möglichkeit unsichtbar zu werden. Dann hagelte es Schläge mit dem Knüppel. Wahllos und reihum. Wir waren alle in Habachtstellung, darauf bedacht, nicht zu provozieren. Die PM rückte in unsere Zelle ein und zerschlug alles, was man zerschlagen konnte. Nachdem sie ihr Zerstörungswerk beendet hatte, kam sie wieder heraus. Beleidigungen, Hiebe und wieder zurück in die Zelle. Ich hatte Glück und hatte nur we-

nige Schläge abbekommen. Nichts Ernstes, allenfalls ein paar blaue Flecken. Alois kam sogar ganz ungeschoren davon. Anziehen und durchatmen. Wir waren glimpflich davongekommen. Die Zelle war ein Trümmerfeld, alles Inventar war verstreut und zerborsten.
Ich besaß nicht viel und so gelang es mir schnell, in meinem Bereich Ordnung zu schaffen.
Alois stand vor den Trümmern seines Fernsehers, der ebenso zerstört war wie sein teurer Gaskocher. „43" war es nicht besser ergangen. Auch er musste wieder bei Null anfangen. Gejammer und Empörung. Wozu war das gut? Die PM hatte doch genau gewusst, was geschehen war. Zudem waren sogar Wärter anwesend, die den Mord in allen Einzelheiten beobachtet hatten. Warum dann die Schläge? Warum das Inventar derjenigen zerstören, die erwiesenermaßen nichts damit zu tun gehabt hatten? Ganz einfach deswegen, weil dies zum Ritual gehörte und fester Bestandteil der Knastordnung war. Ein jeder sollte sich dessen bewusst werden, welche Konsequenzen solche Fememorde nach sich zogen. Generalprävention, Kollektivbestrafung, Sippenhaft oder einfach blinde Zerstörungswut frustrierter Staatsbediensteter. Wir durften uns aussuchen, was uns besser gefiel!
Noch schlimmer fielen diese Razzien aus, wenn die PM auf der Suche nach Waffen war und den Knast wirklich von oben bis unten auf den Kopf stellte. Die Vorgehensweise der Polizei war eine Art Theaterstück und der Schlussakt war noch nicht erreicht. Der Vorhang würde erst fallen, wenn man einen Schuldigen gefunden hatte, aber auch das war ein festgeschriebenes Drehbuch.
Es war Carnisso, der hinter all dem stand und er war es, der dafür gerade zu stehen hatte. Jeder wußte, dass es ein Auftragsmord gewesen war. An willigen Killern mangelte es hier nicht. Es gab hier viele, die niemals in ihrem Leben entlassen würden. Für solche Insassen war es wichtig, zumindest hinter Gittern in der Hierarchie aufzusteigen und Karriere zu machen. Hierzu mussten sie mutig und furchtlos, gewaltbereit und skrupellos sein und auch ein gewisses Maß an Intelligenz mitbringen. Vor allem aber mussten sie Carnisso bedingungslos ergeben sein. Auf diese Weise konnte man etwas

werden in Galpão!
Nachdem die PM ihr Zerstörungswerk beendet hatte, schickte man nach Carnisso. Seine Zelle war natürlich von der Aktion verschont geblieben. Im Büro des Direktors suchte man gemeinsam mit der Polizei eine Lösung. Carnisso gab den Namen eines Gefangenen an, mit dem er bereits vorher vereinbart hatte, dass dieser die Schuld auf sich nehmen würde. Diese Denunziation war unabdingbar, da doch Gesellschaft und Justiz nach einem Schuldigen schrien, den man verurteilen konnte. In diesem Fall sollte es mein Freund Eduardo sein, dem diese zweifelhafte Ehre zuteil wurde. Eduardo war noch keine zwanzig, brachte es aber schon auf ansehnliche dreiundachtzig Jahre Knast. Seine Strafe würde sich nun um weitere fünfzehn Jahre erhöhen. Die nächste Zeit würde er keine Fußballspiele im Fernsehen verfolgen können, denn es warteten dreißig Tage Strafzelle auf ihn. Auch das war ein obligatorischer Baustein in diesem bizarren Stück. Tatsächlich war Eduardo einer derjenigen, die auf Horacio eingestochen hatten. Aber ebenso gut hätte man auch alle anderen vor den Kadi stellen können. Die Justiz war jedoch bescheiden und begnügte sich mit nur einem Sündenbock.
Bevor sich Carnisso von seinen Gesprächspartnern löste, bekam er noch eine Flasche Zuckerrohrschnaps vom Direktor zugesteckt. Als Anerkennung für sein kooperatives Verhalten in der Sache und für die zügige Aufklärung des Mordes.
Am nächsten Tag bekamen die Einwohner Rios einen hanebüchenen Artikel im „O Globo" zu lesen. Da wurde die Gewalt in brasilianischen Gefängnissen angeprangert, die skandalösen Zustände, die ein beherzteres Vorgehen erforderten. Dies war dann der letzte Akt. Der Vorhang fiel! Entspannung hielt Einzug. Die Ungewissheit hatte ein Ende und den Gegnern würde nichts anderes übrig bleiben, als sich mit Carnisso abzufinden. Die Fronten waren geklärt.
In meinen Augen war Carnisso ein Teufelskerl. Ein einzelner gedungener Mörder hätte völlig ausgereicht, aber ihm ging es um die Symbolik. Jeder sollte wissen, wohin Widerstand gegen seine Vorherrschaft führte. Eduardo logierte indes in der Isolationszelle. Zum Glück lernte ich sie nie von innen kennen. Aus Neugierde hatte

ich einmal einen Beamten gebeten, sie mir ansehen zu dürfen, als wir gerade zufällig vorbei liefen. Ein fast stockdunkles Verließ, ohne Bett, nur kahler Stein. Dreimal am Tag reduzierte Kost und das auch nur durch die Klappe, so als füttere man ein wildes Tier. Als sei das Eindringen von Licht ein nicht angemessenes Zugeständnis. Aber die Brasilianer waren hart im Nehmen. Hatte der Delinquent seine dreißig Tage abgesessen, wurde er wieder in den normalen Vollzug integriert. Irgendwann einmal kam auch die Verhandlung, aber das war zweitrangig für einen, der schon zu dreiundachtzig Jahren verurteilt war. Dafür verbesserte sich seine Haftsituation. Er war nun ein Stückchen weiter die Karriereleiter nach oben geklettert. Daneben gab es noch andere Annehmlichkeiten, wie beispielsweise heiße Nächte mit den Bichas, ein wenig Kokain und als Extraprämie vielleicht ein Gaskocher. Aus Sicht der anderen war Eduardo ein gemachter Mann. Er war erfolgreich und ein Beispiel, dem es nachzueifern galt.
Tage danach konnte ich endlich durchatmen. Der Tunnelbau ging ungestört weiter. Wir hatten wieder mal Glück gehabt!
Gefangene kamen und gingen. Wenn Neue eingeliefert wurden, war dies immer ein Ereignis, das mit Spannung erwartet wurde. Für mich und Alois war das nicht so wichtig, doch die Brasilianer standen immer auf dem Sprung, denn es stellten sich mit jedem Neuen kritische Fragen: War einer dabei, den sie von früher kannten? Drohte Gefahr von Feinden? Den besonders schweren Jungs eilte ihr Ruf voraus. Es konnte lebensverlängernd sein, in diesem Chaos die Übersicht zu behalten und zu wissen, was vor sich ging.
Es gab aber da noch eine andere Gruppe von Gefangenen, denen ein schlimmer Ruf anhaftete. Die Vergewaltiger und Pädophilen. Bei diesen Verbrechern waren sich die Gesellschaft und die Gefangenen in ihrem Abscheu einig. Sittlichkeitsverbrecher waren Freiwild, zum Abschuss freigegeben. Auf sie entlud sich der kollektive Hass!
Eines Tages bekamen wir einen Neuzugang in unsere Zelle, einen Mann um die fünfzig mit kaum Wäsche am Leib. Er war mit blauen Flecken übersät und humpelte. Sein rechtes Bein war seltsam verdreht, wahrscheinlich durch einen schlecht verheilten Bruch. Jede

seiner Bewegungen hatte etwas von Resignation und Endgültigkeit. In seinen Augen flackerte die Angst. „43" sprang von seinem Bett auf. „Ein Kinderficker kommt nicht in unsere Zelle", schrie „43". „Bei Gott, ich schwöre, dass er die Nacht nicht überlebt!" Drohend bauten sich fast alle Gefangenen aus unserer Zelle vor dem Beamten auf.

Alois und ich blieben sitzen und beteiligten uns nicht. „Schaff uns den dreckigen Kinderficker aus den Augen", brüllte er den Beamten an. So hatte ich „43" bisher noch nicht erlebt. Stets war er ruhig und zurückhaltend, nun aber war er kaum mehr wieder zu erkennen. Geschrei und Flüche drangen auch aus den umliegenden Zellen. Der Schließer gab nach. „43" verfügte über ausreichend Überzeugungskraft und der Beamte wollte es nicht auf einen Machtkampf ankommen lassen. Humpelnd musste der Mann unsere Zelle wieder verlassen. Bisher war nicht ein einziges Wort über seine Lippen gekommen. Man brachte ihn in der Nachbarzelle unter. Ich machte mir keine Illusionen über seinen Empfang!

In Brasilien wegen eines Sittlichkeitsverbrechens angeklagt und verurteilt zu sein, war, als würde man wilden Tieren zum Fraß vorgeworfen. Es lag in der Hand der Wärter, ob so einer umgebracht wurde oder nicht. Auf keinen Fall durften sie verlauten lassen, weswegen derjenige einsaß. Hatte er ganz großes Glück, dann rutschte er unerkannt durch, indem er den anderen erzählte, er säße wegen Raub oder sonst einem anderen „angesehenen Delikt" ein. Das war natürlich nur möglich, wenn sein Fall ohne weitere Beachtung durch die Presse verhandelt wurde. In diesem Fall konnte er sich vor Dankbarkeit in den Staub werfen und den Herrn lobpreisen. Anders lief es, wenn im Knast alle wussten, weswegen so einer verurteilt war. Die Welt hinter den Mauern war bei allem Chaos erstaunlich übersichtlich.

Nachdem man den humpelnden Mann in der anderen Zelle untergebracht hatte, erhob sich auch dort umgehend Geschrei. Es wiederholte sich alles, doch nun war es der Beamte leid und er ließ Armando dort zurück. Die Nachbarzelle war in unmittelbarer Hörweite. Auch aus all den anderen Zellen drang haßerfülltes Geschrei.

Lynchstimmung! Dann entsetzliche Schmerzensschreie.
Zum Einstand wurde er von allen verprügelt. Solche Typen wurden nicht sofort umgebracht, das wäre ein zu mildes Schicksal gewesen. Die Beamten sahen ostentativ weg. Armando hatte es in der Nachbarzelle schlecht getroffen. Den ganzen Tag banden sie ihn neben dem Kackloch fest. Jeder, der seine Bedürfnisse erledigte, schlug und trat ihn im Vorbeigehen. Man spuckte ihn an und urinierte über seinen Körper oder man zwang ihn, kniend die Pisse zu schlucken. Für ihn gab es kein Bett, sondern nur den harten Steinboden. Er stand in der Knasthierarchie so niedrig, dass man ihn nicht einmal zum Zellensklaven machte. Mit jedem Tag, der verging, sah er schrecklicher aus; grauenhaft zugerichtet von den vielen Schlägen, die er erdulden musste. Das genügte aber anscheinend immer noch nicht, um die Gemüter zu besänftigen. Anstelle des Essens schissen die Zellengenossen in seinen Blechnapf und unter dem Gejohle aller musste er den Kot hinunterwürgen, bis nichts mehr übrig war. So ging das jeden Tag. Die Gespräche in unserer Zelle handelten eigentlich nur davon, wie lange er noch durchhalten würde. Wie lange konnte ein Mensch so eine Tortur ertragen? Ab welcher Menge waren Fäkalien tödlich? Im stillen wünschte ich mir, dass man der Sache ein Ende bereitete, nur um nicht mehr diesen Horror weiter mitverfolgen zu müssen. Und so kam es dann auch bald. Eines Morgens fand man ihn mit durchgeschnittener Kehle auf dem Gang. Er hatte es hinter sich!
Es wurde kein Aufhebens gemacht. Im Grunde waren alle froh, dass er tot war, auch die Beamten. Solche Vorfälle beschäftigten die Gefangenen eine Weile und lenkten sie von ihrem eigenen Leid ab. Es gab ein Thema, über das man sich das Maul zerreißen konnte. Nach so einem Mord waren alle wieder gelöster. Wie nach den öffentlichen Hinrichtungen früherer Zeiten, die zum Gaudium aller auf dem Marktplatz vollstreckt wurden, - kurz nachdem die Kirche aus war.
Post aus Deutschland bekam ich nur sehr spärlich. Für uns Gefangene war die Verteilung der Briefe der Höhepunkt des Tages. In unserer Zelle gab es einen Schreiber, einen kleinen drahtigen Mann, der

früher Lehrer gewesen war. Auch ihn hatte die Drogensucht hierhergeführt. Dieser Lehrer schrieb Briefe für andere Gefangene, die des Lesens und Schreibens unkundig waren, und verdiente sich auf diese Weise ein wenig Geld. Er hatte eine wunderschöne Schrift und seine Dienste waren sehr gefragt. Für schlichtere Gemüter übernahm er das Formulieren gleich mit. Manchmal las er den Analphabeten auch die Antwortbriefe vor und freute sich wie ein kleines Kind, wenn die Frauen Entzücken über seine schönen Worte bekundeten. Abends trug er die Geschehnisse des Tages in ein kleines Büchlein ein. Immer wenn ich ihn dabei beobachtete, nahm ich mir vor, auch mit einem Tagebuch anzufangen, und bereue es noch heute, dies nie getan zu haben. Es gab so viel zu sehen und festzuhalten.

Eduardo kam aus dem Loch. Er hatte seine 30 Tage abgebrummt und war sehr schwach auf den Beinen. Sein Wiedereintritt ins Gemeinschaftsleben wurde von Willkommensgeschrei begleitet. Er war der Held und mit ihm hatte man sich fortan gut zu stellen. Seine Entbehrungen hatten ein Ende. Er bekam sein Bett wieder und abends stieg eine wilde Party mit Koks und Bichas. Er war wie immer. Die dreißig Tage Isolationshaft hatten ihn nicht aus dem Gleichgewicht gebracht und an die kommende Gerichtsverhandlung schien er auch keinen Gedanken zu verschwenden. Was ihn am meisten interessierte, waren die Fußballergebnisse des letzten Monats.

Kurze Zeit später war es endlich so weit. Eduardo teilte mir morgens mit, dass wir uns am nächsten Tag gegen 21 Uhr bereithalten sollten. Es ging los! Mein letzter Tag in Galpão sollte anbrechen und wir hofften, spätestens in zwei Tagen in Paraguay zu sein. Ein nervöses Kribbeln erfaßte mich. Vorfreude auf die bevorstehende Freiheit, die nun fast greifbar war. Ich war wie elektrisiert, Alois dagegen war mit seinen Nerven am Ende. Ich hatte Eduardo eingeschärft, rechtzeitig zu kommen und nicht erst im letzten Moment. Er musste uns den Weg zur betreffenden Zelle zeigen. Meine größte Sorge galt Alois, von dem ich wußte, dass er überhaupt keine Erfahrung im Balancieren auf den hohen Mauern hatte. Gedanklich stellte ich mich darauf ein, dass es mit ihm nur sehr langsam vorwärtsgehen würde und tief im Inneren befürchtete ich sogar, dass er es womöglich überhaupt nicht schaffen würde. Nun ärgerte es mich, dass ich nicht energischer darauf bestanden hatte, mit ihm das Laufen auf den Mauern zu üben. Doch dafür war es nun zu spät. Es musste einfach gehen! Ich mochte gar nicht daran denken, was wäre, wenn ich ihn zurücklassen müsste. Trotzdem war ich guter Dinge. Die Flucht war ein Abenteuer, wovon ich später einmal erzählen konnte. Im Film sehen solche Ausbrüche aus Gefängnissen immer sehr abenteuerlich aus. Doch das eigene Erleben ist noch viel aufregender. Ich war jedenfalls sicher, das Richtige zu tun und wollte meine Chance nutzen. Ich fühlte mich in etwa so, wie an dem Tag, als ich die Zollkontrolle mit dem Kokain hatte passieren wollen. Angespannt, aber optimistisch und zu allem entschlossen!

Nun, wo das Datum feststand, verging die Zeit quälend langsam. Es fiel mir schwer, mich so wie immer zu geben und mir vor den anderen Gefangenen nichts anmerken zu lassen. Fraß fassen wie immer. Dann Warten. Entgegen unseren sonstigen Gepflogenheiten, rauchten wir einen Joint nach dem anderen, - um überhaupt etwas zu tun! Das taten wir normalerweise immer erst kurz vor dem Zubettgehen. Lesen war unmöglich und auch für die Mattscheibe hatten wir kein Interesse. Abends hatte ich einen kleinen Disput mit Alois. Ich wollte ihn unbedingt überreden, wenigstens einen Versuch auf den Mauern zu starten. Alois war bockig wie ein kleines Kind und meinte, dass er es schon schaffen würde. Dann die letzte Nacht. Ich lag ganz still, konnte an nichts anderes als an die nahe Freiheit denken und betete das Vaterunser. Gläubig war ich nicht, bin es nie gewesen, aber in solchen Momenten bekam ich doch Gottesfurcht. Es konnte auf keinen Fall schaden. Schlaf fand ich trotzdem nicht. Dann, spät nachts, eine Überraschung. Mônica stand auf einmal vor meinem Bett. Heute war sie ernst, anders als sonst. Sie legte sich neben mich und sprach mir leise ins Ohr: „Du, Rodger, ich weiß, dass ihr morgen abhaut und wollte mich von dir verabschieden!"

Ein wenig irritierte es mich, dass sie von unseren Plänen wußte. Ich beschwichtigte mich aber damit, dass sie es nur von Carnisso haben konnte, und ging davon aus, dass sie ihren Mund halten würde. „Ja,

Mônica, morgen geht es los und das ist meine letzte Nacht in diesem Drecksloch. Am liebsten würde ich dich mitnehmen." Nicht, dass ich ein gemeinsames Leben mit ihr aufbauen wollte, aber es tat mir weh, sie weiterhin in diesem Inferno zu wissen. Sie war ein guter Mensch und hätte Besseres verdient. „Versprich mir, dass du mich nicht vergißt, und wenn du wieder zurück in Deutschland bist, schreib mir eine Karte, damit ich weiß, dass es dir gutgeht." Und dann, wehmütiger: „Dann wirst du ja jemanden wie mich nicht mehr brauchen!" „Sag doch so etwas nicht. Ich werde dich niemals vergessen. Du hast mir sehr geholfen. Ich schreibe dir auf jeden Fall und vielleicht sehen wir uns ja irgendwann wieder und du kommst mich mal in Deutschland besuchen. Es kommt der Tag, an dem auch du rauskommst!" Ein trockenes Schluchzen an meinem Ohr. Dann stand sie abrupt auf, sie schien keine traurige Abschiedsszene zu wollen.

Nun war es endgültig um meinen Schlaf geschehen. Unablässig rotierten meine Gedanken und jagten wie wild durch meinen Schädel. Alois schnarchte wie ein Walroß und wälzte sich unruhig hin und her. Grunzen war auch aus den anderen Betten zu hören. Zeitweilig regnete es, ich hörte das undeutliche Murren derjenigen, die nass wurden. Aus Verzweiflung rauchte ich noch einen Joint und versuchte, mich im Anschluß müdezuwichsen. Ermattet fiel ich gegen Morgengrauen in Schlaf, aus dem ich wenige Stunden später wie gerädert erwachte. Der Augenblick der Freiheit stand unmittelbar bevor!

Wieder Warten. Nicht einmal Marihuana half. Die Minuten zogen sich wie Stunden hin. Wieder Fraß fassen, rumlaufen, oberflächliches Geschwätz. „43" in seinem Bett, aufmerksam den Nachrichten lauschend. Am Tisch saßen vier Mitgefangene, die um kleine Beträge Karten spielten. Der Schreiber saß im Schneidersitz auf seiner versifften, dünnen Schaumstoffunterlage und war in eine Auftragsarbeit vertieft. Ein anderer versuchte sich mit einem Gummi den Arm abzubinden. Seine Armbeuge war fast schwarz von Hämatomen. Er suchte verzweifelt nach einer Vene. Er machte immer neue Versuche, die stumpfe Nadel in Position zu bringen. Nach einer längeren Zeit erfolglosen Probierens löste er resigniert den Gummizug und band sich den anderen Arm ab. Blut sickerte heraus, bildete Flecken auf seinem Laken. Immer wieder fluchte er, weil sich sein Körper so hartnäckig weigerte, die Tortouren weiterhin zu erdulden. Dann endlich seine Erlösung, Blut mischte sich mit dem Inhalt der Spritze. Ein Druck auf den Kolben und es folgte engelsgleiche Verklärtheit.

Über dem Kackloch kauerte ein anderer ausgemergelter Bursche. Nur Haut und Knochen. Seit Tagen hatte er Dünnschiß und rannte ständig hin und her. Das Wasser in Galpão war nichts für empfindliche Mägen, musste abgekocht werden bevor man es trank. Alois hatte unstete Augen, er war wie ein aufgebrachtes Wiesel, zu keiner vernünftigen Handlung fähig. Eine Bicha war bei ihrem Kunden, einem glatzköpfigen Mulatten. Grunzend kam er zum Ende und spritzte sein Leben in den Mund der Bicha, die gleich im Anschluß das Sperma ins Waschbecken ausspuckte, ihr Haar zurechtrückte und sich zufrieden auf den Rückweg in ihre Zelle machte. Ich hingegen saß ganz ruhig auf dem Bett und beobachtete all dieses Treiben. Noch einmal sog ich das alles in mich auf, denn ich wollte diesen Tag gut in Erinnerung behalten. Die Menschen um mich herum bedeuteten mir inzwischen sehr viel. Sie waren ja meine Weggefährten, die ich zwar nicht mehr sehen wollte, aber die mir trotzdem auf eine besondere Art ans Herz gewachsen waren. Im stillen versprach ich Gott, vom Rauschgifthandel abzuschwören, bot ihm etwas an im Austausch für sein Wohlwollen.

Dann hieß es wieder Fraß fassen. Hoffentlich das letzte Mal. Zum Abendessen gab es einige Scheiben Brot mit Aufschnitt. Nur großer Hunger trieb derlei Nahrung hinein. Der Aufschnitt war eher alt mit einer matten, gelblichen Patina. Alois und ich begnügten uns mit trockenem Brot, das wir mit Tomatenscheiben belegten. Oben drauf Ketchup. Am nächsten Tag schon würden wir besser essen. Wir warteten darauf, dass die Beamten zum letzten Mal die Tür zum Zählappell aufschlossen. Erst dann würde Eduardo uns abholen kommen. Ich vermutete, dass die kommende Vorstellung von Alois auf der Mauer Eduardo gewiß nicht positiv auf die fußballerischen

Qualitäten der Tschechen schließen lassen würde. Dann endlich der Zählappell, nachlässig wie eine lästige Pflicht. Raustreten und eine müde Bestätigung des Namens und das Klirren der Schlüssel, als das Gitter für die Nacht hinter uns abgesperrt wurde. Wir waren bereit! Beide hatten wir unsere beste Kleidung angezogen. Alles andere blieb zurück. In der Tasche von Alois steckte ein fettes Bündel Dollarscheine.

„Du, Rodger, ich muss dir etwas sagen." Alois sah mich ernst an, ohne dieses nervöse, ängstliche Flackern, das ihm in den letzten Stunden angehaftet hatte. „Ich weiß nicht, wie das hier ausgehen wird, aber ich danke dir, dass du den Weg soweit mit mir gegangen bist. Ich hoffe, dass wir morgen draußen sind, aber man weiß ja nie." Alois griff in seine Tasche und gab mir die Hälfte seines Bündels. „Wenn ich es nicht schaffen sollte, dann rette wenigstens du deinen Arsch. Mit dem Geld kommst du leicht bis nach Deutschland!" Dann umarmte er mich und drückte mich fest an sich. „Ich liebe dich, Rodger. Ohne dich wäre ich zugrunde gegangen. Danke, mein Freund!" Der Moment war erhaben und ich wußte, dass ich mein Leben für diesen Mann gegeben und ihn niemals allein zurückgelassen hätte, selbst wenn mir die Flucht ohne ihn glücken hätte glücken können.

„Alois, nimm dein Geld zurück. Du kannst es mir später geben, auf der anderen Seite des Tunnels. Wir verdrücken uns entweder alle beide oder wir bleiben gemeinsam hier. Niemals würde ich dich allein lassen." Alois sah mich mit Tränen in den Augen an. Das Geld hielt er unschlüssig in der Hand. Energisch nahm ich das Bündel und steckte die Scheine in seine Tasche zurück. „Wir ziehen das gemeinsam durch. Keine Angst. In ein paar Stunden sind wir draußen!" Alois war auf einmal wie ausgewechselt. Seine ganze Unsicherheit war verflogen und auch seine Augen flackerten nicht mehr ängstlich. Er hatte Frieden gefunden und war bereit, die Flucht anzutreten. Meine Zuversicht wuchs, dass er den Weg auf den Mauern doch würde bewältigen können. Er strahlte auf einmal Entschlossenheit aus, war kämpferisch und legte die Apathie der vergangenen Monate ab. Von einem Augenblick auf den anderen war er ein neuer

Mensch geworden.
Wenn mir bis dahin die Minuten wie Stunden vergingen, so verronnen sie nun wie Tage. Alle paar Sekunden sahen wir auf die Uhr und warteten auf das Erscheinen Eduardos. „43" hatte auf einmal Lust zum Plaudern und wollte, dass ich ihm von Deutschland erzählte und von den tollen Mädchen dort. „43" war wie immer nur mit einer Turnhose bekleidet und saß auf seinem Bett. Er hatte eine zähe Altmännerhaut wie Leder mit grauenvollen Knasttätowierungen. Allesamt farblos. Sie stammten noch aus den Anfängen seiner Knastkarriere. Damals war die einzige Tinte, die zur Verfügung stand, eine Art Schuhwichse, die sie aus der Gefängnisschusterei organisierten. Lediglich die Hände und das Gesicht hatte er von den Tätowierungen verschont. Irgendwie hatte ich das Gefühl, dass „43" genau wußte, was in dieser Nacht ablaufen sollte. Mir war es egal und ich sagte ihm, dass ich heute keine Lust zum Quatschen hätte. 21 Uhr! Immer noch kein Zeichen von Eduardo. Ich hatte Angst, dass es nichts würde. Mit jeder Minute, die verging, wurde ich mißtrauischer und unruhiger. Ich rauchte unzählige Zigaretten. Wir verzichteten auf Marihuanafüllung. Es galt, einen klaren Kopf zu bewahren. Trotzdem nahmen wir einen Schluck vom Selbstgebrannten, um uns ein wenig Mut anzutrinken!
„Los, kommt rauf!", rief uns Eduardo zu, der plötzlich oben auf der Mauer stand und keine Anstalten machte, zu uns herunterzuklettern. Lässig rauchte er eine Zigarette, während Alois sich daran machte, die Mauer zu erklimmen. Ich lehnte an der Wand, dort wo die Duschrohre aus dem alten, bröckelnden Mauerwerk herauswuchsen und half ihm mit einer Räuberleiter. Ich ließ ihn sogar auf meine Schultern steigen, damit er leichter das Rohr erreichte. Unbeholfen streckte er seine Hände aus, die Eduardo ergriff, um ihn dann beherzt nach oben zu ziehen. Endlich saß Alois rittlings auf der Mauer. Das konnte etwas werden! Dann war ich an der Reihe, geschwind und routiniert. Oben angekommen versuchte ich, Alois auf die Beine zu helfen. Wackelig richtete er sich auf. Eduardo hatte einen spöttischen Zug um den Mund als er Alois bei seinen zittrigen Bemühungen beobachtete. Alois schwankte hin und her und hielt

sich unbeholfen an mir fest. Mir wurde mulmig. Ich hatte Angst, ähnlich wie ein Rettungsschwimmer, der einen Ertrinkenden aus dem Wasser zieht und Gefahr läuft, selber unterzugehen, weil der andere sich in Panik festkrallt. Tragen konnten wir ihn nicht, so viel stand fest. Alois setzte sich wieder hin und hielt sich an der Mauer fest, als wollte er sie nie mehr loslassen. Es ging tief hinunter. Alois, so vermutete ich, hörte bereits jetzt schon das Brechen seiner Knochen. „Ich habe es dir die ganze Zeit gepredigt", sagte ich vorwurfsvoll. „Hättest du nur auf mich gehört!"
„Wir haben nicht die ganze Nacht Zeit", mischte sich Eduardo ein. „Ich laufe schon einmal voraus und warte bei der Zelle auf euch!"
Alois machte sich mühsam robbend auf den Weg. Eduardo indes war schon bei der betreffenden Zelle angelangt und winkte uns zu. Gute hundert Meter lagen noch zwischen uns. Es ging nur ganz mühsam voran, zum Gaudium aller, die sich vor Lachen ausschütteten, als sie Alois dort oben mit verbissenem Gesichtsausdruck auf der Mauer sahen. Trotzdem hatten seine Bewegungen etwas Entschlossenes und Unnachgiebiges. Er bewegte sich auf eine tierhafte Art, verzweifelt und mit aller Kraft, die er aufbieten konnte. Sein Leben hing davon ab. Ich ging voran, blieb aber immer in seiner Nähe. Helfen konnte ich ihm nur indirekt, indem ich beruhigend auf ihn einsprach und ihn ständig lobte, wie gut er es mache, und dass er keine Angst zu haben brauche und dass er es bald geschafft habe. Nur noch dieses kurze Stückchen. Ich erinnerte ihn an die tollen Frauen, die draußen auf uns warteten und alle anderen Annehmlichkeiten, die in Freiheit so selbstverständlich waren. Verbissen robbte Alois weiter und hatte die Augen starr auf das Ziel fixiert. Wir hatten die Hälfte hinter uns und mir kam es so vor, als ob es nun ein wenig rascher ging. Und so langten wir endlich bei der Zelle mit dem Tunnel an.
Eduardo wünschte uns noch viel Glück. „Laßt euch nicht erwischen. Der nächste Fußballweltmeister heißt im übrigen Brasilien. Denk an meine Worte, wenn du in Deutschland vor dem Fernseher sitzt!"
Das Schlimmste hatten wir hinter uns. Alois lag am Boden, ausgepumpt wie ein Langstreckenläufer nach dem Zieleinlauf. Pfeifend sog er den Atem ein. Mangelnde Bewegung hatte ihn träge gemacht

und das, obwohl er gerade erst vierzig Jahre alt war. Die Zelle sah aus wie die unsere, nur mit dem Unterschied, dass sie einen Ausgang in die Freiheit besaß. Die Tunnelarbeiter würden die Flucht natürlich auch geschlossen antreten. Auf keinen Fall konnten sie bleiben, denn am nächsten Tag, wenn die Flucht bemerkt würde, würde die PM mit Sicherheit den gesamten Knast auf den Kopf stellen. Gnade Gott demjenigen, der noch in der Zelle anzutreffen war. Wir waren ein wenig zu früh dran. Die Flucht sollte erst gegen 23 Uhr losgehen. Ein grauhaariger Mulatte erklärte mir, dass wir auf ein Zeichen von außen warteten. Um es genau zu sagen, auf einen Schuß, der aus einer Leuchtkugelpistole abgefeuert werden sollte und ihnen mitteilte, dass niemand patrouillierte und die Luft rein war. Erst dann konnten wir es wagen, den Tunnel endgültig zu durchstoßen. Es war riskant, denn die PM hatte von ihrem Posten aus einen guten Überblick und ich hoffte, dass wir an einer geschützten Stelle herauskommen würden, wo man uns nicht sofort entdeckte und dass uns zumindest ein kleiner Vorsprung bliebe, bevor Alarm ausgelöst würde. Nach und nach huschten immer mehr Gefangene über die Mauern und ließen sich geschmeidig ins Zelleninnere gleiten. Die Brasilianer kamen erst spät, in letzter Minute sozusagen. Inzwischen waren wir komplett. Einer legte die Reihenfolge fest. Wie versprochen sollten wir die Plätze drei und vier erhalten. Alois wollte, dass ich vor ihm in den Tunnel stieg. Wo aber war der Tunnel? Neugierig sah ich mich um, konnte aber nichts entdecken.

Der Tunnel befand sich unter einem Bett und der Einstieg war so kunstvoll verborgen, dass man ihn nur entdeckte, wenn man genau wußte, wo er war. Die Burschen hatten einen quadratischen Steindeckel angefertigt, der fast nahtlos das Einstiegsloch verbarg. Vier Männer mussten gleichzeitig anheben, um den Deckel herauszuwuchten. Unter dem Bett war es ohnehin dunkler und nun, nachdem das Licht im ganzen Knast erloschen war, sah ich nur ein diffuses schwarzes Loch. Wie Glühwürmchen glommen die Zigaretten auf, mal schwächer und mal stärker. Gebannt starrten wir hinauf zu dem Wellblechdach und warteten auf das Signal, die Leuchtkugel, die uns das Startzeichen geben sollte.

Niemand sprach. Dann endlich wurde der Himmel für einen Moment blutrot. Nun kam Bewegung in die Burschen. Wir stellten uns in Reih und Glied auf, als warteten wir auf einen Schöpfer Eintopf. Einer ermahnte uns, ausreichenden Abstand im Tunnel zu halten und auf der anderen Seite so leise wie möglich zu sein. Achtundzwanzig Mann insgesamt waren wir. Der erste kroch kopfüber in das schwarze Loch. Vor ihm lagen gut 20 Meter, die er wie wir alle, in absoluter Dunkelheit überwinden musste. Es sah verdammt eng aus, hoffentlich stürzte der Tunnel nicht ein. Ich musste an Berichte von Grubenunglücken denken und hatte Angst, verschüttet zu werden und elendig zu ersticken. Kurz darauf verschwand der zweite. Ich war der nächste und ging schon mal auf die Knie und streckte mich unter dem Bett aus, um in eine günstige Startposition zu kommen. Vorsichtig tastete ich mich voran und sah von einer Sekunde auf die andere nichts mehr. Ich musste den Impuls unterdrücken, nicht zurückzuzucken. Es war heiß. Staub lag in der Luft. Ich musste husten. Vor mir hörte ich deutlich die beiden Kollegen, wie sie durch die Dunkelheit krochen und unterdrückte Flüche ausstießen. Ich steckte bereits bis zum Hintern in dem engen Loch. Jetzt, wo ich einmal drinnen war, gab es keinen Weg mehr zurück!

Dann hörte ich plötzlich Schüsse durch den Stollen. Verrat, schoss es mir durch den Kopf. Verrat! Der Tunnel war aufgeflogen. Wahnsinnig vor Angst robbte ich zurück. Jemand zog an meinen Füßen. Es war Alois, der mit sich überschlagender Stimme schrie, dass wir so schnell wie möglich von hier fort mussten. Hektisch kletterten die anderen die Mauern hoch und rannten augenblicklich zu ihren Zellen zurück. Auch Alois und ich machten uns voller Panik daran, die Mauer zu erklimmen. Immer wieder waren vereinzelte Schüsse zu hören. Todesangst saß uns im Nacken. Obwohl Alois den Rückweg auch wieder robbend antrat, hatte ich das Gefühl, als würde er die Mauer kaum berühren. Ich blieb immer knapp hinter ihm und kämpfte den Wunsch nieder, so schnell wie möglich zu meiner Zelle zu spurten. Sollte die PM erst einmal in die Anstalt einrücken, würden sie ohne zu zögern hier oben auf uns schießen. Dass meine Flucht gescheitert war, sickerte noch nicht bis in mein Bewußtsein

durch. Erst galt es, die nackte Haut zu retten! Die Angst beflügelte uns im wahrsten Sinne des Wortes. Das war nicht nur eine Floskel, wie ich am Beispiel von Alois sah, der sich nun fast wie ein Mähdrescher seinen Weg bahnte und verzweifelt bemüht war, die Strecke in Rekordzeit hinter sich zu bringen. Seine Arme ruderten wie Windmühlenflügel. Das Licht in der Anstalt ging wieder an. Alarm! Heulende Sirenen! Unruhe in allen Zellen. Die Gefangenen waren aufgescheucht wie Hühner, wenn ein Marder auftaucht. Es wurde hektisch. Endlich hatten wir unsere Zelle erreicht. Schnell zogen wir uns aus und legten uns ins Bett. Was auch passieren würde, wir wollten erst einmal liegenbleiben und abwarten. Unsere Companheiros waren in heilloser Aufregung und bemüht, ihre wenigen Habseligkeiten so gut es ging zu verstecken. Mein Herz schlug so rasend, dass ich befürchtete, es würde aus der Brust springen. Ich musste an die Kameraden denken, die vor uns in den Tunnel geklettert waren. Sie konnten weder zurück, noch nach vorne. Und selbst wenn sie es irgendwie geschafft hätten, rückwärts herauszukriechen, so wäre ihnen der Weg dennoch versperrt gewesen, weil die anderen längst die Platte auf den Zugang gelegt hatten und nun beteten, dass ein Wunder geschähe. Dann Stiefelgetrampel und martialisches Auftreten der Staatsgewalt. Nackt raustreten und Schläge. Reihum. Zelle für Zelle. Wieder einmal wurde alles kurz und klein geschlagen. Normalerweise, so sollte man meinen, hätten die Polizisten versuchen müssen, diejenigen, die hatten flüchten wollten, zu finden. Normalerweise! Aber darum ging es ihnen nicht. Schuldig waren in ihren Augen alle, und die Schläge, die auf uns niederprasselten, trafen demnach immer den „Richtigen". Bewegungslos standen wir nackt vor den Zellen. Bis drei Uhr morgens dauerte der Spuk. Dann wurden wir wieder eingeschlossen. Der Kelch war an uns vorübergegangen. Den Preis würde die Fluchtzelle zu zahlen haben. Wir legten uns ins Bett, beteiligten uns nicht am Geschnatter der anderen und versuchten zu schlafen.
Hier zeigte es sich, dass die Brasilianer Charakter hatten. Alle hatten gewusst, dass Alois und ich flüchten wollten, und dennoch hatte niemand den Mund aufgemacht. Niemand ließ ein Wort verlauten.

Alle bezahlten stillschweigend die Zeche und nahmen es hin, dass ihre wenigen Sachen zerstört wurden. Und das, ohne einen Vorwurf laut werden zu lassen. Wenn es eine Art Grundrecht für einen Gefangenen gab, dann war es das Recht auf Flucht. Das sah sogar der Gesetzgeber so, denn zu fliehen, war in Brasilien nicht unter Strafe gestellt. Hatte man niemanden verletzt und keine größeren Sachbeschädigungen verursacht, zog dies keinerlei strafrechtliche Konsequenzen nach sich, nur die obligatorischen dreißig Tage Arrest. Ich fiel sofort in Tiefschlaf. Mein Gehirn verweigerte jede weitere Tätigkeit. Es war in dieser Nacht einfach zuviel geschehen.
Am nächsten Tag erwachten wir wie immer in unserer Zelle. Paraguay war weit weg und es galt, Bestandsaufnahme zu machen. Wir waren in Galpão und würden auch weiterhin unser Leben hier fristen müssen. Ob es uns gefiel oder nicht. Die Stimmung in unserer Zelle war schlecht. Wunden wurden geleckt. Neben den materiellen Schäden gab es auch einen Verletzten. Die Polizei hatte bei der Strafexpedition einem unserer Zellengenossen mit einem Schlag des Maschinengewehrkolbens den Arm gebrochen. Wir schienten den Arm so gut es ging und zerrissen ein Hemd, um damit den Unterarm zu stabilisieren. Mehr konnten wir nicht tun. Viele fluchten, weil sie vor dem Ruin standen. Der Schreiber saß still da und weinte. Ein Polizist hatte sein Tagebuch zerrissen.
Die Enttäuschung über die mißlungene Flucht brannte in meiner Seele. Für mich bedeutete es nichts anderes, als dass ich die nächsten drei Jahre hier logieren würde. Immerhin waren wir mit dem Leben davongekommen. Abends bekam ich wieder Besuch von Mônica. Von ihr sollte ich erfahren, dass die PM von Anfang an von der Flucht gewusst hatte und dass Carnisso selbst der Verräter gewesen war. Das war ein Schlag ins Kontor und ich lernte wieder einmal eine Lektion in Gefängnispolitik. Mônica setzte sich zu mir ins Bett und erzählte mir, wie es zu dem Verrat gekommen war.
„Hör zu, Rodger. Ich weiß, warum die Flucht letzte Nacht schiefgegangen ist. Du musst mir aber schwören, dass du es für dich behältst. Einer der Wärter, Barasco, du weißt, der Dicke, ist ganz verrückt nach mir. Heute holte er mich aus der Zelle und nahm mich mit in

eine Putzkammer. Du kannst dir ja denken, was er von mir wollte. Als er fertig war, berichtete er mir unter dem Siegel der Verschwiegenheit, dass Carnisso und die PM sich das Geld geteilt haben."
Auch ich hatte schon diese Idee gehabt. Das war kein schlechtes Geschäft, bei fast dreißig „Kunden" war bestimmt ein hübsches Sümmchen zusammengekommen.

Alles war nur ein irres Spiel. Manchmal sah die Anstalt weg und ließ einige entkommen. Dann wieder ließen sie eine Flucht auffliegen. Carnisso musste hin und wieder Zugeständnisse machen, um seine Position zu halten. Wie bei politischen Beschlüssen, bei denen man dem einen nahm und dem anderen gab und vor allem sein eigenes Wohl im Auge hatte. Die zwei, die vor mir in den Tunnel gekrochen waren, lebten nicht mehr. Sie hatten versucht, trotz des Alarms auf der anderen Seite herauszukommen und wurden dort niedergeschossen.

Ich wollte es nicht darauf ankommen lassen und, ohne es Alois zu sagen, richtete ich mich darauf ein, meine ganze Strafe abzusitzen, falls nicht noch ein Wunder geschehen würde. Diesen Entschluß faßte ich relativ schnell, bereits wenige Tage nach der mißlungenen Flucht. Alois war einsilbig und grübelte von früh bis spät. Er wollte in einen anderen Knast verlegt werden, um eventuell zu einem späteren Zeitpunkt in den halboffenen Vollzug zu wechseln. Alle Tunnelarbeiter hatten in Mannschaftsstärke die Zelle gewechselt und logierten die nächsten dreißig Tage in Isolationshaft, bei Wasser und Brot! Carnisso hatte uns schändlich betrogen und es lag auf der Hand, dass wir ihm nicht mehr trauten. Galpão war nunmehr eine Sackgasse und ebenso wie Alois wollte auch ich mich verlegen lassen. Wenn schon Knast, dann wenigstens unter besseren Haftbedingungen.

An manchen Tagen kam eine Sozialarbeiterin nach Galpão. Mit ihr nahm ich Kontakt auf. Von nun an wollte ich meinen eigenen Weg gehen und mich nicht länger von Alois abhängig machen. Nicht etwa, dass wir uns nicht mehr vertrugen, aber seit der Flucht war ein Bruch entstanden, es stand etwas zwischen uns, auch wenn ich nicht zu sagen wußte, was es sein könnte. Wir hatten uns nichts vorzuwerfen, aber es war auch nicht mehr wie vorher. Außerdem war er zu dreißig Monaten mehr verurteilt als ich und ich musste anders planen und mich auf meinen eigenen Arsch konzentrieren. Alois Anwalt wollte für ihn eine Verlegung nach Bangu erreichen und war zuversichtlich, dass ihm dies gelingen würde.

Ich hingegen sprach einige Wochen später bei der Sozialarbeiterin vor. Sie war eine korpulente schwarze Dame mit mütterlicher Ausstrahlung. Ich klagte ihr mein Leid und sagte ihr, dass ich bessere Haftbedingungen wollte, dass ich einen Knast wollte, in dem ich arbeiten konnte und Hofgang hatte. Und nach Möglichkeit wollte ich eine Einzelzelle. Ich hielt es nicht mehr aus in Galpão und war es leid, ständig um mein Leben fürchten zu müssen und den Schikanen der PM ausgeliefert zu sein. Im großen und ganzen strebte ich einen Ort an, wo ich in Ruhe meine Strafe absitzen konnte. Frau Martinez machte sich Notizen, lobte mein tolles Portugiesisch und versprach mir, meine Verlegung zu unterstützen. Es gab viele Gefängnisse in Rio, und wenn es mir auch nicht gelingen sollte, in eines der Mustergefängnisse verlegt zu werden, dann doch in eines, dass die Leute nicht nur wegschloß, sondern auch Perspektiven bot. Und sei es nur die Aussicht auf Arbeit, was im Endeffekt die einzige Möglichkeit war, die Haftzeit abzukürzen. Wenn man drei Tage arbeitete, bekam man einen Tag erlassen. Ich hatte bereits etliche Tage verschenkt, denn in Galpão vertat ich ja nur sinnlos meine Zeit. Frau Martinez erzählte mir von Lemos de Brito, einer Anstalt, die sich ebenfalls im Zentrum befand und die von mir gewünschten Kriterien erfüllte. Die Sozialarbeiterin war sehr nett zu mir und ich gab mich charmant wie nie. Ich spürte, dass sie mich mochte. „Mach dir keine Sorgen", sagte sie mir beim Abschied und ergriff mit einer warmen Geste meine Hand und streichelte mit der anderen darüber.

„Ich tu, was ich kann. Bete zu Gott und sei in Zukunft schlauer. Das Leben ist zu wertvoll, um es hier zu verschwenden. Ich habe gute Beziehungen nach Lemos de Brito, aber es wird ein wenig dauern. Die brasilianische Bürokratie ist ein träges Monster, das sich nur schwerfällig in Bewegung setzt!" Nach dem Gespräch ging es mir besser, denn ich hatte wieder einen neuen Fixpunkt, auf den ich zusteuern

konnte. Ja, so lebte ich. Von der Zollkontrolle zur Polizeistation. Von der Wache nach Água Santa. Dann bis zum Urteil. Schließlich die Verlegung nach Galpão bis zur Flucht. Das nächste Nahziel sollte Lemos de Brito heißen. Ich unterteilte mir die Haft in verdauliche Häppchen. Das Leben im Knast war für mich ein Zustand des Wartens. Ich wartete immer. Von Brief zu Brief, von Besuch zu Besuch. Ich zehrte von Erinnerungen, freute mich über ein freundliches Wort und über Dinge, die auf eine lächerliche Art selbstverständlich waren, wie beispielsweise eine Zwiebel. Diese waren da draußen in der Freiheit im Überfluß vorhanden und hier drinnen waren Zwiebeln Luxus, eine Delikatesse. Überhaupt verarmte man geschmacklich. Ich, als Koch, hatte ja eine Affinität zu Lebensmitteln, erfreute mich an erlesenen Gewürzen und reichhaltigen Zutaten und hatte bereits vergessen, wie herrlich ein Schweinebraten schmeckte. Ich sehnte mich nach deftiger Hausmannskost.
Von einem Tag auf den anderen war Francesco weg. Einfach so. Verschwunden! Da seitens der Anstalt kein Aufhebens gemacht wurde, ging ich davon aus, dass er sich die Flucht direkt bei der PM erkauft hatte. Ich hätte nicht auf Carnisso setzen dürfen, das sah ich nun ein. Hinterher ist man ja immer klüger! Wahrscheinlich war Francesco bereits in Sizilien und ließ sich von seiner Mama bekochen. Die Bichas werden ihn vermissen.
Soviel Glück war mir nicht beschieden und ich übte mich in Duldsamkeit. Abgesehen von dem täglichen Horror, der mich umgab, hatte ich eine Stinkwut im Bauch. Die Tatsache, dass uns Carnisso verraten und verkauft hatte, ließ mich nicht zur Ruhe kommen. Ihm sollte man von Rechts wegen die Kehle durchschneiden. Ihm war es völlig egal, dass Leute bei der Flucht starben. Um ein Haar hätte es auch mich erwischt. Allein der Gedanke, mit ihm gemeinsam unter einem Dach zu leben, war mir unerträglich. Die Tage zogen sich zäh wie Kaugummi dahin. Die fast täglichen Morde und Scharmützel widerten mich an. Nach der Tunnelgeschichte war ich endgültig vom Besucher zum Dauergast geworden. Um mich herum war nur stumpfe Tierhaftigkeit. Hier lernte ich vor allem eines, nämlich das wahre Wesen des Menschen kennen. Nun fiel es mir

auf einmal ganz leicht, mir all die alten Männer in Deutschland in SS-Uniformen vorzustellen!

Dem Gesuch von Alois auf eine Verlegung nach Bangu wurde stattgegeben. Er freute sich und war traurig zugleich, war es für ihn auch ein Abschied von mir. Unzählige Male hatte er mich gebeten, doch noch zu überdenken, ob ich nicht mit ihm kommen wolle. Hier zeigte sich wieder mal, dass ich ein Einzelgänger war. Meine Aufgabe, ihn durch den Knast zu führen, sah ich als beendet an. Nun konnte ich ihn ohne Gewissensbisse ziehen lassen. Er sprach inzwischen ja auch ein wenig portugiesisch und in Bangu würde er es leichter als hier haben. Zumal dort viele Ausländer saßen und er bestimmt Freunde finden würde. Ich blieb bei meiner Entscheidung, dass ich nach Lemos de Brito gehen wollte. Fast kam es mir so vor, als ob sich Alois schuldig fühlte, mich hier zurückzulassen. Um mich machte ich mir keine Sorgen. Ich wußte, dass ich durchkommen würde.

Eine Woche später verließ er mit seinem Bündel die Zelle. Wir vereinbarten, Kontakt zu halten und irgendwann einmal eine große Party steigen zu lassen. Ich war traurig. Seine Gesellschaft hatte mir gut getan und er fehlte mir sehr. Die Leere füllte ich mit Lesen. Ich verschlang jedes Buch, dessen ich habhaft werden konnte. War mein Körper auch eingesperrt, so befreite das geschriebene Wort meinen Geist und führte mich an unzählige Orte. Erst in der Abgeschiedenheit einer verriegelten Zelle entfalteten die Bücher für mich ihre ganze Macht. Ich las, was ich in die Finger bekam, und hoffte täglich, dass Frau Martinez mit meinem Verlegungsgesuch Erfolg hatte. Das Glück war endlich einmal wieder auf meiner Seite, denn an einem ziemlich kühlen Winternachmittag ließ mich die Sozialarbeiterin zu sich kommen.

„Du musst dich sofort entscheiden", sagte sie, kaum dass ich das Zimmer betreten hatte. Sie trug einen Kaftan, ein langes wallendes Kleid, wie eine Gospelsängerin oder Afrikanerinnen im Sonntagsstaat. „Ich bin extra wegen dir gekommen. Es wäre ein Platz für dich frei. Wenn du willst, kannst du morgen in Lemos de Brito sein. Was sagst du?" Was sollte ich schon sagen. „Natürlich will ich, Frau Martinez!" Ich fiel ihr um den Hals und umarmte sie stürmisch. Was für eine herrliche Nachricht! Endlich raus aus der Zelle. Tapetenwechsel! Ich glaube, dass es meine Fähigkeit war, Gefühle zu zeigen, die mir Freunde verschaffte. Pfeifend ging ich zurück zu meiner Zelle mit „43" und all den anderen, wissend, dass ich am nächsten Tag meine Odyssee fortsetzen würde.

Licht am Ende des Tunnels

Handschellen, die Hände auf den Rücken und rein ging es in die Minna! Was für andere Städtetouren waren, wie Rio, Bahia und Manáus, das waren für mich die Gefängnisse Água Santa, Galpão und nun Lemos de Brito. Urlaubsziele mit Abenteuercharakter!
Alles, was ich in Galpão besaß, hatte ich zu Geld gemacht, denn Gefangene durften nur das Nötigste mitnehmen, wie Hygieneartikel und Kleidung. Alles andere konnte man sich nachschicken lassen. Ich traute der Sache nicht, war doch allgemein bekannt, wieviel Schwund bei so einem Transport entstand. Darauf ließ ich es nicht ankommen und deswegen verkaufte ich meine gesamte Habe, wie zum Beispiel den Kocher und die Matratze. Mit dem Erlös wollte ich mich vor Ort neu versorgen. Ich trat also den Weg in mein neues Zuhause mit ein wenig Geld in der Tasche an.
Es war Winter, was heißt, dass das Thermometer selbst in Rio bis unter zehn Grad fallen kann. Als ich in die Horrorminna stieg, wehte ein kühles Lüftchen, aber bereits nach wenigen Minuten sollte mir wieder der Schweiß ausbrechen. Ja, die Fahrt in der Minna sollte mich nie enttäuschen, hielt sie doch das gesamte Kaleidoskop möglicher Unannehmlichkeiten bereit. Dennoch wurde ich von Mal zu Mal souveräner. Ein stummer Zweikampf, den wir austrugen, und so verlor selbst die Minna ihre Schrecken. Zum Glück ging die Überstellung schnell. Ich stieg aus und ein Blick genügte, um zu wissen, dass ich hier in einem Gefängnis klassischer Bauweise gelandet war. Das war ein richtiger Knast, so wie man sich eben einen Knast vorstellte und nicht wie Galpão, das mehr einer riesigen Markthalle glich. Das Gelände war groß und das Gemäuer war einschüchternd in seiner kalten, heruntergekommenen Wucht. Lemos de Brito bestand aus drei verschieden Komplexen, die sich ganz in der Nähe einer Favela befanden. Vier Stockwerke hoch, vergitterte Fenster, aus denen Wäsche zum Trocknen hing. Ein bisschen wie in Süditalien!
Zuerst die Zugangsprozedur. Wärter mit Gummihandschuhen

überprüften das Gepäck, verschonten aber unsere Körperöffnungen. Nackt ausziehen, duschen, wieder ankleiden und warten. Über zwei Stunden lang. Wir waren sechs Neuzugänge, die man nach und nach abholte und auf ihre Zellen verteilte. Zum Schluß war ich an der Reihe. Ich wußte bereits, dass ich eine Einzelzelle beziehen würde, und konnte es kaum erwarten, sie endlich zu sehen. Seit achtzehn Monaten war ich ohne Privatsphäre gewesen, ohne einen Ort, an den ich mich ungestört zurückziehen konnte. Das sollte hier ein Ende haben. Endlich ungestört wichsen und ein Buch lesen. Herrliche Aussichten! Schließlich kam ein Beamter und führte mich pfeifend in meine Zelle und schwang dabei übermütig sein dickes Schlüsselbund und grüßte nach links und rechts wie ein Gemeindepfarrer auf seinem Rundgang. Wie bei meinen Stationen zuvor wurde ich eingehend von den anderen begutachtet. Diesmal waren keine dummen Sprüche wie in Água Santa zu hören. Keiner, der mir zuschrie, mich zu seiner Hure machen zu wollen. Wir gingen durch einen Zellenbau, links und rechts die Galerien, wie man die Gänge, die an den Zellen vorbeiliefen, nennt. Je zehn Zellen, also zwanzig auf einer der vier Etagen. Die vier Flügel des Baues waren sternförmig angeordnet.

In unserem Gebäude war Platz für vierhundert Gefangene. Meine „Heimstatt" lag im zweiten Stock. Erstaunlicherweise bekam ich wieder einmal eine Zelle ganz links am Ende zugewiesen. So war es bereits in Praça Mauá und auch in Água Santa gewesen.

„So, hier ist deine Suite. Laß dir von den anderen erklären, wie der Betrieb läuft. Wenn du dich ruhig verhältst und dich in nichts hineinziehen lässt, ist dies nicht der schlechteste Ort. Viel Glück, Gringo!"

Endlich war ich allein und ließ meinen Blick schweifen. Die Zelle war in prekärem Zustand. Heruntergekommen und völlig ohne Komfort. Karg war gar kein Ausdruck für das vollständige Fehlen von Einrichtung. Ein Loch, zwei mal drei Meter. Eine Betonplatte, die als Bett diente, weder Tisch noch Stuhl. Die Wände waren bröckelndes Mauerwerk, das über die Jahre verfallen war. Doch gab es zu meiner Freude ein Fenster, das sich öffnen ließ. Von hier aus hatte ich einen guten Ausblick, sah den Himmel und sogar die Vögel. Bisher hatte ich immer gedacht, dass Fenster auch in Gefängnissen selbstverständlich seien, wurde aber in Galpão eines besseren belehrt.

Das Waschbecken war verrostet und verbeult und hing zur Hälfte herunter und war nur noch mit einer Schraube an der Wand befestigt. Die Zellentüren waren aus Holz und wurden von den Beamten nicht verschlossen. Im Inneren befanden sich Riegel, damit man sich vor ungebetenen Besuchern schützen konnte. Auch wieder etwas Neues. Hier konnte man seine Zelle selber abschließen, lediglich die großen Gittertüren, die zu den Galerien führten, waren von außen abgeriegelt. Ich setzte mich erst einmal hin, rauchte eine Zigarette, ordnete meine Gedanken und wollte innerlich ein wenig zur Ruhe kommen. Einer Verlegung gehen immer Anspannungen voraus.

Auf dem Gang war es laut. Dann ging die Tür auf. Ein Brasilianer im Trainingsanzug stellte sich als Galeriechef vor. Jede Galerie hatte ihren eigenen Chef. Er war es, der mich über die Abläufe hier unterrichtete und mir erklärte, wann es zu essen gab und so weiter. Sollte ich Probleme haben, so könne ich mich ohne zu zögern an ihn wenden. Von diesem Vorschlag machte ich umgehend Gebrauch und ließ mir einen Eimer und einen Schrubber besorgen, um die Zelle einer gründlichen Reinigung zu unterziehen. Nicht nur, dass die Zelle ein altes Gemäuer war, nein, sie starrte auch vor Dreck. Ich brachte einen ersten Schliff hinein und wartete das Trocknen des Bodens außerhalb der Zelle auf dem Gang ab, wo ich sofort von meinen Nachbarn umringt wurde, die allesamt begierig darauf waren, meine Geschichte zu hören. Brasilianer lassen einem keine Zeit zum Nachdenken und nehmen einen voll in Beschlag. Die Tatsache, dass ich blond war und aus Deutschland kam, weckte neben Neugier auch Begehrlichkeiten. Deutsche waren reich und da war es ratsam, sich mit ihnen gut zu stellen. An Offerten mangelte es nicht. Kokain, Marihuana, alles was man sich nur denken konnte, falls man über Geld verfügte. Alles in allem zog ich positive Bilanz. Hier würde mein Leben angenehmer als bei meinen vorangegangenen Stationen

verlaufen. Später stand ich stundenlang am Gitter und sah mir den Nachthimmel an und stellte mir vor, wie herrlich es sein müsste, ihn von der Copacabana aus zu sehen, die nur wenige Kilometer von hier entfernt war. Ich hingegen sah vor allem in nur zehn Metern Entfernung den anderen Knastkomplex. Auch dort hingen die Knackis an den Fenstern und schrien sich den Frust aus dem Leib. Nachts fror ich. Der Beton war kalt und ich richtete mir mit den wenigen Kleidungsstücken, die ich hatte, ein behelfsmäßiges Lager ein. Das Geld in meiner Tasche fühlte sich beruhigend an. Ich nahm mir vor, so schnell es ging, eine Schaumgummimatratze und eine Decke zu kaufen. Tatsächlich fand ich in meiner ersten Nacht in Lemos de Brito nur schwer in den Schlaf, fröstelte und rollte mich in Fötusstellung zusammen. Ich musste an Alois denken. Wie mochte es ihm nun ergehen? Lag er auch wie ich auf dem Boden?
Die Toilette, oder besser das Kackloch, verbreitete penetranten Gestank. Mir fiel auf, dass die anderen einen Plastiktopf hatten, mit dem sie das Loch abdeckten. Auch dieser Gegenstand sollte ganz oben auf meiner Wunschliste stehen. Die Kakerlaken waren in Feierlaune und huschten hin und her und krochen über mich hinweg. Nicht, dass ich Angst vor dem Getier hatte, aber die brasilianischen Modelle waren nicht mit deutschen Küchenschaben zu vergleichen und hatten die Größe von Zigarettenschachteln. Weil ich ohnehin mit den Zähnen klapperte, stand ich auf und machte so vielen den Garaus, wie ich nur konnte. Die Jagdbeute warf ich zum Fenster hinaus. Doch bereits kurze Zeit später hörte ich es wieder Rascheln und Krabbeln. Es schien, als stünden Legionen bereit, ein unerschöpfliches Reservoir.
Gegen sechs Uhr das vertraute Tanzen des Stockes auf den Gittern. Kaffeeausgabe und eine Stulle mit Butter. Der Kaffee schmeckte auch hier scheußlich, ungezuckert und abgestanden. Danach wurden wir bis neun Uhr eingeschlossen. Ich wanderte unablässig auf und ab, um mich warm zu machen und die Steifheit aus den Gliedern zu vertreiben. Ich war träge und verwöhnt und hatte bereits vergessen, dass ich Monate lang auf hartem Stein geschlafen hatte. Um neun Uhr wurden die Galerien aufgeschlossen. Wer wollte, konnte nun

in den Innenhof oder auf den Sportplatz, dem sogenannten Fußballsalon. Ich ging erst einmal in den Innenhof und genoß es, ein längeres Stück geradeaus gehen zu dürfen. Die wenigsten blieben in den Zellen. Entweder waren sie bereits zur Arbeit ausgerückt oder hielten sich außen auf. Der Hof war nur etwa fünfzig mal fünfzehn Meter groß und hier befand sich das Zentrum des Gemeinschaftslebens. Kurz vor dem Eingang war das Wachhaus der Schließer. Im Hof selber gab es eine Kantine, wo man Kleinigkeiten kaufen konnte. Hamburger, Limonade, Cola, Zigaretten und eine kleine Auswahl von Lebensmitteln. Der Betreiber war kein Bediensteter der Justiz, sondern ein Kaufmann. Für die Gäste gab es Steinbänke, die überdacht waren. Wir Gefangenen standen in losen Gruppen herum oder marschierten unablässig im Kreis. Das tat auch ich und ließ erst einmal alles auf mich wirken. Tatsächlich dünkte mir der Innenhof wie das verheißene Land und ich nahm mir vor, Turnschuhe zu kaufen und mit regelmäßigem Lauftraining zu beginnen. Es waren paradiesische Verhältnisse. Frau Martinez hatte nicht zu viel versprochen. Angst vor den anderen hatte ich nicht, es gab auch hier außer mir kaum Ausländer. Alles wirkte so friedlich auf mich und die Mitgefangenen hatten nicht dieses unstete Flackern in den Augen wie in Galpão. Ich merkte erst nach und nach, dass Lemos de Brito in Wirklichkeit ein Kriegsschauplatz war und die Beute, um die man sich stritt, unser Gebäude war. Es gab noch zwei weitere Gefängniskomplexe. Wir waren zwar alle auf demselben Areal untergebracht, aber jedes Gebäude für sich war autonom. In dem einen waren nur Gefolgsleute von Comando Vermelho untergebracht und in dem anderen eine Gruppierung, die sich Terceiro Comando nannte. Wir befanden uns dazwischen und beide Anstalten hatten nur ein Ziel, nämlich die Macht auch in unserem Bau zu übernehmen. All das konnte ich nicht wissen und nach dem friedlichen Verlauf des ersten Tages argwöhnte ich nichts und hätte mir niemals vorstellen können, dass Lemos de Brito Schauplatz eines blutigen Bandenkrieges war, mit einer Unzahl von Toten. Noch wußte ich nicht, dass ich Zeuge von Massakern werden würde, von denen die ganze Welt in den Nachrichten erfahren würde. Bisher kannte ich nur die PM von Galpão und die Verwüstung, die sie anrichteten. Dennoch hatten sie die Leute meistens am Leben gelassen. Ganz anders hier, wo ich mit eigenen Augen sehen sollte, wie die PM wahllos mit Maschinengewehren auf alles schoss, was sich bewegte. Um 11 Uhr ging es aber erst mal wieder ganz harmlos zurück zu den Zellen. Dann war Essensausgabe, der Fraß war eine Spur besser als in Galpão. Es schien, als hätte ich mich wirklich entscheidend verbessert! Hier ließ es sich aushalten.

Rasch lernte ich die Mitgefangenen kennen. Noch verhielt ich mich abwartend und wollte mich nicht vorschnell auf jemanden festlegen. Ich war auf der Suche nach einer Unterlage und einer Überdecke und wollte auf keinen Fall eine weitere Nacht frieren. Am Nachmittag durften wir alle wieder raus bis zum Abendessen. Im stillen hatte ich mich bereits auf einen Mitgefangenen festgelegt, meinen Nachbarn direkt rechts neben mir. Meine Menschenkenntnis hatte mich bisher selten getrogen. Nelson, mein Nachbar, war mir sympathisch. Ein wenig älter als ich und ein stiller Typ, der mir gestern die Hand gab und mir deswegen angenehm aufgefallen war, weil er nicht so viele Fragen gestellt hatte und mich auch nicht bedrängte. Nelson machte einen durchtrainierten Eindruck und hatte nicht ein Gramm Fett zu viel am Leibe. Er trug einen Dreitagebart und dichte schwarze Locken. Als er allein in seiner Zelle war, konnte ich ihn ansprechen, da seine Tür halb offen stand. Ich klopfte vorsichtig an und wartete ab, dass er mich aufforderte, einzutreten. Es war hier ein ungeschriebenes Gesetz, die Privatsphäre des anderen zu respektieren. Gerade weil man als Gefangener ständiger Willkür ausgesetzt war, galt die Zelle als heilig und es empfahl sich nicht, diese ohne Erlaubnis zu betreten.

Nelson machte eine einladende Handbewegung und lächelte in meine Richtung. „Komm rein, Gringo!" Da er nur einen Stuhl hatte und auf diesem saß, sah ich fragend zu seinem Bett. „Setz dich doch hin". Ich ließ meinen Blick schweifen. Sofort sah ich, dass Nelson kein wohlhabender Knacki war, da er sehr spartanisch hauste. An den Wänden hingen unzählige Poster von nackten Frauen in aufreizenden Posen. Ansonsten schien er seine Zelle nicht zur

Puppenstube ausbauen zu wollen. Bei meinen Wanderungen über den Gang hatte ich festgestellt, dass manch einer seine Zelle zum Eigenheim verwandelt hatte, mit Möbeln, Regalen und speziellen Anfertigungen aus der Knastschreinerei. Es gab sogar Gefangene, die einen elektrischen Erhitzer für das Duschwasser hatten.
Nicht so Nelson, dessen Zelle so sparsam möbliert war, dass er sie innerhalb von zwei Minuten hätte räumen können. „Na, Rodger, wie gefällt dir denn dein neues Zuhause?" „Wie es mir gefällt? Sehr gut, wenn man von allem anderen absieht!" „Wie soll ich das verstehen?" „Ganz einfach, ich bin am Leben. Mehr darf man hier im Knast wohl nicht erwarten." Und ein wenig anklagender: „Eine Schande, die Gefangenen einfach in eine leere Zelle zu stecken. Eine Schande ist das für Brasilien." „Was weißt du schon von Brasilien? Gar nichts!" Ich zündete mir eine Zigarette an und hielt auch ihm die Schachtel hin. „Täusch dich nicht. Ich weiß eine ganze Menge von Brasilien, immerhin bin ich seit achtzehn Monaten hier, spreche die Sprache und kenne viele Brasilianer und um auf deine Frage zurückzukommen: Ja, es gefällt mir hier gut. Wenn du schon mal in Água Santa und Galpão warst, wirst du wissen, was ich meine. Mir fehlen nur ein paar wichtige Dinge, wie eine Matratze und eine Decke. Ja, und so einen Topf, wie du ihn hast, um das Kackloch abzudecken. Vielleicht lässt sich auch die Kakerlakenplage auf diese Weise eindämmen!" Langsam kam ich auf mein dringendstes Anliegen zu sprechen. „Vergiß es, die Kakerlaken wirst du nie los. Am besten du ignorierst sie einfach. Alles andere ist aussichtslos. Sie sind die wahren Herrscher über Lemos de Brito!"
„Sag mal, weißt du, woher ich eine Matratze bekommen könnte? Kannst du mir einen Tipp geben?" Zu meiner Verblüffung ging er zu seinem Bett, machte eine Handbewegung, dass ich aufstehen solle, nahm die Unterlage und die Decke, rollte beides zusammen und legte das Bündel auf seinen Tisch. Dann ging er zu seinem Kackloch, ergriff den Übertopf, säuberte ihn und stellte ihn mir zu Füßen. „Hier, kannst du alles haben!" „Und du, was ist mit dir? Worauf schläfst du heute Nacht?" So hatte ich mir das nicht vorgestellt. „Um mich mach dir keine Sorgen. Was ist, willst du nun die Sa-

chen, oder nicht? Ich gebe sie dir für einen fairen Preis. Keine Angst, ich haue dich nicht übers Ohr!" Irgendetwas störte mich an dem Gedanken, dass ich ihm das Wenige, das er hatte, abkaufen sollte. Irgendwie fühlte ich mich nicht wohl bei diesem Gedanken, spürte, dass es nicht richtig war. „Worauf schläfst du heute Nacht, habe ich gefragt!" Ohne eine befriedigende Erklärung würde ich mich nicht zufriedengeben, soviel stand fest. Nelson rang erkennbar mit sich, so wie jemand, der nicht sicher war, ob er die Wahrheit sagen sollte. „Also gut. Wenn du es genau wissen willst, ich brauche unbedingt das Geld und zermartere mir schon seit Tagen den Kopf. Ich habe Schulden, Marihuanaschulden und normalerweise wäre dies kein Problem, aber seit vier Wochen habe ich nichts mehr von meiner Frau gehört. Immer kam sie zu Besuch und auf einmal Funkstille. Und wenn ich das Geld bis morgen nicht habe, bin ich so richtig tief in der Scheiße. Deswegen will ich dir die Sachen verkaufen!" Noch ein Grund mehr, um abzulehnen. Wie ein Ausbeuter wäre ich mir vorgekommen. Ich fragte ihn, wie hoch die Schulden seien. Die Summe, die er nannte, war lächerlich gering, aber wie ich schon berichtete, spielte das überhaupt keine Rolle.
„Nelson, hör zu. Ich kenne dich nicht, aber ich mache dir einen Vorschlag. Viel Geld habe ich selber nicht. Ich bin weit weg von daheim und niemand hilft mir. Was ich damit sagen will, ist, dass ich selber ein armes Schwein bin, aber ich finde dich nett und wenn du willst, leihe ich dir das Geld und du gibst es mir zurück, wenn es dir wieder besser geht." Demonstrativ nahm ich das Bündel vom Tisch und breitete es wieder auf dem Bett aus. Nelson protestierte. Ich überging das, nahm auch den Übertopf auf und stülpte ihn über das Kackloch. „So", sagte ich und setzte mich wieder auf das gemachte Bett. Ich griff in meine Tasche, holte zwei verknitterte Scheine hervor und drückte sie dem verdutzten Nelson in die Hand. „Das werde ich dir nie vergessen, Gringo," stammelte er. „Trotzdem brauche ich noch eine Matratze. Wenn du mir also einen Gefallen tun willst, dann besorge du mir die Sachen. Dir machen sie mit Sicherheit einen besseren Preis!" „Selbstverständlich. Ich weiß auch, mit wem ich sprechen muss. Verlaß dich einfach auf mich. Ich schwöre dir, dass

du heute Nacht weicher liegst!" Dieses Problem war also gelöst und meine Begegnung mit Nelson war der Beginn einer neuen Freundschaft.

„Was meintest du vorhin genau, als du mir sagtest, ich wisse nichts von Brasilien?" „Das nun ist ein ganz anderes Thema. Interessiert es dich wirklich? Ich erkläre es dir. Weißt du, woher der Samba kommt?" Darüber hatte ich noch nie nachgedacht. Samba war eben Samba. „Keine Ahnung." Nelson saß mir gegenüber im Schneidersitz und bot mir nun eine von seinen Zigaretten an.

„Schau dir die Brasilianer genau an und du siehst sehr viele Mulatten. Auch ich bin einer, obwohl das kaum mehr zu erkennen ist. Fakt ist aber, dass afrikanisches Blut durch unsere Adern fließt. Zu Zeiten der Sklaverei hielt man die Schwarzen wie Tiere, legte ihre Füße in Eisen, so dass sie nur ganz kleine Schritte machen konnten. Angekettet wie Vieh verrichteten sie harte Arbeit für die portugiesischen Großgrundbesitzer. Selbst nachts nahm man ihnen die Fußfesseln nicht ab. Trotzdem waren es fröhliche Menschen, die Trost in den überlieferten Gesängen aus der afrikanischen Heimat suchten, und sie tanzten, so gut es eben mit den Eisenfesseln um die Fußknöchel ging! Hast du dir mal genau angesehen, wie man Samba tanzt? Immer nur ganz kleine Schritte und was an Bewegungsspielraum fehlte, machten sie mit ihrem Körper wett. Bis heute wird der Samba so getanzt, und wenn du so willst, ist er Ausdruck für den unbedingten Freiheitswillen des Menschen. Das, mein Freund, ist Brasilien! Und noch etwas. Für die Mehrheit der Bevölkerung hat sich trotz der Sklavenbefreiung nicht viel geändert. Sie tragen nun zwar keine Fußfesseln mehr, doch aus der Knechtschaft entlassen sind sie immer noch nicht!" Was würde nun kommen?

„Vorhin beklagtest du dich, dass es eine Schande für Brasilien sei, uns Gefangene so zu behandeln. Was weißt du von Brasilien?" Er sagte dies nicht vorwurfsvoll, sondern es klang eher resigniert. Er fuhr fort: „Es gibt Millionen Menschen, die sich nicht die Zähne putzen können, weil sie kein Geld für Zahnpasta und Zahnbürste haben. Sie müssen darauf verzichten, und wenn sie nicht von Geburt an mit gesunden, kräftigen Zähnen ausgestattet sind, dann

faulen sie ihnen mit den Jahren weg. Hättest du die Wahl zwischen einem Stück Brot oder einer Zahnbürste, was würdest du wählen? Das, mein Freund, ist Brasilien!"
Da gab es nicht mehr viel zu sagen. Ich verstand, was er mir erklären wollte. Es machte mich nachdenklich. Ich empfand die Gesellschaft Nelsons als angenehm und es tat gut, mal andere Dinge als oberflächliches Knastgeschwätz zu hören. Nelson hatte recht. Ich wußte nicht viel von Brasilien und stand noch ganz am Anfang, dieses Volk zu verstehen. Schlagartig fiel mir der Karneval ein. Diese überschäumende Lebensfreude! Wie zum Hohn tanzten diese Menschen wie ihre versklavten Vorfahren und feierten die Unsterblichkeit der Hoffnung, vergaßen alles um sich herum und waren wie Kinder, die nicht an den nächsten Tag dachten. Hatte auch die Zukunft nicht viel zu bieten, so gehörte ihnen doch die Gegenwart. Ich erfaßte auf einmal das Leiden der Brasilianer, das sich in ihren Tänzen ausdrückte. All das sagte ich Nelson, der anerkennend nickte. „Für einen Gringo bist du gar nicht so dumm. Und soll ich dir etwas sagen: Trotz allem bin ich stolz, Brasilianer zu sein! Wir sind noch eine sehr junge Nation und wer weiß, eines Tages vielleicht sieht die Sache ganz anders aus!"
Ich ging in meine Zelle zurück, während sich Nelson davonmachte, um eine Matratze für mich zu besorgen. Ich saß auf dem Betonbett und rauchte. Viel mehr blieb mir in der kahlen Zelle auch nicht zu tun übrig. Instinktiv fühlte ich mich deplaziert und hatte keine rechte Lust, in diesem ungastlichen Raum zu verweilen. Ich wurde auf mich selbst zurückgeworfen und hatte es schwer, mit meiner Umgebung Freundschaft zu schließen.
Die Rettung nahte jedoch in Gestalt Nelsons, der mir freudestrahlend kurz nach 21 Uhr eine fünf Zentimeter dicke Schaumstoffmatratze brachte. Sie hatte nur wenige Flecken und war im großen und ganzen intakt. Dazu brachte er eine grobe braune Pferdedecke, die modrig stank. Triumphierend hielt Nelson auch einen Plastiktopf hoch. „Frisch ausgespült! So gut wie neu. Wenn du verhindern willst, dass die Kakerlaken trotzdem rauskommen, solltest du einen schweren Stein drauflegen. Einen sehr schweren Stein!" Ich musste

lachen. Gegen das Kroppzeug war kein Kraut gewachsen. Ich traute ihnen ohne weiteres zu, einen Atomschlag zu überleben. Würden sie dereinst die Herrscher auf unserem Planeten sein?

Nachdem Nelson gegangen war, rang ich mit mir, ob ich die Matratze ausgiebig mit Kernseife waschen sollte, wußte aber, dass sie nicht rechtzeitig trocknen würde und ich dann noch eine weitere Nacht frierend auf dem Stein zubringen müsste. Der Ekel vor der verdreckten Matratze überwog nicht die verführerische Aussicht, warm und weich zu liegen. In meinem Kopf hallten die Worte Nelsons nach. Was würdest du wählen, Rodger, wenn du dich zwischen einem Stück Brot oder für eine Zahnbürste entscheiden müsstest? Ich nahm das Stück Brot! Eine kluge Wahl. Ich schlief so fest, dass ich nicht einmal die Anwesenheit der Kakerlaken wahrgenommen hatte. Am nächsten Morgen rückte ich jedoch der Matratze mit Kernseife zu Leibe und widmete mich dieser Aufgabe volle zwei Stunden. Eigentlich hätte ich die grobe Zudecke auch waschen müssen, befürchtete jedoch, dass es auch in der nächsten Nacht wieder bitterkalt werden würde und das Material war so beschaffen, dass es niemals innerhalb eines Tages trocknen konnte. Ich schob dieses Unterfangen also auf.

Der Hofgang war herrlich. Auch wenn es übertrieben klingen mag, das Wort herrlich zu benutzen, so traf es doch genau mein Gefühl. Ein Hochgenuß, im Kreis gehen zu dürfen. Nelson begleitete mich, er wollte wissen, wie ich geschlafen hätte und versicherte mir, dass er so bald wie möglich seine Schulden zahlen wollte. Ich hatte mein Geld gut angelegt!

Auch hier in Lemos de Brito waren viele Bichas, die sich den Blicken der anderen gefällig darboten. Keine darunter war aber so liebreizend wie Mônica. „Was willst du hier anfangen, Rodger?"

„Am besten arbeiten, damit ich vorzeitig rauskomme. Warum tust du eigentlich nichts?" Stetig drehten wir unsere Runden und wurden neugierig von den anderen Gefangenen beäugt. „Ich war in der Schneiderei, aber weil die Firma in Konkurs ging, habe ich meine Arbeit verloren. Am liebsten würde ich in der Küche arbeiten, vor allem wegen des Essens, aber dort kommt man nur sehr schwer hin. Ohne

Beziehungen hat man kaum eine Chance." „Vielleicht nehmen sie ja mich. Ich bin Koch!" „Meinst du, dass es darauf ankommt? Kochen kann jeder!" Nelson hatte sich Gedanken über meine Zukunft in Lemos de Brito gemacht und war um mein Wohl bemüht, denn er schlug mir vor, in die Schule zu gehen. Enthusiastisch berichtete er mir von einem Professor, der von Montag bis Donnerstag zwischen sieben und halb neun Uhr morgens Portugiesischunterricht erteilte. Davon wollte ich nicht viel wissen. Mein Portugiesisch war gut und Straferlaß würde es mir auch nicht einbringen. Ich lehnte dankend ab, versprach aber, mir die Sache durch den Kopf gehen zu lassen. Besuche fanden an Samstagen und Sonntagen zwischen 14 und 18 Uhr statt. Hier in Lemos de Brito war alles ganz anders, als ich es bisher kannte. Ich glaubte, meinen Ohren nicht zu trauen, als ich an meinem ersten Samstag hier kurz nach 14 Uhr auf einmal Frauenstimmen auf dem Gang hörte. Frauen in knappen Röcken und sexy bis zur Unerträglichkeit liefen durch das Haus und verschwanden mit ihren Männern in den Zellen und es bedurfte keiner großen Fantasie, um mir vorzustellen, was sie dort taten. Ich hielt es in meinem Loch nicht mehr aus. Unerträglich war der Gedanke, dass nur wenige Meter von mir entfernt heißer Sex stattfand. Raus hier, dachte ich mir. Ich gebe zu, ich war neidisch. Doch auch im Hof bot sich mir das gleiche Bild. Überall gab es hübsche junge Mädchen, die sich herausgeputzt hatten. Auch viele Eltern, Verwandte und Freunde, die ihre Runden gemeinsam mit den Gefangenen drehten. Ich lief durch Wolken von Rasierwasser. Die Gefangenen waren alle ordentlich gekämmt und im Sonntagsstaat. Ohne, dass man es mir erklärte, spürte ich, wie ich mich zu verhalten hatte. Mir wurde sofort bewusst, dass ich ein Fremdkörper inmitten derjenigen war, die Besuch hatten. Ich vermied es, ihnen ins Gesicht zu sehen, wollte nicht eindringen in ihre Privatsphäre und noch viel weniger hätte ich es gewagt, einer der Frauen nachzustarren. Wie ein getretener Hund verdrückte ich mich wieder in meine Zelle, schloß die Tür hinter mir und wartete verdrossen, dass es 18 Uhr würde. Mochte man auch noch so schlecht von den brasilianischen Haftanstalten denken, so waren sie in punkto Besuch sehr human. Die Frauen durften sich völlig ungezwungen durch das ganze Haus bewegen und liefen dabei niemals Gefahr, Opfer eines Übergriffs zu werden. Das war eines der Gesetzte, das man eisern befolgte. Weibliche Wesen waren innerhalb des Gefängnisses heilig. Mir blieb nur zu hoffen, dass mich Christina bald besuchte!

Neben dem Hof gab es auch einen Fußballplatz, der an den Nachmittagen geöffnet war. Die Spielfläche hatte die Größe eines Handballfeldes. Der Platz war aus Stein. Ich besaß nur ein paar Slipper und Gummisandalen, so dass ich mir vorerst keine Hoffnungen machen durfte, mitspielen zu können. Der Boden war zu hart und uneben, um es barfuß zu versuchen. Aber auch hier gab es einige hartgesottene Gefangene, denen dies anscheinend nichts ausmachte und die blutige Füße in Kauf nahmen! Von nun an stand auf meiner Wunschliste ganz weit oben ein Paar Turnschuhe, und wenn es nur gebrauchte sein sollten. Kein Sport hatte mich in meiner Kindheit mehr begeistert und ich nahm mir vor, so oft es nur ging, zu spielen. Meine Geschicklichkeit hatte mir in Água Santa viele Sympathien eingebracht und ich ging davon aus, dass es hier nicht anders sein würde. An den Längsseiten gab es sogar Steintribünen für Zuschauer, die, wenn wichtige Spiele anstanden, bis auf den letzten Platz besetzt waren. Alles in allem machte Lemos de Brito einen sehr guten Eindruck auf mich. Dann gab es noch ein weiteres Indiz, das auf einen menschlicheren Vollzug verwies: In einer Ecke befand sich ein Kinderspielplatz, extra konzipiert für den großen Andrang von kinderreichen Familien. Später sollte ich beobachten, wie Väter, mitunter mehrfache Mörder, selbstvergessen mit ihrem Nachwuchs spielten und Sandburgen bauten. Vom Fußballplatz aus waren Teile der anderen Komplexe zu sehen, in denen die verfeindeten Banden untergebracht waren. Von dort aus gellten ständig wüste Beleidigungen zu uns herüber. Hurensöhne, Muttersöhnchen und, dass sie uns alle töten wollten. Dieses Geschrei wurde von uns ignoriert, jedoch war die Gefahr real, denn in deren Augen waren wir Verräter, die mit der Administration kollaborierten, ganz nach dem Motto: Wer nicht für uns ist, ist gegen uns! Unser Gebäude war einer der ganz wenigen Orte innerhalb der Gefängnisse von Rio de Janeiro, das nicht von dem Comando Vermelho oder einer anderen mächtigen Organisation unterwandert war. Nelson erzählte mir, dass sich bisweilen die Gebäudetrakte gegenseitig beschossen und dass viele Feuerwaffen in Umlauf waren. Langsam fand ich auch heraus, dass meine Zelle im Eck nicht etwa frei war, weil sie sich in einem so desolaten Zustand befand, sondern weil dort die Gefahr, von einer Kugel erwischt zu werden, ziemlich groß war. Zumindest, wenn man so wie ich, die letzten Tage am Fenster stand, von dem aus in nur wenigen Meter Luftlinie alle Zellen des verfeindeten Gefängnisses oberhalb des zweiten Stockwerkes zu sehen waren. Das war aber noch nicht alles. Die Stirnseite unseres Gebäudes war ebenfalls Zielscheibe, denn auch dort waren in zwei Meter Höhe vergitterte Fenster angebracht und nach kurzer Zeit schon gewöhnte ich es mir an, vorsichtig in Richtung dieser Gitter zu spähen, ob die Luft rein war. Bei erster Gelegenheit, so nahm ich mir vor, würde ich umziehen!

Zu meinem Erstaunen wurde ich von einem Vollzugsinspektor auf die Gefahren in Lemos de Brito aufmerksam gemacht und bekam Verhaltensregeln mit auf den Weg, die vor allem besagten, mich auf keinen Fall in Knastrevolten hineinziehen zu lassen und mich auch sonst nur um mich selber zu kümmern, wenn ich überleben wollte. Erstaunt war ich schon deshalb, weil sich überhaupt jemand von der Administration die Mühe machte, mit mir zu sprechen. Bisher war dies noch nie vorgekommen. Im Anschluß an dieses Gespräch wurde ich sogar der Direktorin vorgestellt. Sie war eine matronenhafte Dame mit kapitalem Busen, grellrotem Lippenstift und vielen Goldringen an den Fingern, die mich sehr an die Sozialarbeiterin in Galpão erinnerte. Sie bot mir Kaffee und Zigaretten an und wir plauderten ganz zwanglos, so als sei sie eine Hotelmanagerin, die um das Wohl ihrer Gäste besorgt war und nachfragte, ob alles mit dem Service stimme.

Vier Wochen gingen ins Land. Eine Zeit, die ich erfolgreich nutzte – denn zum einen wurde es wärmer und ich unterzog endlich die Pferdedecke einer gründlichen Reinigung - und zum anderen hatte ich nun ein Paar blaue Turnschuhe, ganz einfache Freizeitmodelle aus Leinen. Gebrauchte Schuhe wohlgemerkt und ich konnte dank-

bar sein, überhaupt welche in meiner Größe gefunden zu haben, weil die Brasilianer in der Regel kleinere Füße hatten als ich.
Jeden Monat schickte meine Mutter mir 50 Mark in einem Brief. Sofern ich Glück hatte und er nicht auf wundersamen Wegen verschwand, war das ein Betrag, mit dem ich hier viel anfangen konnte! Es sollte aber noch besser kommen. Christina besuchte mich. Obwohl ich ihr manchmal im stillen grollte, weil sie so unregelmäßig kam, so tat sie es doch aus eigenem Antrieb, ohne dass ich darum betteln musste. Das hielt ich ihr zugute. Ich hatte ihr einige Male geschrieben, aber nie eine Antwort erhalten. Dies verwunderte mich überhaupt nicht, kannte ich doch ihren Lebenswandel. Eines Samstags war es jedoch so weit. Wie immer hielt ich mich an den Besuchstagen in meiner Zelle auf, versteckte mich und vergrub mich in ein Buch. Plötzlich ging die Tür auf und ein Beamter teilte mir mit, dass ich Besuch habe: „Na, Rodger, heute ist dein Glückstag. Unten steht ein hübsches Mädchen und wartet auf dich."
Das hübsche Mädchen war Christina und fiel mir um den Hals. Sie sah bezaubernd aus, hatte ein schönes Kleid an und war bereit, mit mir in meinem elendigen Loch zu verschwinden und sich auf der alten Schaumgummimatratze hinzugeben. Für wenige Stunden war ich richtig glücklich. Nicht nur die Tatsache, dass ich seit achtzehn Monaten keine Frau mehr gehabt hatte, brannte dieses Erlebnis unauslöschlich in mein Gedächtnis ein, sondern mehr noch die Umgebung, in der diese Begegnung stattfand. Zum Abschied ließ sie mir ein wenig Geld und ihren Schlüpfer da. Der Verzicht auf Frauen war ein Zustand, den ich ertragen konnte, aber das Stöhnen aus den anderen Zellen in unmittelbarer Nähe zu hören, das war grausam. Kurz bevor Christina ging, versprach sie mir, mich bald wieder zu besuchen und vielleicht auch ein wenig Koks in ihrer Muschi mitzubringen. Nicht, dass ich darauf bestanden hätte, aber im Knast war das die härteste Währung. Leider sah ich Christina an diesem Tag zum letzten Mal in meinem Leben.
Kaum hatte ich Turnschuhe, war ich vom Fußballplatz nicht mehr wegzudenken. Als die anderen merkten, wie gut ich spielte, wollten mich alle in ihrer Mannschaft haben. Ich zeigte Ballhärte und ließ

mir von den Brasilianern, die allesamt Naturtalente waren, nicht die Butter vom Brot nehmen. Ihre Überheblichkeit kitzelte mein Ehrgefühl. Der Ball hatte schon bessere Zeiten gesehen und war mehr oval als rund. Während des Spiels vergaß ich alles, was mich bedrückte. Die Tage vergingen schneller und nachts fiel ich in einen gesunden Schlaf. Oft hielt ich Christinas Slip in der Hand.
Nelson lag mir weiterhin in den Ohren, ich sollte doch in die Schule zu gehen, und fügte sogar an, dass der Professor mich gerne kennenlernen wollte. Steter Tropfen höhlt den Stein und so versprach ich ihm widerwillig, mir in nächster Zeit wenigstens zur Probe den Unterricht anzusehen. Eigentlich sagte ich nur deshalb zu, damit Nelson endlich Ruhe gab und mir nicht ständig vorwerfen konnte, ignorant zu sein.
Unmerklich begann das Klima in Lemos de Brito zu kippen und durch meine Erfahrung aus Galpão wußte ich, dass Unwetter in der Luft lag. Streitpunkt war das Essen, das sich in den letzten Wochen deutlich verschlechtert hatte. Man murrte, dass die besten Nahrungsmittel in der Küche verschwänden und dass die Verköstigung immer miserabler werde. Ich war derselben Meinung, das Essen hatte die Grenze zur Ungenießbarkeit erreicht. Trotzdem war ich immer darum bemüht, rechtzeitig zur Essensausgabe zu erscheinen, denn nicht selten war es vorgekommen, dass die letzten nur noch tröstende Worte und ein Schulterzucken des Hausarbeiters bekamen. Auch mir war es in den ersten Tagen so ergangen. Ohnehin war kein Bestreben der Anstalt sichtbar, ihre Insassen zu mästen, aber die wässerige Pampe war ein Affront! Nicht alle hatten regelmäßigen Besuch und bekamen zusätzliche Lebensmittel zugesteckt, mit denen sie sich über die Woche retten konnten, und das bedeutete, dass man eigentlich niemals satt wurde. Einer davon war ich!
Die Zeichen standen auf Sturm, und weil die Gefangenen in unserem Bau friedlicher Natur waren, zeichnete sich ein Hungerstreik ab, was in Anbetracht der Verköstigung kein großes Opfer darstellte. Es reichte! Selbst mir, der ich mich nicht in knastinterne Händel hineinziehen lassen wollte. Ich war bereit, mit all den anderen in den Hungerstreik zu treten. Wir waren im Recht, wollten nicht

mehr hungrig ins Bett gehen oder vor dem Kackloch sitzen und verdorbenes Essen herauskotzen. Zuerst versuchten es die Chefs der Galerien im Guten und suchten das Gespräch mit der Verwaltung. Sie drohten dort an, der gesamte Knast würde in einen Hungerstreik treten, wenn sich die Zustände nicht umgehend besserten. Vergebens! Dabei hätte ein Löffel des Fraßes genügt, um den strengsten Zuchtmeister von der Berechtigung unseres Anliegens zu überzeugen. Nelson teilte diese Meinung und war ebenfalls wild entschlossen, notfalls bis zum bitteren Ende zu hungern. Er verzehrte sich vor Sorge und Sehnsucht, weil er nach wie vor keinen Besuch von seiner Frau bekam. Deshalb gab es für ihn auch keine Leckereien mehr, weshalb ihm nichts anderes übrigblieb, als aus dem großen Topf zu schöpfen.

Nie hatte ich länger als einen Tag nichts gegessen und der Gedanke, vollständig auf jegliche Nahrung verzichten zu müssen, auf das Wenige, um das es eigentlich gar nicht zu kämpfen lohnte, beunruhigte mich. Vor zwei Tagen erst hatte ich mir einen Backenzahn herausgewackelt. Erst wollte ich es so machen, wie in den Filmen, nämlich einen Bindfaden darumwickeln, diesen an der Tür befestigen und sie ruckartig schließen. Das war mir dann doch nicht geheuer und immer, wenn ich allein war, begann ich damit, den Zahn sachte hin und her zu bewegen, vor und zurück.. Schließlich gelang es mir, den Zahn mit Zeigefinger und Daumen herauszuziehen. Ich verfiel genauso wie meine Umgebung. Es fehlte mir an Vitaminen, Mineralien und Spurenelementen. Als Koch wußte ich besser als jeder andere um die Bedeutung eines nahrhaften Essens. Die Zähne fielen mir aus und ich konnte nur noch gewinnen!

Trotz der Ankündigung des Hungerstreiks änderte sich nichts; ja, fast kam es mir so vor, als ob das Essen noch schlechter geworden wäre. Alle sprachen nur noch von dem bevorstehenden Hungerstreik. Längst wurde nicht mehr auf dem Fußballplatz herumgetollt. Ich war erstaunt, dass unser Verlangen nach besserer Nahrung nicht ernstgenommen wurde. Seit ich meinen Zahn verloren hatte, empfand ich eine große Niedergeschlagenheit über meinen Verfall. Wieviel Zähne würde ich bei meiner Entlassung noch im Mund haben?

Dann war es so weit! Die Gefangenen traten geschlossen in den Hungerstreik. Keiner stellte sich zur Essensausgabe an. Ratlos blickten sich Hausarbeiter und Beamte an. Wir standen auf den Galerien und sahen gespannt nach unten, wo der große Topf vor sich hin dampfte. Wütendes Geschrei entlud sich über die Beamten; dass sie den Fraß selber essen konnten und, dass wir erst wieder etwas zu uns nehmen würden, wenn sich die Kost verbesserte. Die Beamten zogen mit den Hausarbeitern wieder ab und mit ihnen der Kessel! Die nächsten zwei Tage wiederholte sich der Vorgang. Die Kundschaft blieb weg. Die Essensvorräte der reicheren Gefangenen gingen zu Ende und sämtliche Verstecke wurden geplündert. Lange würde die Militärpolizei unserem Streik nicht mehr tatenlos zusehen. Noch verhielten sie sich abwartend und hofften, dass uns der Hunger in die Knie zwingen würde. Selbst der Zeitung war unser Streik eine Meldung wert. Der Hunger tat mir in den ersten drei Tagen weh und ich fand nur schwer in den Schlaf. Was blieb, war Wassertrinken und durchhalten. Am vierten Tag war der Hunger dann plötzlich weg. Der Magen hatte begriffen, dass nichts mehr kommen würde und produzierte keine Magensäure mehr. Ich fühlte mich federleicht und hatte das Gefühl, unter Betäubungsmitteln zu stehen. Sogar die Zigaretten schmeckten scheußlich! Dann war urplötzlich das Schrillen der Alarmsirenen zu hören. Was würde nun passieren? Ich stellte mich auf Stockschläge ein. Nach bewährter Manier rückte die PM ein und befahl uns mit entsicherten Maschinengewehren, sofort nackt mit erhobenen Händen aus den Zellen zu treten und in den Hof zu gehen. Hastig zog ich mich aus und trat splitternackt auf die Galerie, reihte mich ein in die Karawane nach unten. Die Gefangenen blieben allesamt ruhig, verzichteten auf Beschimpfungen und drückten sich ängstlich an den Polizisten vorbei. Unser Aufmarsch war eine friedliche Revolution und unsere Waffe war das moralische Recht. Vom Hunger ausgemergelte nackte, schutzlose Körper, bedroht von Waffen und Schlagstöcken. Wir mussten im Hof im Spalier antreten und strammstehen. Die PM stand uns in voller Kampfausrüstung gegenüber. Sie hatten schwarze Springerstiefel an, Helme mit getöntem Visier vor den Augen und waren sogar teilweise mit Schutzschilden ausgerüstet. Das Schlimmste waren die Maschinengewehre, mit denen sie auf uns zielten. Wir waren sicher, dass sie bei Widerstand sofort Blei spucken würden. Wir beteten, dass uns nicht ein übernervöser Polizist mit einer Salve aus seinem Maschinengewehr niedermähte. Wir konnten deutlich hören, wie sich die Polizisten systematisch durch unsere Zellen arbeiteten und alles kurz und klein schlugen. Darüber brauchte ich mir keine Gedanken zu machen, denn in meiner Zelle gab es nichts zu zerstören. Nach drei Stunden wurden wir barsch aufgefordert, in die Zellen zurückzukehren. Wir mussten an einer breiten Haupttreppe vorbei, um zu den oberen Stockwerken zu gelangen. Wir versuchten, uns so gut es ging an den Polizisten, die unseren Gang in einen Spießrutenlauf verwandelten, vorbeizuducken, um den Schlägen zu entgehen. Mit Stockhieben wurden wir vorwärtsgetrieben, begleitet von Verhöhnungen und dummen Sprüchen, dass man uns den Hungerstreik gehörig austreiben wolle. Die Schläge sausten auf uns herab, vor Aufregung spürte ich sie fast gar nicht. Einmal ging ich kurz in die Knie und bekam dann gleich noch einen Tritt ab. Ich kroch wie ein Tier vorwärts und rettete mich in den ersten Stock. Wie erwartet fand ich in meiner Zelle eine schlimme Unordnung vor. Decke und Unterlage lagen auf dem Boden und weil es sonst bei mir nichts zu zerstören gab, hatten die Polizisten mein Waschbecken vollständig aus der Wand gerissen. Ich straffte mein Bettzeug, zündete mir eine Kippe an und holte tief Luft. Das war überstanden, aber von der Galerie her war lautstarkes Wehklagen über die materiellen Verluste zu hören. Besitzlosigkeit war in brasilianischen Gefängnissen von Vorteil. Wir befanden uns in einem rechtsfreien Raum, in dem es nicht einmal ein Minimum an menschenwürdiger Behandlung gab. Rückte die PM ein, bedeutete dies Ausnahmezustand und alles war erlaubt! Die Brasilianer waren hart im Nehmen und steckten diese Gewalt mannhaft weg. Wir waren nun noch entschlossener als zuvor, unseren Hungerstreik fortzusetzen. Eine Kapitulation kam nicht in Frage. Jetzt erst recht nicht! Nachdem wir eine Woche nichts gegessen hatten, begannen wir uns langsam Sorgen zu machen. Keiner von uns hatte ernsthaft geglaubt, dass es die Anstalt darauf ankommen lassen würde, uns so lange hungern zu lassen. Die Direktorin startete einen neuen Verhandlungsversuch. Die Galeriechefs mussten erneut zu ihr ins Büro kommen und sie versprach viel, forderte aber zuerst die Beendigung des Streikes. Dann sähe man weiter. Nach einer Woche ohne Nahrung hatten wir keinen Hunger mehr und das Verhandlungsergebnis sah so aus, dass die Chefs androhten, bis zum Tod weiterzustreiken.

Am zehnten Tag lenkte die Anstalt ein und servierte eine schmackhafte Mahlzeit und es gab sogar ein kleines Stück Schmorfleisch. Mit Triumphgeheul stellten wir uns an. Wir hatten gewonnen und unsere Forderungen durchgesetzt. Vor allem aber verdankten wir unseren Erfolg der Presse, die täglich von unserem Streik berichtet hatte. Nicht etwa, dass sich Schuldbewusstsein entwickelt hatte, denn es ging im Grunde niemanden ans Herz, wenn sich ein Krimineller zu Tode hungerte; vielmehr war es die Angst, dass der Streik auch auf andere Gefängnisse übergreifen und außer Kontrolle geraten könnte. Nicht Mitleid hatte gesiegt, sondern Pragmatismus! Die Verköstigung blieb auch in den nächsten Wochen besser und reichhaltiger. Selbst die letzten in der Schlange bekamen einen Schöpfer ab. Es stellte sich wieder Alltag ein und das bedeutete für mich, dass ich jeden Nachmittag auf dem Fußballplatz zu finden war. Mein Spiel wurde raffinierter und ich lernte viel von den anderen, die, so schien es mir manchmal, mit einem Fußball zur Welt gekommen waren und daraus auch ihre nationale Identität bezogen. Der ausufernde Enthusiasmus und die Ausschreitungen der Fans in Brasilien waren nur noch mit religiösem Fanatismus zu vergleichen. In Brasilien war Fußball nicht König, sondern Gott!

Ich stellte meine Liebe zu diesem Sport dadurch unter Beweis, dass ich ständig blutige Knie hatte. Einen Preis, den ich gern bezahlte, wenn mir ein Treffer gelang und ich die Brasilianer von ihrem hohen Roß holen konnte. Der Torwart war bereit, notfalls zu sterben, bevor er es zuließ, dass der Ball in sein Netz ging. Er war ein merkwürdiger Kerl mit dem Aussehen eines Waldschrats. Von ihm erzählte man sich sagenhafte Geschichten. Früher war er Goldsucher in den abgelegenen Schürfgebieten von Minas Gerais. Dort hatte nur das

Recht des Stärkeren regiert und genau das war zu spüren, wenn man ihn dabei beobachtete, wie er sein Tor verteidigte. Einem Wahnsinnigen gleich hechtete er auch jedem noch so unhaltbaren Ball nach, ohne sich im mindesten vom harten Steinboden beeindrucken zu lassen. Voller Todesverachtung schrammte er mit dem Schädel über das rissige Gestein und freute sich wie ein kleines Kind, wenn es ihm gelang, den Ball zu halten, auch wenn er aus vielen Wunden blutete. Ein Mann aus Stahl!
Ich meldete mich nun doch für den Portugiesischunterricht an. Nelson hatte mich so weit, und obwohl ich noch nicht ganz vom Sinn dieses Tuns überzeugt war, so erhoffte ich mir davon zumindest ein wenig Zerstreuung. Das Klassenzimmer grenzte direkt an den Innenhof. Eines Morgens, kurz vor sieben Uhr, erschien ein Wärter mit einer Liste und holte die Schüler zum Unterricht ab. Der Professor, ein Mann um die Fünfzig, bebrillt und kleinwüchsig, war schon da. Trotz der Hitze war er korrekt mit Anzug und Schlips bekleidet. Meine Klassenkameraden waren durchweg Mulatten. Überhaupt wurde in Brasilien das Hauptkontingent der Gefangenen von Menschen mit dunkler Hautfarbe gestellt. Ähnlich wie in Nordamerika, wo die soziale Benachteiligung der schwarzen Bevölkerung automatisch die statistische Wahrscheinlichkeit, mit dem Gesetz in Konflikt zu geraten, erhöht.
Unser Lehrer hieß Arthur Ribeiro. Seinen Schülern gestattete er, ihn mit Vornamen anzureden. Als er mich sah, kam er sofort zu mir und begrüßte mich freudestrahlend mit einem herzlichen Lachen.
„Hallo. Du bist also der Rodger, unser Neuer aus Deutschland. Ich freue mich, dich hier begrüßen zu dürfen. Danke, dass du gekommen bist!" Arthur dankte mir für mein Kommen! Das hörte ich zum ersten Mal, seitdem ich im Knast war. Ich bekam einen Platz neben einem Schwarzen mit rasiertem Schädel zugewiesen, der bereits sein Heft vor sich liegen hatte und sich auf den Unterricht vorbereitete. Das kleine Klassenzimmer war ein Raum, von dem ich vermutete, dass er früher mal als Dusche gedient hatte, weil er bis auf zwei Meter Höhe weiß gekachelt war. Das Zimmer war mit einer Schiefertafel, Bänken und Stühlen ausgestattet. An den Wänden

hingen anatomische Schautafeln vom menschlichen Körper und eine Weltkarte. Durch die beiden vergitterten Fenster konnte man in der Ferne die Favela und Teile des feindlichen Knastes sehen. Ich fühlte mich auf Anhieb wohl hier und fragte mich, warum ich mich so lange gegen den Unterricht gesträubt hatte. Darüber hinaus beeindruckte mich der Lehrer, er gehörte zu den Menschen, die eine besondere Aura ausstrahlten, der man sich nicht entziehen kann. Arthur gab mir allein schon durch das Berühren mit seiner Hand Zuversicht und schien mir direkt in die Seele zu blicken. Mir erschien er als ein guter Mensch. Der Unterricht begann. Wie in einer afrikanischen Dorfschule, in der Schüler aller Altersstufen in einer Klasse zusammensaßen, unterrichte er individuell und ging auf alle Schwächen ein. Unter den Schülern waren einige schwere Kaliber. Mörder und Totschläger, die sich hingebungsvoll am Unterricht beteiligten. Ich war tief beeindruckt von diesem Mann, der außerhalb des Gefängnisses ein erfolgreicher Anwalt war, im feinen Lagoa wohnte, fünf Kinder hatte und eine Bilderbuchehe führte. Ihm war seine privilegierte soziale Stellung Verpflichtung, den Schwächsten der Gesellschaft beizustehen.

Arthur war sichtlich beeindruckt von meinen Sprachkenntnissen und spornte mich an, die Zeit hier zu nutzen und mein Portugiesisch zu perfektionieren. Die erste halbe Stunde reichte aus, um mich zu einem eifrigen Schüler zu bekehren. Dabei war es weniger der Wissensdurst, der mich trieb, sondern eher die Nähe zu diesem Mann, dessen Ausstrahlung mir wieder Lebensmut schenkte. Mein erster Schultag war wie im Flug vergangen. Arthur hatte ein Feuer in meinem Herzen entfacht und mich mit meinem Schicksal versöhnt. Wenn er unterrichtete, war es, als beugte sich ein Engel zu uns herab. Solche wissensdurstigen Schüler hätte sich bestimmt jeder Lehrer gewünscht. Die meisten waren zwar ungebildet und hatten in der Regel die Schule nur kurz besucht, so waren sie doch mit Feuereifer dabei und gaben sich die größte Mühe. Die zwei Stunden Unterricht am Morgen vergingen rasend schnell und wenn es nach uns gegangen wäre, hätten wir den ganzen Tag in der Schule verbringen können. Arthur erteilte aber nicht nur klassischen Schulunterricht, sondern vermittelte uns auch grundlegende Werte. Er schwor uns auf die Notwendigkeit eines ehrbaren Lebens ein und darauf, dass der, der es wirklich wollte, trotz aller Hindernisse etwas erreichen könne. Unmoralischer Lebenswandel führe, wie wir ja wüßten, letztlich hierher. Mitunter stellte sich eine Atmosphäre wie im Film „Club der toten Dichter" ein, wenn Robin Williams, der Hauptdarsteller, sich mit seinen Schülern in einer geheimen Höhle trifft, wo sie sich gegenseitig Gedichte vorlesen. Es war Magie, anders kann man es nicht bezeichnen. Und nicht nur ich war ihm verfallen, sondern alle anderen auch. Auf einmal schworen sie der Gewalt ab und wollten in Zukunft nur noch anständig durchs Leben gehen. Um es gleich vorweg zu nehmen, Arthur wurde mein Spiritus Rector und sollte mir bis ans Ende der Haftzeit zur Seite stehen. Bis dahin war es aber noch ein weiter Weg!

In den nächsten Monaten verwandelte ich mich in einen Streber. Begeistert nahm ich den Portugiesischunterricht auf. Unter uns gab es Schüler, die nicht einmal das kleine Einmaleins beherrschten. Verbissen und hochkonzentriert brüteten sie über einfachsten Rechenoperationen, quälten sich mit Subtrahieren, Addieren, Multiplizieren und Dividieren herum. Hier hatte ich keine Defizite. Meine Schulzeit lag erst wenige Jahre zurück. Meine ehemaligen Lehrer wären verwundert gewesen, hätten sie gesehen, wie rege ich mich beteiligte und wie ich auch alle Hausaufgaben gewissenhaft erledigte. Bald schon war ich Klassenbester, was mich als Ausländer natürlich mit besonderem Stolz erfüllte, ohne mir dies jedoch groß anmerken zu lassen, damit kein Neid bei meinen Mitschülern aufkam, denn ausnahmslos alle dürsteten nach Arthurs Anerkennung. Er hatte die Geduld eines Heiligen und verlor nie die Beherrschung, selbst wenn er Dinge, die mir lächerlich einfach erschienen, wieder und wieder erklären musste. Deutlich spürte ich, dass in seinem Unterricht das Lernen nur Mittel zu einem anderen Zweck war. Ihm lag vor allem daran, uns den Glauben zu vermitteln, dass es sich lohne, auf etwas Sinnvolles hinzuarbeiten. Strategien, die wir auch auf andere Bereiche unseres Lebens anwenden konnten. Arthur engagierte sich in einer Glaubensgemeinschaft, die sich „Racionalismo Cristão" nannte und christliches Verhalten in den Mittelpunkt rückte. Und nach deren Lehre baute dieses Verhalten besonders auf drei Pfeiler auf: Aufklärung, Wille zur Veränderung, Disziplin und Standhaftigkeit. Eigentlich war ich nie für religiöse Botschaften empfänglich gewesen. Nach meiner Auffassung baute jede Religion auf der Angst des Menschen vor dem Tod auf. Ich akzeptierte aber die Möglichkeit, dass es ein höheres „göttliches" Wesen geben könnte. Alles was mit religiösen Ritualen zu tun hatte, stieß bei mir auf Skepsis, ich war aufgeklärt und glaubte nicht an mittelalterlichen Hokuspokus. Nun aber war ich auf einmal mit einem religiösen Menschen konfrontiert, der wirklich glaubwürdig war. Arthur war kein fanatischer Heilsbringer. Er glaubte an eine universelle Intelligenz, lehrte aber nicht Weltvergessenheit und sprach auch nicht von der unbefleckten Empfängnis. Racionalismo Cristão entließ Menschen nicht aus der Verantwortung, sondern verlangte von uns, dass wir den Geist einer Reinigung unterziehen und hart an uns arbeiten sollten. So wie ich mir Wissen durch Lernen erwarb, so musste ich auch an mir arbeiten, wenn ich ein Stadium höheren Menschseins anstrebte. Im Denken manifestiert sich die Intelligenz und die spirituelle Macht. Das Denken kultiviert, perfektioniert und bestärkt sich durch die Macht des Willens. Und der Wille ist frei! Von allen spirituellen Reichtümern, die ein Mensch erreichen kann, ist die des Denkens diejenige, von der die rationale Lösung aller Probleme abhängt. Die Fähigkeit des Denkens erlangt der Mensch durch fortwährendes Studium und Aufklärung, was ein ständiges „an sich arbeiten" bedeutet. Nur so kann man die kausalen Zusammenhänge verstehen, die die Welt zusammenhalten, und die Notwendigkeit, sich diesen natürlichen Gesetzen unterzuordnen. Das erzählte Arthur uns nur ganz nebenbei und lebte es uns tagtäglich durch sein eigenes Beispiel vor. Arthur war ein rundum glücklicher Mensch und strahlte dies auch aus. Aus der Mimik seines Gesichtes, wie er lachte und sich bewegte, aus jeder noch so kleinen Geste spürte man fast körperlich, wieviel Energie dieser Mann besaß, und das überzeugte mich mehr als tausend Argumente. Alle Schüler liebten Arthur. Den Beamten war er unheimlich, denn jedes Mal, wenn ein Neuer die Schule betrat, war er bereits nach kurzer Zeit ein anderer Mensch. Arthur machte aus hartgesottenen Verbrechern, die bisher nur das Gesetz der Straße kannten, lammfromme Pennäler. Ein Wärter fragte mich einmal, ob uns Arthur hypnotisiere oder heimlich Drogen verteile. Auch der Anstaltsleitung konnte es nicht entgangen sein, wie positiv Arthur auf die Gefangenen einwirkte. Im stillen wettete ich, dass es Arthur binnen kürzester Zeit gelingen würde, Lemos de Brito in ein christliches Landschulheim zu verwandeln, wenn man ihn nur lassen würde. Ein Mann wie Arthur an der Spitze Brasiliens und das gesamte Land würde gesunden!

Ich nahm die Herausforderung an. Ich wollte wirklich ernsthaft versuchen, an mir zu arbeiten. Dass ich ein unfertiger, oberflächlicher Mensch war, lag auf der Hand. Das erste Mal überhaupt begann ich mir die Frage zu stellen, ob es richtig gewesen war, in den Drogenhandel einzusteigen. Dabei war es für mich völlig zweitrangig, dass man mich erwischt hatte. Bisher hatte ich immer gedacht, dass fast alles erlaubt sei, weil die Welt im Grunde schlecht sei. Der Mensch hat, so dachte ich, eine Raubtiermentalität und wenn Staaten Waffenhandel und Drogenhandel legal betreiben, warum sollte dann ich nicht auch versuchen, mir meine Taschen zu füllen? Nun aber, nachdem ich Arthur kennengelernt hatte, kam ich ernsthaft ins Grübeln. Die Schlechtigkeit der Welt durfte für mich keine Entschuldigung mehr sein. So leicht durfte ich es mir nicht machen. Von nun an wollte ich wirklich jeden Aspekt meines Handelns ernsthaft überdenken und nicht mehr wie ein Halbblinder durch das Leben taumeln. Zeit dafür hatte ich ja hier mehr als genug!

Endlich bekam ich eine Arbeit zugeteilt. Wie bereits erwähnt, hatte das den Vorteil, dass man für drei Arbeitstage einen Knasttag erlassen bekam. Arthur hatte sich persönlich dafür eingesetzt und ich erhielt einen tollen Posten in der Gefängnisbibliothek. Ein Traumjob, denn seit jeher fühlte ich mich in der Umgebung von Büchern wohl. Früher konnte ich stundenlang in Buchläden stöbern, denn Bücher übten seit jeher eine magische Anziehungskraft auf mich aus. Ich hätte auch in der Küche arbeiten können, wollte mich aber keinem Regiment unterwerfen und mir auch nicht die Finger an heißen Töpfen verbrennen. Außerdem war ich mir zu schade, unter meinem Niveau zu kochen. Das wäre ja so gewesen, als müsste ein gelernter Schneider Putzlumpen anfertigen.

Die Bibliothek sah auch aus wie eine ehemalige Naßzelle. Ungefähr 1500 Bücher standen in den Regalen, sorgsam nach dem Alphabet geordnet. Darunter viele Bücher von brasilianischen Autoren, aber auch Weltliteratur. Die meisten Bücher waren in dicke Einbände gebunden und lagen schwer in der Hand. Dostojewski, Tolstoi, Pasternak, Henry Miller, Oscar Wilde, Graham Greene, Arthur Miller, Günter Grass, Selma Lagerlöf, Knut Hamsun und viele andere unsterbliche Namen. Zärtlich wanderte mein Blick über die Regale und fast war mir, als hätte ich gute Freunde von früher getroffen. Das Vorhandensein dieser herrlichen Bücher hatte für mich etwas ungemein Tröstliches!

Arthur begleitete mich am ersten Tag zu meiner Arbeit und stellte mich den beiden Kollegen dort vor. Der eine hieß Carlos und war der Chef hier, der andere Edenildo. Carlos war ein stämmiger Kerl, ungefähr 1,70 groß, mit schwarzer, dicker, nach hinten gekämmter Wolle und einem kurzen Vollbart. Er hatte einen durchdringenden Blick, der etwas Eisiges hatte. Augen, die sich, je nachdem wie das Licht fiel, grau oder dunkelblau färbten. Carlos betrachte seine Umwelt mit dem ruhigen Selbstvertrauen desjenigen, der sich vor nichts fürchtete. Carlos war ein gefürchteter Killer. Verurteilt war er zwar nur wegen Raubes, aber es war allgemein bekannt, dass er in seiner Favela eine Art Polizist gewesen war. In den Favelas gab es keine regulären Polizeikräfte, doch auch dort wurden Verbrechen geahndet und Leute wie Carlos waren es, die diese Urteile vollstreckten. Polizist und Henker in einer Person. Angeblich hatte er mehr als zwanzig Menschenleben auf dem Gewissen. Aus seinen Augen sprachen weder Reue, noch Gewissensbisse. Vielmehr hatte er das Auftreten eines gerechten Mannes. Das war also mein Chef. Der andere Kollege, Edenildo, war ein Bursche in meinem Alter, sehnig, wie eine gespannte Feder, einem frischen Gesicht und immer guter Laune. Ich wurde freundlich aufgenommen und meine Aufgabe sollte in den ersten Wochen das Einordnen der zurückgegebenen Bücher sein. Carlos saß am Tisch und führte die Namenslisten, während Edenildo die gewünschten Bücher ausgab. Carlos sprach wenig und schien den ganzen Tag mit wichtigen Gedanken beschäftigt zu sein. Wütend wurde er nur, wenn ein Buch nicht rechtzeitig zurückgegeben wurde. Wenn er dann zu schimpfen begann, verdunkelten sich seine Augen, nahmen einen harten, metallischen Glanz an und plötzlich spürte man, dass da einer saß, der abdrückte, wenn es darauf ankam.

Ich beobachtete Carlos oft heimlich und hatte ein komisches Gefühl dabei. Einmal sah ich ihm zu, wie er ein Buch ernsthaft nach Beschädigungen untersuchte, weil sich einer der Gefangenen beschwert hatte. Angeblich fehlten einige Seiten und das wäre nach dem Verständnis von Carlos nur dann entschuldbar, wenn ein Militärpolizist das Buch kaputtgemacht hätte. Seine Position als Büchereichef wollte so gar nicht zu seinem Ruf passen. Immer musste ich an die zwanzig Menschen denken, denen er angeblich das Licht ausgeblasen hatte. Ständig versuchte ich mir vorzustellen, wie es wohl im Inneren eines solchen Menschen aussehen mochte. Er war auf eine schaurige Art faszinierend und doch fühlte ich mich in seiner Gesellschaft sehr wohl. Die Arbeit in der Bücherei forderte mir übrigens auch ein Opfer ab, denn nun konnte ich an den Wochentagen nicht mehr in den Hof und kam auch seltener dazu, Fußball zu spielen. Das galt ebenso für Edenildo, der eigentlich für sein Leben gern Fußball spielte. Carlos hatte es da leichter, denn er liebte diesen Sport nur als Zuschauer. Mit mir als Drittem im Bunde war das Team der Bücherei komplett und Carlos schlug vor, sich an eine lange schon gehegte Mammutaufgabe zu machen. Es war sein Herzenswunsch, von jedem einzelnen Buch eine Zusammenfassung anzufertigen. Sein Ziel war es, einen völlig neuen Katalog zu erstellen, der zu jedem einzelnen Buch eine kurze Inhaltsangabe aufweisen sollte. Ich fand das vernünftig. Wir begannen damit, die eifrigsten Leser in diese Aufgabe mit einzubinden. Im Anschluß tippten wir die Kommentare fein säuberlich ab und legten ein Archiv an. Einmal damit fertig, wollten wir alles in Form bringen und einen neuen Katalog anfertigen. Seit ich in der Bücherei arbeitete, las ich mehr

als je zuvor. Und wenn ich nicht las, dann büffelte ich Portugiesisch. Das waren zwei Freizeitaktivitäten, die sich gegenseitig befruchteten und ergänzten. Die Stunden vergingen wie im Flug. Die Verköstigung war genießbar und das Leben machte mir wieder Spaß. Ich wurde von einer Welle getragen, es lief einfach rund und ich war zufrieden, abgesehen davon, dass zwei Schneidezähne zu wackeln anfingen. Ich machte mir keine Illusionen darüber, dass bald zwei weitere Zahnlücken mein Lächeln zieren würden. Saß der Zahn erst locker, dann entwickelte die Zunge ein Eigenleben und spielte unablässig daran herum, was nebenbei bemerkt durchaus angenehm war! Nelson blieb mein engster Vertrauter auf dem Gang. Seit einigen Wochen arbeitete er in der Schreinerei. Seine Schulden bei mir hatte er längst beglichen. Mein Kapital hatte sich in Form von Freundschaft verzinst. Mit Neuanschaffungen war ich sparsam, besaß jedoch seit kurzem ein richtiges Laken und einen Bettbezug und vor allem ein Kopfkissen, das ich mir in der Gefängnisschneiderei hatte anfertigen lassen. Es war ein tolles Gefühl, nach dem Duschen in saubere Bettwäsche zu schlüpfen. Obwohl Kokain allgegenwärtig war, hielt ich respektvollen Abstand und war froh, nicht dem Irrsinn zu verfallen. Die kurzen Augenblicke des Glücks hatten einfach einen zu hohen Preis. Trotzdem leistete ich mir hin und wieder das Vergnügen, nachts einen Joint zu rauchen. Gern teilte ich mit Nelson und oft kugelten wir uns vor Lachen auf dem Boden. Ja, auch das ist eine Tatsache. Die meisten Knastberichte sind unrealistisch. Meist wird der Aufenthalt als ein unablässiges Leiden und permanente Gewalt geschildert. Die Wahrheit ist, dass ebenso viel gelacht und gealbert wird. Ich kann mich an einige schöne Momente erinnern.
Nelson hatte wieder Besuch bekommen, jedoch nicht von seiner Frau, sondern „nur" von seiner Mutter, die in São Paulo wohnte und nur schwer die teuren Fahrtkosten aufbringen konnte. Von ihr erfuhr er auch, was längst alle in seiner Umgebung wussten, nämlich, dass seine Frau des Wartens überdrüssig geworden war und nun einen anderen hatte. Es dauerte einige Wochen, bis er darüber hinwegkam. Nelson hatte schlimmen Liebeskummer und litt wie

ein Hund. Er schrieb seiner Frau flehentliche Briefe; dass sie doch zurückkommen möge, denn sie wisse doch, dass er sie liebe und dass sie ihm das nicht antun könne, weil er sonst vor Kummer stürbe. Davon ließ sich diese jedoch nicht beeindrucken, denn sie antwortete auf keinen seiner Briefe.

Als Nelsons Mutter kam, war sie mit Essen und Süßigkeiten beladen. Sie hatte ihr graues Haar zu einem Zopf geflochten und wirkte gebrechlich. Es versetzte mir einen Stich, wie sie ihn vor meinen Augen herzte und ihm zärtlich über die Haare strich. Nach kurzer Schampause erhob ich mich und verließ diskret die Zelle. Nicht ohne von ihr vorher ebenfalls gedrückt zu werden, wesentlich kräftiger, als der zarte Körper der Mutter vermuten ließ. Sie gab mir zwei Wangenküsse und nahm mir das Versprechen ab, dass ich auf ihren lieben Jungen Acht geben würde. Nelson war dies ein wenig peinlich, wie er mir durch einen coolen Augenaufschlag zu verstehen geben wollte. Nur war der Aufschlag weder cool, noch überzeugend. Er kämpfte mit den Tränen, um nicht vor mir loszuweinen. Ich hätte mich auch über Besuch von meiner Mutter gefreut. Weil man als Kind hofft, „trotz allem" in den Arm genommen zu werden. Ich war schon fast aus der Tür raus, da kam Nelsons Mutter mir noch einmal nach, hielt mich fest und nötigte mich, etwas von den Süßigkeiten anzunehmen. Das tat ich und versprach dann feierlich, auf „ihren lieben Jungen" aufzupassen!

Kaum war sie weg, stand Nelson bei mir in der Tür. „Was soll denn der Scheiß mit dem lieben Jungen? Du willst mich wohl verarschen?" Er tat entrüstet, aber ich sah deutlich wie er sich das Lachen verbiss. „Halt bloß die Luft an. Sei froh, dass du so eine gute Mutter hast. Wenn sie dir peinlich ist, brauchst du es mir nur zu sagen, ich lasse mich dann an deiner Stelle von ihr adoptieren, du Dummkopf!"

Nelson nahm mich mit in seine Zelle. Dort spielten wir eine Partie Schach und er gab mir von allem, was ihm seine Mutter mitgebracht hatte, die Hälfte ab. Zuerst wollte ich ablehnen, tat es dann aber doch nicht, weil das wie eine Zurückweisung seiner Freundschaft ausgesehen hätte. Nelson war ein armes Schwein, verlassen von seiner Frau und auch von seiner Familie, die so arm war, dass sie nur selten kommen konnte. Und nun teilte er alles penibel mit mir, ohne auf eine Gegenleistung zu spekulieren. Ich nahm dankend an und wohlgesättigt krönten wir diesen schönen Tag mit einem exquisiten Joint!

In Lemos de Brito gab es viel Getier: Mäuse, Ratten, Monsterküchenschaben und andere. Und dann gab es noch Federíco, einen fetten, schwarzen Kater, der, wenn er sein Maul öffnete, an Dracula erinnerte, weil er nur noch die oberen Fangzähne hatte. Die unteren Zähne fehlten ihm komplett. Ansonsten fiel mir noch auf, dass er eine lange rosa Zunge hatte, die ihm fast immer aus dem Maul heraushing. Federíco war der wahre König der Anstalt. Woher er kam, wußte niemand so recht. Er war eines Tages einfach da und offensichtlich schien es ihm bei uns zu gefallen. Zuerst tat er ängstlich, ließ sich aber alsbald von jedem streicheln. Federíco wurde im Gegensatz zu uns immer fetter. Zum einen gab es viele Mäuse und Ratten und zum anderen buhlten die Gefangenen um seine Gunst, brachten ihm zu Essen mit oder kauften sogar für ihn im Kiosk ein. Auf diesen Kater entlud sich die Liebe der gesamten Anstalt. Er brauchte keine Schlüssel und bewegte sich manchmal auch durch den Zellenblock. Das konnte er, weil die Galerien zwar mit großen Eisentüren gesichert waren, er aber problemlos zwischen den Gittern durchschlüpfen konnte. Manchmal hielt er Visite und ging neugierig von Zelle zu Zelle. Ganz plötzlich tauchte er auf, ließ sich geduldig streicheln und zog zufrieden weiter. Wenn ihm danach war und er die Anstalt verlassen wollte, setzte er sich so lange vor die Schleuse, bis ihm entweder ein Wachmann das Haupttor öffnete oder bis es von allein aufging. Manchmal verschwand er für Tage, kehrte aber immer wieder zurück. Auf dem Rückweg machte er es genauso. Federíco stellte sich vor das Tor und wartete mit der stoischen Fügsamkeit eines Tieres. Obwohl er sich von uns verhätscheln ließ, war er ein richtiger Raufbold. Von seinen Ausflügen kam er oft übel zugerichtet zurück und einmal fehlte ihm sogar ein großes Stück vom rechten Ohr. Sah man Federíco nicht, war dies Anlaß zur allgemeinen Beunruhigung. Die Knackis machten sich Sorgen, ob ihm womöglich außerhalb des Gefängnisses etwas

zugestoßen sein mochte, und befürchteten, dass Federíco womöglich nicht wiederkäme. Auch ich fand großen Gefallen an Federíco. Er hatte etwas an sich, was ihn unwiderstehlich machte. Allein die Sonderstellung, die er innehatte, weil er sich als einziger überall völlig frei bewegen konnte, machte ihn zu etwas Besonderem. Einmal sprang er sogar zu mir auf das Bett und hielt ein Mittagsschläfchen, so als sei dies das Selbstverständlichste auf der Welt. Seine Gegenwart war wie Balsam für die Insassen von Lemos de Brito. Wie er zu seinem Namen gekommen war, wußte niemand. Er hieß einfach Federíco und ich fand, dass der Name sehr gut zu ihm paßte. Irgendwie herrschaftlich! Auf seinen Rundgängen inspizierte er alles gründlich, ließ sich dabei viel Zeit, hielt alle paar Meter an, kratzte sich mit heraushängender Zunge den Nacken, säuberte sein Fell und ging einige Schritte weiter. Selbst die Bücherei untersuchte er eingehend, sprang auf den Schreibtisch von Carlos und ließ sich nicht im geringsten von seinem gestrengen Blick einschüchtern. Er legte sich auf die Ausgabelisten, darauf wartend, gestreichelt zu werden. Dieser Aufforderung kam Carlos wohl oder übel nach. Es blieb ihm auch nichts anderes übrig, denn er hätte ohnehin nicht weiterarbeiten können, weil der Kater alle Papiere unter seinem wohlgenährtem Körper begrub. Seine Präsenz hatte etwas von den heiligen weißen Kühen in Indien, die, wenn sie es wollen, sich just auf stark befahrene Straßen niederlegen. Aus Federícos Augen sprach, so schien es mir, die Weisheit des Lebens. Er war eine Art höheres Wesen, das sich aus unerfindlichen Gründen unserer erbarmte!
Es war wieder einmal Weihnachten. Ich war seit genau zwei Jahren in Haft. Mein drittes Weihnachten also, das ich hinter Gittern feierte. Ohne Schnee und Gabentisch. Trotzdem war es kein Tag wie jeder andere, denn das Essen schmeckte gut und die Beamten waren freundlicher als sonst. Den Abend verbrachte ich mit Nelson. Er war traurig, weil niemand zu ihm zu Besuch kam, und ich versuchte, ihn mit Geschichten aufzuheitern. Ich erzählte ihm vom Skifahren und all den tollen Sachen, die man im Schnee machen konnte. Früher fuhren wir mit der ganzen Klasse in den Skiurlaub. Den Tag verbrachten wir auf der Piste und abends wollten wir die uneinnehm-

bare Bastion der Mädchenunterkünfte schleifen, Die war natürlich streng von den Lehrern überwacht. Die Jungs träumten vom Sex und hofften auf eine Gelegenheit. In einem unbeobachteten Moment gelang es mir tatsächlich, bis ins Zimmer der Mädchen zu gelangen, wurde dort aber vom Sportlehrer rüde empfangen. Er hielt ein Nickerchen auf seinem Stuhl und hatte sich durch mein plötzliches Auftauchen erschrocken und mir mit seiner Taschenlame über mein Gesicht geschlagen, dass mir die Unterlippe aufgeplatzt war. Eigentlich hatte ich mir den Abend erotischer ausgemalt. Nelson musste lachen und hätte wer weiß was darum gegeben, einmal richtigen Schnee zu sehen.

„Wieso richtigen Schnee?" fragte ich. „Einmal", erzählte er, „schneite es tatsächlich in São Paulo. Ich war noch klein und der Winter war ungewöhnlich kalt und eines Abends schneite es. Richtige Schneeflocken, die aber sofort am Boden tauten. Eine Stunde ging das so und alle rannten auf die Straßen und versuchten so viele es ging zu fangen, so als hätte jemand Geldscheine von einem Haus geworfen. Für einen Schneemann hatte es allerdings nicht gereicht!" Auch mir fehlte ein weißer Winter und der Lauf der Jahreszeiten. Nelson versprach, mich irgendwann in Deutschland zu besuchen. Wir wussten beide, dass es nie dazu kommen würde, aber die Vorstellung war schön!

Selbst der friedlichste Mensch kann nicht in Ruhe leben, wenn es dem Nachbarn nicht gefällt. Bei uns bahnte sich wieder einmal Ärger am Horizont an. Ohne, dass es uns aufgefallen war, hatten sich neue Allianzen gebildet und eine Gruppe formierte sich, die weder mit Comando Vermelho, noch mit Terceiro Comando zu tun hatte. Diese Leute wollten den Drogenhandel im Gefängnis an sich reißen und die anderen unterdrücken. Es häuften sich die Morde und das Klima unter den Gefangenen verschlechterte sich ganz allgemein. Ich tat so, als ob nichts wäre, hielt mich aus allem heraus, arbeitete fleißig in der Bibliothek und drückte die Schulbank. Ich wußte, dass am Ende wieder die „Schocktruppen", so nannte man diese speziellen Sonderkommandos, die man für die Erstürmung von Gefängnissen drillte, einrücken und für „Ordnung" sorgen würden.

Das Schwierige für jemanden wie mich, der all dem aus dem Weg gehen wollte, war, dass ich nie genau wußte, wann es losging. Hatte ich das Pech, mich im Zentrum des Geschehens zu befinden, konnte ich vielleicht nicht mehr entkommen. Deswegen war ich wachsam und und hatte mir die Strategie zurechtgelegt, bei der kleinsten Kleinigkeit in meine Zelle zu flüchten und mich unter dem Bett zu verstecken. Erst einmal fort, so schnell es ging. Inzwischen hatte ich mir auch ein Mauerversteck angelegt, wo ich meine Essensvorräte hortete. Ich verließ meine Zelle nur noch mit gemischten Gefühlen und bewegte mich in gespannter Aufmerksamkeit durch die Anstalt. Diejenigen, die den Knast unterjochen wollten, ließen keine Unklarheiten über ihre Absichten. Das erste Mal sah ich Gefangene, die deutlich sichtbar mit Feuerwaffen herumliefen. Das war selbst mir neu.

Da eine Favela in unmittelbarer Nähe war, konnte ich mir vorstellen, auf welchen Wegen die Waffen in den Knast gelangt waren. Beliebt war es, Dinge nachts über die Mauer zu werfen. Gefüllte Tennisbälle mit Drogen, Nachrichten aller Art und natürlich Pistolen. Aufgrund der Nachlässigkeit der Wachleute gelang dies oft. Feindliche Gefangene sickerten in den Galerien ein und suchten Gefolgsleute, wie Parasiten, die den Wirtskörper von innen her aushöhlen. Auf unserer Galerie waren es fünf Mann, die nicht den Eindruck machten, als ob sie irgendwann wegen „guter Führung" vorzeitig entlassen würden. Sie versuchten, uns mit falscher Freundlichkeit auf ihre Seite zu ziehen, verteilten großzügig Koks und Marihuana und gebärdeten sich wie gute Kumpel. Ich ließ mich weder einladen, noch verbrachte ich meine Freizeit mit ihnen. Nach wie vor hielt ich mich nur an Nelson. Mit einer Ausnahme eines Burschen, der einen Stock unter mir lag und ziemlich gut Fußball spielte. Sein Name war Ernesto. Er war einer der wenigen hellhäutigen Gefangenen in Lemos de Brito, er hatte lange braune Haare, die ihm stets wirr ins Gesicht fielen, und die er auf keinen Fall dem Knastfriseur anvertrauen wollte. Er bekam regelmäßigen Besuch von seiner Freundin, die, wenn ich ehrlich war, viel zu hübsch für ihn war. Ständig lag er mir in den Ohren, dass auch ich eine Freundin bräuchte und dass er seine Verlobte darum bitten wolle, auch für mich ein Mädchen mitzubringen. Was hatte ich zu verlieren? Außerdem hatte ich die Hoffnung aufgegeben, dass Christina noch mal käme. Die Bichas in Lemos de Brito waren keine Schönheitsköniginnen und so ließ ich es auf einen Versuch ankommen. Überhaupt muss ich sagen, dass die Nachfrage nach käuflicher Liebe in Lemos de Brito geringer war. Das lag vor allem an den großzügigen Besuchsregelungen, die unüberwachten Geschlechtsverkehr zuließen und den Bichas dadurch ihre Existenzgrundlage entzogen!

Und tatsächlich brachte seine Verlobte eines Tages eine Freundin mit. Sie sah wie eine Deutsche aus. Blonde Haare, schicke Figur und kleine Brust. Sehr appetitlich und schüchtern. Ich verhielt mich, als wäre dies mein erstes Rendezvous, zog mich so gut es eben ging an, rasierte mich penibel, wusch mein Haar und sprühte mich großzügig mit Rasierwasser ein. Sie kaufte mir in der Kantine einen Hamburger und eine Limonade und wir erzählten uns aus unserem Leben, wovon ich den Großteil des Gesprächs bestritt. Gegen Ende des Besuches wollte sie sehen, wie ich wohnte. Diesen Wunsch erfüllte ich ihr und schämte mich ein wenig dafür, dass mein Waschbecken immer noch nicht befestigt war. Ich wusch mich, seit die PM das Becken herausgerissen hatte, vor dem Duschrohr und hatte noch nicht versucht, dieses wieder zu befestigen; getreu nach meinem Vorsatz, dass ich mich nicht kuschelig einrichten wollte. Carola sah sich betreten um. Sie kam aus gutem Hause, hatte trotz der fantastischen Sonne Brasiliens eine aristokratische Blässe und setzte sich mit gemessener Geste. Diese Geste wirkte auf mich nicht herablassend, sondern eher wie ein Beweis ihrer Bereitschaft, sich nicht anmerken zu lassen, wie abscheulich sie meine Zelle in Wahrheit fand. Ich spürte deutlich, dass ich ihr gefiel. Sie war ein farbloses zwanzigjähriges Mädchen und ich ließ mir nicht anmerken, wie gern ich ihr den Rock nach oben geschoben hätte. Eigentlich war Carola nicht mein Typ, aber was hieß das schon nach zwei Jahren mönchischer Entsagung? Ich bezähmte mich und sagte mir, dass sie von ganz allein wiederkommen würde, wenn sie Lust dazu hätte. Nach dem Besuch schrieb sie mir lange verliebte Briefe, wollte alles von mir wissen und versprach mir wiederzukommen. Spätestens wenn sie das nächste Mal zu Besuch käme, so hatte ich mir vorgenommen, würde ich mit ihr ficken. Der Besuch hat mir sehr gut getan. Nachts nahm ich in meiner Phantasie den Beischlaf mit ihr vorweg und versuchte mir vorzustellen wie sie nackt aussah!

Mein Leben wurde mir wieder kostbar. Ich zog Bilanz. Die Hälfte meiner Haftstrafe war herum. Mir fehlten drei Zähne, ich hatte einen guten Job und außerdem träumte und dachte ich seit einiger Zeit in Portugiesisch. Fast war mir, als hätte ich nie deutsch gesprochen! Wenn ich nicht arbeitete, verbrachte ich die meiste Zeit in meiner Zelle. Ich lernte unermüdlich die portugiesische Sprache und verschlang ein Buch nach dem anderen. Wurde mir das zu langweilig, besuchte ich Nelson. Überhaupt stellte ich mit den Monaten fest, dass alles, was er von sich gab, Hand und Fuß hatte. Nelson war einer, der sich Gedanken machte und Dinge zu relativieren wußte. Er hatte zwar keine gute Schulbildung, aber einen wachen Verstand. Ich war gern mit ihm zusammen. Bei diesen Gelegenheiten sprachen wir auch viel über Politik. Nelson favorisierte den Kommunismus und meinte, dass dies letztendlich die beste Form menschlichen Zusammenlebens darstelle, leider aber auf Grund der gierigen menschlichen Natur scheitere. Er träumte davon, dass die Menschen reif für den Kommunismus würden und wie immer beließ er es nicht bei der Theorie, sondern erzählte mir eine Anekdote, um dies zu verdeutlichen.

„Was weißt du eigentlich von Comando Vermelho? Alle sprechen davon, aber hast du dir schon mal Gedanken darüber gemacht, woher sie kommen und warum sie soviel Macht haben?" Nelson sah mich abwartend an. Er wollte mir mal wieder beweisen, wie wenig ich von Brasilien wußte. „Also", fing ich gedehnt an, „Comando Vermelho ist eine Verbrecherorganisation, die Kokain verkauft und die Leute im Knast unterdrückt!" Nelson sah mich nachsichtig an. „Ich sehe, du verstehst wieder mal gar nichts. Comando Vermelho ist viel mehr und es wäre gut, wenn dies der Staat auch verstehen würde." Nelson kam in Fahrt. Das war daran zu erkennen, dass er es sich mir gegenüber im Schneidersitz bequem machte, eine Zigarette

anzündete und mich ernsthaft anblickte. „Im Jahr 1979, also noch gar nicht so lange her, war die Geburtsstunde des Comando Vermelho. Um genau zu sein, entstand sie im Hochsicherheitsgefängnis Ilha Grande. Die Gründer waren Kommunisten, die der Militärdiktatur den Krieg erklärt hatten. Daher auch der Name „Rotes Kommando". Wenn man so will, eine politische Organisation, mit dem Ziel, bessere Lebensbedingungen zu schaffen. Die Führer der ersten Stunde stammten alle aus Favelas, waren also von Geburt an mit sozialer Benachteiligung vertraut. Da Worte allein nichts ausrichteten und nur derjenige ernst genommen wird, der über einen prallen Geldbeutel verfügt, begannen sie gezielt in den Drogenhandel einzusteigen. Darüber hinaus engagierten sie sich im Waffenhandel, sie verüben Raubüberfälle und Entführungen und neuerdings organisieren sie auch mehr und mehr das illegale Glücksspiel. Sie waren sehr erfolgreich und bereits nach kurzer Zeit beherrschten sie über 70% des Drogenhandels von Rio. Kannst du mir folgen?"
„Ich bin ja kein kleines Kind, und so neu ist das für mich auch nicht!" Nelson sah mich nachsichtig an. „Du musst hinter die Fassade sehen, dann wirst du verstehen! Also, ich komme aus São Paulo, aber meine Frau stammt aus einer Favela in Rio. Ihr Vater ist ein strikter Gefolgsmann von Comando Vermelho und wenn ich ehrlich bin, finde ich die Organisation nicht schlecht." Ich wollte etwas einwenden, ihm widersprechen, aber er ließ es nicht dazu kommen und redete einfach weiter. „Warte, lass mich einfach zu Ende erzählen. Und pass gut auf! Alle Führer von Comando Vermelho sind arme Schweine, die das Licht der Welt in einer Favela erblickten. Sieh dich um. Fast alle Gefangenen hier kommen aus Favelas. Warum glaubst du, ist das so?" Die Frage war nur rhetorisch gemeint, denn er fuhr mit unverminderter Leidenschaft fort. „Die Armen sind der Regierung vollkommen egal. Es macht den Politikern nichts aus, wenn die Menschen hier Hungers sterben. Sie sind einfach nicht wichtig. Ganz anders die Führer von Comando Vermelho, denen das Leid ihrer Landsleute nicht gleichgültig ist und die große Teile des Gewinns aus den Drogeneinkünften aufwenden, um den Ärmsten zu helfen. Sie bezahlen ihre Medizin, kaufen Bücher für die Kinder

und kümmern sich um die Schwachen der Gesellschaft. Fast wie Robin Hood, der den Reichen nimmt und den Armen gibt. Geh mal in eine Favela und sieh dich genau um. Überall sieht man das Zeichen CV und selbst Kleinkinder formen ihre Finger wie diese Anfangsbuchstaben zum Gruß. Wer in der Favela aufwächst, weiß, dass er vom Staat nichts zu erwarten hat. So, und jetzt stell dir vor, du wärst dort aufgewachsen. Wem würdest du dich anschließen? Was würdest du wählen? Die Zahnbürste, oder das Stück Brot?" Das war sie wieder, die Lieblingsfrage von Nelson.
„Wenn du mich so fragst, das Stück Brot!" „Genau, das Stück Brot."
Auf dem Gang ging es hoch her. Laute Musik drang in unsere Zelle. Ich zauberte einen Joint aus meiner Tasche. Carlos, mein Chef in der Bücherei, war heute in Geberlaune gewesen und nun war der geeignete Moment, um sein Geschenk anzuzünden. „Alles schön und gut", frage ich, „aber warum sitzt du dann hier bei uns und nicht im anderen Bau, wo die Leute von Comando Vermelho untergebracht sind?" „Aus Selbsterhaltungstrieb. Keiner der Drogenhändler wird älter als 30 Jahre und deswegen halte ich mich abseits. In letzter Konsequenz sind sie auch nicht besser als die Militärs. Sie sind zwar großzügiger, aber dafür ist die Lebenserwartung kürzer!"
„Dann kannst du mir ja sicher auch etwas über die anderen Organisationen sagen. Wie zum Beispiel Terceiro Comando. Sind das auch Menschenfreunde?"
„Terceiro Comando? Das ist die Konkurrenz. So ist das in einer Marktwirtschaft. Entstanden ist sie durch einen internen Konflikt, als ein Führer einen anderen ermordete. Terceiro Comando nannten sie sich fortan. Eigentlich unterscheiden sie sich nicht viel von Comando Vermelho. Sie haben die gleichen sozialen Wurzeln und ähnliche Ziele, die sie aber noch brutaler durchsetzen. Und das Gleiche gilt für alle anderen auch! Es geht um Milliarden von US-Dollar. Comando Vermelho ist kein nostalgischer Räuberclub, sondern ein Gigant, der das Wirtschaftsleben beherrscht, genauso wie die Cosa Nostra in Sizilien. Die Gewalt, die sie ausüben, stößt mich ab, aber trotzdem sind sie Helden, wahre Helden, die sich gegen die soziale Benachteiligung wehren. Und deswegen haben sie auch soviel Halt

in der Bevölkerung. In den Favelas werden die Führer wie Heilige verehrt und die Kinder dort wollen alle so werden wie sie. Nicht einer würde den Aufenthaltsort eines Führers verraten, weil sie ihn lieben wie einen gütigen Vater. So, Rodger und jetzt meine Frage!"
Was würde kommen? Sicher wollte er mich auf die Probe stellen, ob ich verstanden hatte, was er mir versucht hatte zu erklären. So, wie ein Lehrer, der nachfragte, ob der Stoff saß. „Meine Frage lautet:" hier flocht er eine kurze Kunstpause ein, wie ein Redner, der die Dramatik steigerte, „meine Frage also lautet: Was ist Comando Vermelho?" Ich sah ihn stumm an, überlegte kurz und sagte dann: „Sag du es mir!" „Comando Vermelho ist der ewige Kampf zwischen Arm und Reich. Das ist Comando Vermelho in letzter Konsequenz. Das Aufbegehren der Elenden, die es nicht mehr hinnehmen, in Armut dahinzuvegetieren. Leute, die sich wehren und die die gleichen dreckigen Methoden anwenden wie der Staat. Die Speerspitze kollektiver Unzufriedenheit." Und dann wütend, fast haßerfüllt: „Das haben sie nun davon!"
Jetzt wurde mir alles klar, auf einmal verstand ich, warum die Insassen des anderen Gefängnisses uns verachteten. Sie fühlten sich alle auch wie politische Gefangene. Wenn ihre Straftaten auch auf den ersten Blick rein kriminell erschienen, so handelten sie doch nach ihrem Selbstverständnis in Notwehr. Vor allem aber erkannten sie den Staat nicht an, hatten die Hoffnung verloren und setzten auf Comando Vermelho. Wie eine geheime Bruderschaft auf Gedeih und Verderb. „Zum Glück bin ich nicht Brasilianer", sagte ich zu Nelson. „Mich geht das wirklich nichts an, obwohl ich die Leute verstehe, doch ich für meinen Teil ziehe es vor, zu überleben. Besser du nimmst das Stück Brot!" „Genau, und deswegen sitze ich hier bei dir. Das Hemd ist mir näher als die Hose, aber nicht alle denken so wie ich. Auch ein Wurm krümmt sich, wenn man ihn tritt!"
Wo war ich hier nur hingeraten? Was ging mich das alles überhaupt an? Manchmal konnte ich nicht glauben, wohin mich das Schicksal verschlagen hatte. Alles was ich erlebte, war jenseits meiner bisherigen Vorstellungen. Die Welt, in der ich mich zurechtfinden musste, war archaisch. Alle Akteure waren in einer schrecklichen Logik

gefangen, die mir ebenso sinnlos wie unausweichlich erschien. Ich sah nur Wege, die ins Nichts führten und was mir blieb, war die Dankbarkeit, in einem freundlicheren Teil der Welt geboren worden zu sein. Dennoch tat mir der Aufenthalt in diesen brasilianischen Gefängnissen gut. Ich lernte viel über das Leben!
Ich konzentrierte mich noch mehr auf die Schule. Es war, als suchte ich täglich eine Tankstelle auf, um meine Batterien frisch zu laden! Im Verlauf des restlichen Tages, also in all den Stunden, in denen ich keinen Unterricht hatte, staute sich immer eine Menge schlimmer Eindrücke auf, die dem Gehirn keine Ruhepause gönnten. Dieser ganze Ballast fiel in der Schule auf wundersame Weise von mir ab.
Als wir ein paar Tage später Unterricht hatten, kam es zum Ausbruch von Schießereien. Es war kurz nach sieben, als wir gerade unsere Schulhefte aufschlugen und uns für die Stunde bereit machten. Arthur lief zwischen den Bänken umher, sah mal dem einen oder dem anderen über die Schulter und beantwortete geduldig Fragen zu den Hausaufgaben. Dann auf einmal Pistolenschüsse! Von wo genau, war nicht zu lokalisieren, aber weil es regelmäßiges Feuer war, wussten wir alle, dass es wieder einmal soweit war. Die Schocktruppen würden nicht lange auf sich warten lassen. Unruhig und ängstlich zugleich sahen wir uns an.
„Leute, warum sind wir hier?" Arthur stand vorne an der Tafel, das blütenweiße Hemd bis zu den Ellenbogen hochgekrempelt und einen Zeigestock in der Hand. Damit deutete er auf die Tafel, vollgeschrieben mit unregelmäßigen Verben, durchdekliniert in allen Zeiten. „Sagt mir, warum ihr da seid?" „Um zu lernen", antwortete ich, weil die anderen stumm wie die Fische waren. Draußen wurde das Feuer immer intensiver und schien näher zu rücken. „So ist es, Rodger. Nur gut, dass wenigstens einer weiß, warum er hier ist. Warum lernt ihr also nicht?" „Aber Herr Professor, Sie hören doch selbst. Draußen tobt der Aufstand. Es wird geschossen, die PM wird gleich kommen." „Haltet euren Mund oder seid ihr Memmen? Sollen die anderen machen, was immer sie wollen. Wir sind hier und haben Unterricht und den werde ich abhalten! Komme was da wolle! Es wird euch nichts passieren, das verspreche ich euch!"

Wir beruhigten uns ein wenig, vertrauten auf Arthurs Worte, dass alles gut werden würde. Indes wurde es immer lauter. Ohrenbetäubender Lärm von Hubschraubern drang nun zum Fenster herein, ja das gesamte Viertel um uns herum war in heillosem Aufruhr. Infernalischer Rotorenlärm über dem Gefängnishof in Höhe der Mauern, Maschinengewehrsalven, das Schrillen der Alarmsirenen, als wäre ein Krieg ausgebrochen. Kugeln, die im Hof herumspritzten und in die Mauern einschlugen. Arthur stand vor uns mit stoischem Gesichtsausdruck und war voll auf den Unterricht konzentriert. Er musste schreien, um den Rotorenlärm zu übertönen. Er stand vor uns wie ein Bollwerk, völlig unbeeindruckt vom Geschehen und sah uns aufmunternd an. Wir indes waren zu keinem klaren Gedanken mehr fähig. Die Schüsse kamen näher, nun waren sie auf dem Korridor, der zu unserem Klassenzimmer führte. Die Tatsache, dass Helikopter eingesetzt wurden, war beunruhigend und ließ vermuten, dass die Lage sehr ernst war. Stiefelgetrampel im Gang. Die Tür zu unserem Raum war nicht verschlossen. Arthur war immer noch ruhig, aber nun war ihm seine Empörung deutlich vom Gesicht abzulesen. Ich hielt die Luft an. Das Trampeln kam vor unserer Tür zum Stehen. Draußen waren mit unverminderter Lautstärke die Rotoren zu hören. Vorne an der Tafel stand Arthur mit dem Zeigestock. Er wirkte nun auch verunsichert, weil er langsam die Übersicht verlor. Mit einer wütenden Geste schlug er sich auf einen Schenkel, weil von den Schülern niemand mehr seinen Ausführungen folgte. Dann barst die Tür. Ein hünenhafter Schwarzer in Kampfmontur hatte die Tür eingetreten und stand von einer Sekunde auf die andere in unserer Mitte, vollführte mit dem Lauf seines Maschinengewehrs eine Bewegung von links nach rechts und schrie: „So, ihr dreckigen Hurensöhne, auf den Boden oder ich knalle euch alle ab!"
Da hatte er die Rechnung ohne den Wirt gemacht oder besser gesagt, ohne unseren Professor Arthur. Die Schüler legten sich umgehend auf den Boden, Arthur jedoch ging schnurstracks auf den gorillahaften Militärpolizisten zu, stellte sich direkt vor die Mündung des Gewehrs und schrie außer sich vor Wut: „Was fällt dir ein, du ungehobelter Idiot. Das ist eine Schule und kein Schießplatz." War

Arthur auch von kleiner Gestalt - er reichte dem Polizisten gerade mal nur bis an die Brust - so wuchs er in meinen Augen zu einem Goliath, schien auf einmal zwei Meter groß zu sein. Der Raum war erfüllt mit seiner Stimme, gewaltig und Ehrfurcht gebietend! Da stellte sich doch dieser kleine Professor zwischen uns und den Polizisten und behandelte ihn wie einen Rotzbengel. Wäre die Waffe in der Hand des nun verunsicherten Polizisten losgegangen, so hätte es mich nicht erstaunt, wenn die Kugeln an Arthurs Körper abgeprallt wären. Arthur wurde noch lauter und schrie: „Hat dir dein Vater nicht beigebracht, dass man anzuklopfen hat? Hier sind Schüler, die etwas lernen wollen und die nichts, aber auch gar nichts, getan haben. Wenn du nicht auf der Stelle verschwindest, werde ich mich bei deinem Vorgesetzten beschweren, und ihr da am Boden, steht sofort auf, setzt euch hin und macht mit euren Aufgaben weiter!"
Langsam richteten wir uns auf. Der Schwarze ließ den Lauf des Gewehres sinken. Arthur stand direkt vor ihm, ging noch einen Schritt weiter auf ihn zu und wurde dabei scheinbar immer größer, während der Hüne zu schrumpfen schien, sich den Helm abnahm und Arthur verlegen ansah, fast wie ein Schuljunge, der gerügt wurde.
„Entschuldigung, Herr Professor", stammelte dieser nur, verließ kleinlaut das Zimmer und versuchte die eingetretene Tür so gut es ging zu schließen. Arthur stand bereits wieder an der Tafel. „Was ist, die Stunde ist noch nicht zu Ende. Wir haben noch zehn Minuten!"
Angestrengt schauten wir in unsere Bücher, unfähig einen klaren Gedanken zu fassen. Dann war die Stunde aus. Draußen tobte noch immer die Gewalt. Arthur packte ruhig die Aktentasche, krempelte seine Ärmel herunter, zog sich sein Jackett an und sagte: „So, wir gehen jetzt und ihr verhaltet euch ruhig. Ich bringe jeden einzelnen von euch auf seine Zelle. Habt keine Angst!"
Und so verließen wir die Klasse. Arthur ging vorne weg, direkt auf eine Phalanx der Soldaten zu, die nun die Oberhand hatten. Nur noch vereinzelt waren Schüsse zu hören. Zielstrebig ging er auf einen Militärpolizisten zu und sagte resolut zu ihm, dass hier unbeteiligte Schüler in ihre Zellen wollten und dass sie unter seinem Schutz stünden. Die anderen, die nicht in der Schule gewesen waren, hatten

nicht so viel Glück. Wie Ameisen versuchten unsere nackten Mitgefangen an den so genannten Schocktruppen vorbeizuhuschen, die ihrerseits die Knüppel tanzen ließen. Durch diese ganze Konfusion bahnte sich Arthur mit uns den Weg, als würde Moses das Meer teilen. Er brachte jeden einzelnen von uns in seine Zelle und versprach, er werde noch einmal mit dem Kommandanten sprechen. Er würde ihm androhen, sich persönlich verantworten zu müssen, wenn auch nur einem seiner Schüler ein Haar gekrümmt würde.

Kaum war ich in meiner Zelle, verkroch ich mich wie ein Tier unter dem Bett, denn ich hatte Angst, dass der Spuk doch noch nicht vorbei war und sie mich nun doch noch herauszerren würden. Die Zellenblöcke waren bis auf uns Schüler leer. Alle anderen standen nackt im Hof. Ich traute dem Frieden nicht und blieb zur Sicherheit unter dem Bett. Auf dem Weg zu meiner Zelle lagen viele Tote im Treppenhaus. Überall auf dem Boden lag abgeplatztes Mauerwerk, das die Salven aus den Maschinengewehren herausgerissen hatten. In der Luft hing penetranter Schwefelgeruch, als habe sich Luzifer materialisiert. Pulverdampf und feiner Steinstaub machte das Atmen schwer. Dann hörte ich, wie sich das Trampeln der Stiefel näherte. Der Lärm kam direkt von meiner Galerie. Ich hörte es Bersten und Brechen, immer begleitet von Flüchen und Verwünschungen. Das war Vandalismus mit System. Nun ging meine Tür auf. In Richtung des Kackloches wurden Gewehrschüsse abgefeuert. „Ist hier jemand"? hörte ich den Soldaten schreien. „Nicht schießen, bitte nicht schießen", schrie ich panisch vor Angst und streckte meine Hände auf dem Boden aus. „Nicht schießen, ich bin ein Schüler vom Professor. Außerdem bin ich Deutscher und habe nichts mit eurem Scheiß zu tun!"

Der Polizist sah in meine Richtung. Seine Augen waren hinter dem getönten Visier nicht zu erkennen. Ob er auf mich schießen würde? Arthur war weg. Nun konnte mir niemand mehr helfen. Eine Sekunde quälenden Wartens verstrich und dann sagte er: „Dann ist heute dein Glückstag, Gringo. Gehe weiter in die Schule und lerne fleißig!" Er ging. Er hatte tatsächlich meine Zelle verlassen, ohne mich zu schlagen, oder mein Inventar zu zerstören. Ich setzte mich

auf mein Bett, zog meine Knie an und schlotterte vor Angst. Verstört versuchte ich die Einschusslöcher in meiner Wand zu zählen. Dann zündete ich mir eine Kippe an. Die zweite des Tages. Gierig inhalierte ich den Rauch. Es war vorbei. Ich hatte es überstanden. Arthur war ein Teufelskerl und hatte uns nicht im Stich gelassen. Er hätte uns allein im Klassenzimmer zurücklassen und sich selbst aus der Schußlinie bringen können. Er hatte sein Leben riskiert, als er uns durch den Zellenbau geleitet hatte. Wir hatten großes Glück gehabt!
Meine Sorge galt nun vor allem Nelson, Ernesto und Federíco. Ich wußte noch nicht, ob sie am Leben waren. Die anderen hielten Inventur, standen fassungslos vor den Trümmern ihrer Existenz und machten sich an die Aufräumarbeiten. Auf unserer Galerie fehlten drei Mann. Zwei davon waren tot, der dritte mit Kopfschuss auf der Krankenstation. Nelson und Ernesto waren am Leben. Das gleiche galt auch für Federíco, wie ich am nächsten Tag feststellte. Nelson und Ernesto sahen von den Schlägen, die sie hatten einstecken müssen, arg mitgenommen aus. Nelsons Gesicht war blau und grün geschlagen. Die Schneidezähne fehlten ihm. In seinen Mundwinkeln klebte noch Blut, in den Augen hatte er eine Mischung von traurigem Trotz und Hass, und Resignation. Ich klopfte ihm auf die Schulter. „Kopf hoch", sagte ich. „Rauch erst mal eine Zigarette. Das wird schon wieder!"
Ich half ihm, seine Zelle in Ordnung zu bringen. Nelsons Traurigkeit währte zum Glück nicht lange, sie wich der angeborenen Fröhlichkeit der Brasilianer. Die Burschen waren hart im Nehmen. Sehr hart! Ich erzählte Nelson von meiner Rettung und er versuchte, für mich die Geschehnisse aus seiner Sicht zu schildern. Fakt war, dass sich in den letzten Tagen Gegenallianzen gebildet hatten, um den Vorstoß der feindlichen Gefangenen, die den ganzen Knast wie ein Krebsgeschwür befallen hatten, zurückzuschlagen. Es kam zu einem Krieg zwischen den Guten und den Bösen. Das Ende vom Lied war, dass 14 Mann tot waren und viele Schwerverletzte auf der Krankenstation lagen. Am nächsten Tag war Zählappell. Alle raustreten! Diejenigen, deren Namen man aufrief, mussten zusammenpacken

und wurden sofort verlegt. Zielsicher filterten die Beamten die Unruhestifter heraus. Der Preis für diese Auslese war sehr hoch, aber letztendlich behielten wir die Oberhand und das war ein Sieg. Im Grunde hatten wir in unserem Bau den Status Quo verteidigt, denn wir wollten lediglich so weiterleben wie bisher. Einem Außenstehenden mag es absurd vorkommen, was eigentlich an unserem elenden Dasein in Lemos de Brito so verteidigungswert war, dass man dafür sein Leben lassen würde. Es war ein Sieg, der bitter schmeckte. Wir gingen schnell wieder zur Tagesordnung über. Ein neuer Zyklus begann!

Ich war nun seit zwei Jahren und acht Monaten in Haft. Verwundert stellte ich fest, dass tatsächlich schon so viel Zeit vergangen war. Nach meiner Verurteilung hatten sich die vier Jahre und sechs Monate wie ein unüberwindliches Gebirge vor mir aufgetürmt. Und doch war die Zeit schneller vergangen als ich dachte. Es war Ende August, tiefer Winter also, und so oft es die Arbeit in der Bibliothek zuließ, tummelte ich mich auf dem Fußballplatz. Bei einem besonders harten Zweikampf fiel ich so unglücklich, dass ich mir ein Bein brach. Zuerst merkte ich fast nichts; ich versuchte, mich aufzurichten, wollte weiterspielen, konnte aber kaum auftreten. Ich setzte mich an den Spielrand, rauchte erst einmal eine Zigarette und prüfte vorsichtig die Beschaffenheit meines Oberschenkels. Die Schmerzen nahmen zu. Beinbruch diagnostizierte ein Mitspieler, der mich vorsichtig abtastete. Ich ließ mich stützen und humpelnd quälte ich mich in die Krankenstation. „Scheiße", war das einzige, was ich denken konnte. Scheiße, denn ich hatte kein gutes Vorgefühl, was nicht verwunderte, wußte ich doch, dass es um den ärztlichen Beistand in Lemos de Brito schlecht bestellt war. In der Krankenstation angekommen, legte ich mich vorsichtig auf einen Behandlungstisch. Der Beamte und die beiden Gefangenen, die mich gestützt hatten, ließen mich allein zurück. Ich sah mich um. Einrichtung und medizinisches Gerät machten einen veralteten, wenig vertrauenserweckenden Eindruck. Ein uralter Zahnarztstuhl befand sich nur zwei Schritte von mir entfernt. Meine Augen suchten den Bohrer, von dem ich erwartete, dass man ihn noch mit den Füßen antreiben müsste, so wie eine alte Nähmaschine. Nach zwei Stunden kam endlich ein Pfleger, er war ebenfalls ein Mitgefangener und beugte sich kurz über mich und sagte: „Mach es dir bequem. Ich bin gleich bei dir, ich muss noch nach den anderen Patienten sehen!" „Wann kommt denn der Doktor?" Ich riss mich zusammen und ließ mir nicht anmerken, dass ich starke Schmerzen hatte. „Welcher Doktor? Hier gibt es nur mich. Wir warten seit Monaten auf einen neuen Arzt. Keine Sorge, das mit deinem Bein kriegen wir hin. Ich kenne mich aus. Von Beruf bin ich übrigens Metzger!" Metzger, dachte ich. Das konnte ja was werden. „Hast du wenigstens eine Schmerztablette für mich. Ich warte seit über zwei Stunden. Das Bein tut höllisch weh!" „Tut mir leid, die Schmerzmittel sind ausgegangen. Seit Monaten liege ich der Anstaltsleitung in den Ohren, aber nichts geschieht!"

Seit Monaten kein Arzt und seit Monaten auch keine Schmerzmittel! Eine weitere Stunde verging. Endlich kam der Pfleger wieder. „Tut mir leid, dass du so lange warten musstest. Hier ist so viel zu tun, dass ich nicht mehr nachkomme. Die Zimmer sind voll mit Kranken und die Patienten sterben weg wie die Fliegen!" Routiniert tastete er mein Bein ab. „Du hast noch mal Glück gehabt, ein glatter Bruch. Wir müssen dein Bein nur ein Stück einrichten, dann ist es wieder wie neu!" Ich schrie auf und nach wenigen Sekunden war ich schweißnass. „Warte, ich rufe zwei Gefangene, damit sie mir helfen mit deinem Bein!" Mir wurde immer heißer. Eine weitere Stunde verging, in der ich die Welt verfluchte. Das hätte es nicht gebraucht. Dann endlich stand das Team bereit. „Hier nimm das in den Mund. Beiß kräftig zu, wenn es weh tut." Meine Augen flatterten. Szenen aus Filmen liefen in meinem Inneren ab. Szenen, in denen Gliedmaßen ohne Betäubung amputiert wurden. Der Pfleger steckte mir ein Stück Rundholz in den Mund, das die Form eines Hundeknochens hatte, und wie ich sah, zahlreiche Einkerbungen von Bissspuren aufwies. Dann ging alles ganz schnell. Ehe ich es mich versah, hielten mich die zwei fest und der Pfleger richtete den Bruch ein. Hätten die beiden mich nicht nach unten gedrückt, wäre ich vor Schmerzen bis unter die Decke gesprungen. „Das war's, Gringo!" Notdürftig wurde mein Bein geschient und bandagiert. Von einem Gipsverband hatte man in Lemos de Brito anscheinend ebenfalls noch nie gehört und ich verzichtete darauf, nachzufragen, denn ich kannte die Antwort schon vorher. „Du bleibst am besten einen Tag hier. Ist bequemer für dich, weil ich noch mal nach deinem Bein schauen werde!" Recht war mir das nicht. Am liebsten wäre ich in meine Zelle gegangen, so aber humpelte ich auf zwei Holzkrücken, die aus dem vorigen Jahrhundert zu stammen schienen, zu meinem Bett im Krankenzimmer. Zwanzig Gefangene lagen hier apathisch in ihren Betten und bei vielen kam es mir so vor, als warteten sie nur noch auf den Tod. Ich fühlte mich wie in einem Sterbelager. Um mich herum waren abgemagerte Elendsgestalten mit fiebrigen Augen. Sie lagen verschwitzt und hilflos in dreckigen Betten. Es stank bestialisch nach Körperausscheidungen. Es wurde kaum gesprochen. Dafür war aber pfeifender röchelnder Atem, Stöhnen, Schnarchen und Gewimmer zu hören. Der Anblick war so schrecklich, dass ich meine eigenen Schmerzen darüber völlig vergaß. Was mich verwunderte, war der große Anteil von Schwerstkranken. Niemand ging freiwillig auf diese Krankenstation. Wer hier lag, der war wirklich krank und zu schwach für den normalen Vollzug. Mein Bettnachbar hatte Aids im Endstadium. Seine Arme zeugten deutlich davon, auf welchem Weg er sich diese Krankheit zugezogen hatte. In den letzten beiden Jahren hatte Aids immer mehr zugenommen und sämtliche Gefängnisse wie eine biblische Plage befallen. Natürlich waren keine höheren Mächte im Spiel. Es war eben nur eine neue Krankheit, von der man nicht viel wußte, nur, dass sie unheilbar war und durch Körperflüssigkeiten übertragen wurde. Der Knast war ein ideales Biotop. Die Gefangenen benutzten dieselben Spritzen. Niemals sah ich wenigstens ansatzweise Bemühungen, um die Nadeln zu sterilisieren. Nein, die Spritze wanderte aus einer Vene heraus, wurde sofort neu aufgezogen und in den nächsten Arm injiziert. So ging das reihum. Außerdem waren da noch die analen Freuden mit den Bichas. Aids war relativ neu. Eigentlich war sich niemand der Gefahr bewusst und auch ich bildete keine Ausnahme, wenn ich an Monica zurückdachte. Unnötig zu erwähnen, dass es im Knast kei-

ne Kondome gab. Demzufolge lagen auch viele Bichas hier auf der Krankenstation. Eingefallen dämmerten sie dem Tode entgegen und verwandelten sich äußerlich wieder zu Männern zurück. Ich musste an Jaquêline denken und verstand nun, warum die anderen sie bis zum Schluß gepflegt hatten. Alles roch nach Tod. Die Pfleger, die hier Dienst taten, ertrugen unendlich viel menschliches Leid und taten wirklich, was sie konnten. Sie wuschen, verbanden, salbten, fütterten, wischten die Stirn, leerten Nachttöpfe und, was am wichtigsten war, sie gaben Trost. Wie war es möglich, angesichts dieser Hilflosigkeit nicht zusammenzubrechen? Woher nahmen sie diese Kraft? Es waren auch einige sehr junge Kranke darunter, die große Angst vor dem Sterben hatten und den ganzen Tag im Delirium beteten, darauf hofften, vielleicht noch einmal Besuch zu bekommen. Ich musste hier raus. Gleich am nächsten Tag. Ich hatte hier nichts verloren und keinen Anspruch auf ein Krankenbett. Außerdem schwor ich den „bundas de cadeia" ab. Mein Bettnachbar mahnte mich als warnendes Beispiel. Mich beherrschte eigentlich nur ein Gedanke, die Angst, dass auch ich Aids haben könnte. Monica hatte den Hintern gegen Bezahlung hingehalten und mir wurde siedend heiß, wenn ich an ihre Kundschaft dachte, an die drogensüchtigen Junkies und all die anderen mit ständig wechselnden Sexkontakten! In diesem Zusammenhang fiel mir auch Christina ein, die ebenfalls eine ideale Kandidatin für die Verbreitung von Aids gewesen war. Mir wurde auf einmal in diesem Krankenzimmer klar, in welcher tödlichen Gefahr ich schwebte, ohne dass ich mir bisher viele Gedanken darüber gemacht hatte. Noch hatte ich sechzehn Monate zu verbüßen. Auf diese Krankheit konnte ich gut verzichten!
Alles in diesem Zimmer roch nach Hoffnungslosigkeit. Am schlimmsten war jedoch das Fehlen medizinischer Behandlung. Man ließ die Leute einfach sterben. Auch die, die man vielleicht hätte retten können. Für die Kranken gab es genau den gleichen Fraß wie für alle anderen und von ärztlichem Beistand war keine Rede. Die Anstalt war nur sehr selten bereit, Schwerstverletzte in einem regulären Krankenhaus versorgen zu lassen. Der Grund war, dass die Bestimmungen mindestens zwei bewaffnete Begleiter vorsahen, und das

war anscheinend zuviel Aufwand für einen Verbrecher. Am nächsten Tag nahm ich Reißaus und fühlte mich wunderbar genesen. Mein Pfleger war mit meinem Bein zufrieden, wohl auch darüber, dass er so schnell einen weniger zu versorgen hatte. Der Schock war heilsam. Ich verdrängte die Angst, ebenfalls mit Aids angesteckt worden zu sein und ließ mir meinen Ausflug in dieses Grauen als Warnung dienen!

Die nächsten sechs Wochen humpelte ich mühsam herum. Die Arbeit in der Bücherei entfiel, was mich auch einige Tage kostete, die ich früher entlassen worden wäre. Den Unterricht bei Arthur versäumte ich jedoch nicht. Ich streckte mein Bein auf einem Stuhl aus und konnte so problemlos mitmachen. Die Schule war mir so wichtig, dass ich sogar auf allen Vieren ins Klassenzimmer gekrochen wäre. Seit dem Vorfall mit dem Militärpolizisten hatte Arthur fast Heiligenstatus bei uns. Wir verehrten ihn grenzenlos und mochten uns gar nicht vorstellen, was wäre, wenn er nicht mehr käme. Einer meiner Mitschüler war vor seiner Verurteilung der Kopf einer berüchtigten Verbrecherbande gewesen, und auch innerhalb der Anstalt war er gefürchtet. Nun lief er mit der Bibel in der Hand durch die Galerien und versuchte, seine früheren Weggefährten zu bekehren. Die Begegnung mit Arthur war für ihn ein Erweckungserlebnis und er stand in regem Kontakt mit der Glaubensgemeinschaft „Racionalismo Cristão" und versuchte mit deren Hilfe, eine spirituelle Zuflucht in Lemos de Brito zu etablieren. Eigentlich glaubten alle Brasilianer an Gott. Kaum einer würde behaupten, dass es ihn nicht gäbe. Zusätzlich glaubten sie jedoch auch an allerlei Hokuspokus, an Macúmba und Zauberei. In Lemos de Brito tummelten sich die verschiedensten Sekten und Religionen, die Zeugen Jehovas, Bibelgruppen und auch Fanatiker. Alle hatten eines gemeinsam, dass sie Trost suchten und auf ein gütiges höheres Wesen hofften. Ich war zu sehr Einzelgänger, um mich in einer Gruppe zu engagieren und war für derlei Geschwätz nicht sehr empfänglich.

Tage später stürzte Paulo Roberto de Moura, genannt Meio Quilo (halbes Kilo) nach seiner spektakulären Flucht aus einem Hochsicherheitsgefängnis mit dem Hubschrauber aus zehn Meter Höhe ab

und kam dabei dabei zu Tode. Die Gefangenen waren in Aufruhr. Meio Quilo war einer der höchsten Bosse von Comando Vermelho und schon zu Lebezeiten eine Legende. Viele Kinder träumten davon, so wie er zu werden. Meio Quilo hatte schon mehrmals fliehen können und vor wenigen Monaten erst hatte er der Zeitschrift Manchette ein Interview gegeben und angekündigt, alsbald das Weite zu suchen. Er befand sich zu dieser Zeit in einem extra gesicherten Gefängnis, wo Leute seines Kalibers einsaßen. Skrupellose Verbrecher mit unbegrenzter Finanzkraft. Meio Quilo hatte seinen Worten Taten folgen lassen. Seine Helfer hatten einen Hubschrauber samt Piloten entführt, alles zusammengeschossen und ihren Boß rausgeholt. Leider wurde ihr Mut nicht belohnt, denn sie hatten das Pech abzustürzen. Ein spektakuläres Ende für einen charismatischen Mann, der auf eine morbide Art sowohl innerhalb als auch außerhalb der Mauern bewundert wurde. Im Nebengebäude, wo die Leute von Comando Vermelho einsaßen, war die Hölle los und auch wir in unserem Bau waren irgendwie betroffen. Einer der ganz großen Verbrecher dieser Welt war von uns gegangen. Nicht der schlechteste Tod, wie ich fand. Immerhin war er in Freiheit gestorben, kämpfend wie ein Löwe. Ich bekam Gänsehaut!
Bald war der Beinbruch überstanden und ich konnte wieder ohne Krücken gehen. Meine Kollegen in der Bücherei waren froh, dass ich wieder da war, hatten sie doch meine Aufgaben während meiner Abwesenheit mit übernehmen müssen. Wir waren immer noch dabei, den neuen Büchereikatalog zu vervollständigen.
In anderen Gefängnissen, so erfuhr ich, hatten Ärzte damit begonnen, die Gefangenen auf Aids zu untersuchen, da die Epidemie drastisch zunahm und den ordnungsgemäßen Ablauf des Knastalltags erschwerte. Die Gefängnisse waren mit der ständig steigenden Anzahl von Kranken überfordert und deswegen versuchten sie, das Elend wenigstens statistisch zu erfassen. Das Ergebnis war niederschmetternd. Die Durchseuchung war noch schlimmer als man vermutet hatte. Fast 80% der Bichas waren infiziert und nicht anders sah es bei den Junkies aus. Sollte Francesco von diesen Untersuchungen hören, würde ihm das bestimmt nicht gefallen. Flugblätter,

die eindringlich auf Risikopraktiken hinwiesen, wurden unter den Gefangenen verteilt. Aber bei ihnen war kein echter Wille zu handeln erkennbar. Logisch wäre es gewesen, Kondome und Spritzen zu verteilen. Einfache Maßnahmen, effektiv und billig, aber man beließ es bei Ermahnungen. Es erstaunte mich, wie wenig die betroffenen Gefangenen, also die, die Kokain spritzten und der griechischen Leidenschaft frönten, sich beeindrucken ließen. Alle dachten nur in ganz kurzen Zeitspannen und waren zu verstrickt in einem täglich wiederkehrenden Teufelskreis und dadurch für gute Worte unerreichbar. Ich hörte dumme Sprüche, wie sie Raucher von sich geben, wenn man sie fragt, ob sie denn keine Angst vor Lungenkrebs hätten. Es kamen Antworten wie, dass man ja schließlich an irgendetwas sterben müsse! Ich hingegen war wachgerüttelt. Wer jetzt nach der Veröffentlichung der Zahlen nicht zur Besinnung kam, würde spätestens auf der Krankenstation aufwachen.

Der stetige Einfluss von Arthur hatte bei mir einen Sinneswandel bewirkt. Ich wurde ein reiferer Mensch, und hätte es eines Zeichens bedurft, um mir die Wahrheit seiner Worte zu beweisen, dann war es mein Besuch auf der Krankenstation. Arthur hatte mit allem, was er sagte, recht gehabt. Blieb man anständig, kam man nicht in den Knast. Ein moralischer Lebenswandel, nicht nur im strafrechtlichen Sinne, schützte auch vor Aids. Das klang platt und abgedroschen, aber es stimmte. Es war so einfach, so lächerlich einfach und doch stellten sich fast alle taub. Nicht, dass ich in Zukunft auf meinen Gute-Nacht-Joint verzichten wollte, aber ich musste wirklich in mich gehen und sah dies seit einiger Zeit neben meiner schulischen Arbeit als zusätzliche Herausforderung an. Wohl auch, um meiner Strafe noch mehr positive Erfahrungen abzugewinnen. Zu etwas mussten meine Jahre hinter Gittern ja gut sein.

Carola besuchte mich in den letzten Monaten zweimal. Beide Male hatten wir Sex. Sie war nur schüchtern bei der Sache, ziemlich passiv, und ich vermisste die Leidenschaft. Es kam mir fast so vor, als gäbe sie sich nur hin, um mir einen Gefallen zu tun, doch das reichte mir nicht. Von allen Almosen, die es zu verteilen gibt, sind die sexuellen die armseligsten. Ich wünsche mir, dass sich eine Frau aus Leidenschaft hingibt und nicht nur einfach „hinhält". Außerdem war sie unerfahren im Bett und zierte sich. Eigentlich konnte ich mir nicht erklären, was sie überhaupt von mir wollte. Ich wurde nicht schlau aus ihr und unsere Liaison versandete. Sie schrieb oft und ich ging nur oberflächlich auf diese Briefe ein. Der Funken sprang einfach nicht über. Es war für mich nicht wichtig gewesen. Bis zum Ende meiner Haftzeit dauerte es nicht mehr lange, und ich würde mir auf die altbewährte Art zu helfen wissen. Als Abschiedsgeschenk hatte sie mir ihren Slip dagelassen. Eines Abends besuchte mich Nelson und ich zeigte ihm meine Schätze. Nach wie vor hütete ich den Schlüpfer von Christina, den ich seit langem in Besitz hatte und nun auch den von Carola, der wesentlich frischer roch. Nelson fiel zu allem etwas Interessantes ein und so berichtete er mir von Hochzeitsritualen hinter Gittern. In Rio gab es Gefängnisse, in denen Männer und Frauen auf demselben Gelände, aber in verschiedenen Häusern untergebracht wurden. Manchmal waren diese Zellen in Sicht- und Hörweite und die Gefangenen schrien sich Liebesschwüre zu. Oder sie hielten Zettel mit Texten in Großbuchstaben aus den Gittern und nicht selten verliebten sie sich ineinander, jedoch ohne Aussicht auf ein persönliches Treffen. Verliebte sich eine Frau in einen Mann, so ließ sie ihm ihren Slip zukommen. Das war gleichbedeutend mit einem Eheschwur und da sie keinen Sex haben konnten, stellten sie sich beide ans Fenster, masturbierten und schrien sich zu, wie sehr sie sich liebten. Auch das entbehrte nicht einer gewissen Romantik. Ich stellte mir vor, wie sie sich gegenseitig vor Liebe verzehrten und den Tag herbeisehnten, an dem sie wirklich ein richtiges Paar würden. Da war ich wesentlich pragmatischer. Ich gab mich mit dem Geruch der Schlüpfer zufrieden und war ansonsten froh, dass es keine Frau in meinem Leben gab. Ich erzählte Nelson von Carola und dass ich ihr schreiben wollte, sie möge nicht mehr kommen. Ich stellte einfach fest, dass ich in geistige Knechtschaft glitt, vor allen Besuchstagen nervös war und mich dauernd fragte, ob sie wohl kommen würde oder nicht. Ich empfand es als zusätzliche Belastung, wollte nach Möglichkeit nichts von außerhalb wissen oder mir gar Gedanken machen. Nelson meinte, dass es klüger sei, das

wenige zu nehmen, als ganz zu verzichten. Mir war es zu wenig und ich nahm mir vor, den Rest meiner Strafe abzuspulen, ohne mich gefühlsmäßig zu engagieren. Selbst ist der Mann!
Ich war abgestumpft und wollte mich auch nicht von den Briefen, die nur spärlich aus Deutschland eintrafen, abhängig machen. Meine Familie in Deutschland hatte sich mit meiner Inhaftierung abgefunden. Von meiner Mutter kamen sowieso nur dürre Worte und am meisten kam es mir auf die 50 Mark an, die sie monatlich schickte. Nelson verstand nie, wie ich angesichts so geringer Unterstützung von zu Hause so gleichgültig bleiben konnte. Letztlich half mir auch das, denn als reicher Gringo, der von seiner Familie Zucker in den Arsch geblasen bekam, hätte man mich längst nicht so akzeptiert, wie man mich als armen Schlucker akzeptierte. Ich bekam keine Extrawurst, sondern ich stand gemeinsam mit allen anderen am gleichen Topf für einen Schöpfer Suppe an. Außerdem empfand ich große Genugtuung darüber, aus eigener Kraft zu überleben. Fast so ähnlich wie ein Studium, das man sich mühsam selbst finanziert!
Endlich war unser Katalog in der Bibliothek fertig. Wir hatten es tatsächlich geschafft. Die Verwaltung lieh uns eine uralte schwarze Schreibmaschine und schenkte uns sogar ein neues Farbband. Hunderte Seiten waren zu tippen. Wir teilten uns die Arbeit und achteten akribisch darauf, keine Fehler zu machen. Tatsächlich waren wir sehr stolz, hatten wir doch über Monate daran getüftelt und gefeilt. Alles aus eigenem Antrieb, ohne dass man es uns aufgetragen hätte. Nicht nötig zu erwähnen, dass besonders Arthur in seiner Funktion als Portugiesischlehrer von diesem Projekt begeistert war. Ihm war es ja ein besonderes Anliegen, die Leute ans Lesen zu führen. Ich verstand nie, warum so wenige von der Bücherei Gebrauch machten, und das nicht etwa, weil sie des Lesens unkundig gewesen wären, sondern weil sie grundsätzlich nichts mit Büchern anfangen konnten. Als der Katalog fertig war, wirklich fertig und fein säuberlich abgetippt und in einem stabilen Ringordner abgeheftet, bekamen wir hohen Besuch von der Direktorin und auch von Arthur. Kaffee wurde serviert und Arthur hatte eine selbst gebackene Torte von seiner Frau mitgebracht. Die Direktorin war voll des Lobes und ver-

sprach uns, den Katalog in vierfacher Ausgabe zu kopieren. Wir drei in der Bücherei sahen es als unsere Pflicht an, das Leseaufkommen zu steigern, und stellten uns eine neue Aufgabe. Wir wollten Institutionen, Verlage und Büchereien anschreiben und um Buchspenden bitten. Wir taten das, weil es uns Spaß machte und weil wir das Gefühl hatten, etwas zu bewegen. Die Fertigstellung des Kataloges war für mich ein besonderer Tag. Ein Tag, an den ich mich immer gern erinnern werde. Federíco war übrigens auch gekommen. Er strich so lange um unsere Beine, bis er uns soweit hatte und wir ihm ein Stück Torte abgaben. Ein toller Tag!
Mein Bruch war völlig ausgeheilt. Das Bein war wieder wie neu. In den ersten Wochen beließ ich es beim langsamen Joggen und hielt mich dem Fußballplatz fern. Der Dauerlauf tat mir gut. In der Zeit der Rekonvaleszenz war ich ein wenig kurzatmig geworden und fühlte mich noch nicht richtig fit. Ich übertrieb es nicht und trabte ruhig meine täglichen dreißig Minuten, fand es herrlich zu schwitzen und freute mich, dass der Beinbruch glimpflich verlaufen war. Es gab auch andere Fälle, Gefangene, die ihr Leben lang behindert blieben, weil ihre Knochen nicht richtig zusammengewachsen waren und die nun mühsam über den Hof humpelten. Auf Drängen der anderen spielte ich schon bald wieder Fußball. Anfänglich ging ich nicht ganz so hart in die Zweikämpfe und engagierte mich nicht so, als ob mein Leben davon abhinge. Ein Fußballturnier stand an und das war das sportliche Highlight des Jahres. Die besten Spieler von Lemos de Brito traten gegen die Mannschaft der Militärpolizei an. Solche Turniere wurden oft in den Gefängnissen abgehalten. Es gab sogar interne Meisterschaften zwischen den verschiedenen Anstalten. Fußball hatte einen ganz hohen Stellenwert, denn war auch kein Geld da, um Schwerstverletzte ins Krankenhaus zu überstellen, so scheute das Justizministerium keine Ausgaben, um die Knackis von ihren jeweiligen Gefängnissen in andere Haftanstalten zu kutschieren. Fußball begeisterte alle Brasilianer, es machte gleich und hob soziale Unterschiede auf. Das einzige, was zählte, war der Ball. Nichts anderes war wichtig.
Alle, die nur ein wenig spielen konnten, wollten natürlich in der

Hausmannschaft sein. Anwärter gab es mehr als genug und deswegen wurde ein internes Duell abgehalten, um die Besten herauszufiltern. Ich freute mich darüber, dass man mich als feste Größe einkalkulierte und unbedingt in der Auswahl haben wollte. Darin waren sich die meisten einig. Ich fühlte mich geehrt. Das war mehr Anerkennung als man als Ausländer unter Brasilianern erhoffen durfte, denn immerhin fühlte sich ein jeder als Gralshüter des wahren Fußballs. Wegen dieser hohen Erwartungen an mich zeigte ich wieder Ballhärte und spielte noch entfesselter als je zuvor. Das war auch nötig, denn für die anderen hier war es nicht nur ein Spiel, sondern Lebenselixier! Es wurde gebolzt, als ob das Wohl und Wehe der Menschheit davon abhinge, und der Grund, warum ich letztlich mithielt, war, dass auch ich mich auf dem Fußballplatz in eine Drecksau verwandelte. Setzte ich mich erst einmal in Bewegung, vergaß ich alles um mich herum und hetzte jedem Ball bedingungslos nach. Ich schrie und fluchte und verwandelte mich in einen anderen Menschen. Es ging brutal zu. Das war kein Sport für Memmen. Nach jedem Spiel war ich von oben bis unten aufgeschrammt. Wenn ich mich nach so einem Spiel auf die Steintribüne setzte, hatte ich das Gefühl, siegreich aus einer Schlacht heimgekehrt zu sein.

Bald hatte man sich unter den Gefangenen geeinigt, wer für das entscheidende Spiel eingesetzt werden sollte. Wie erwartet, war ich dabei. In der Vorbereitungszeit war ich mehr auf dem Platz als in der Bücherei. Auch im Knast hatte man als guter Spieler eine privilegierte Stellung. Allein die Tatsache, dass ich in der Hausmannschaft spielte, war mit hohem Sozialprestige verbunden. Alle waren auf einmal freundlich zu mir. Jeder klopfte mir auf die Schulter und gab mir Ratschläge, wie man die gegnerische Mannschaft am besten schlagen konnte. Plötzlich wurde ich von Leuten eingeladen, mit denen ich bisher kaum zu tun gehabt hatte. Ohne Murren übernahmen meine Kollegen meine Arbeit in der Bücherei, weil ich nach deren Verständnis die Ehre des ganzen Knastes verteidigte. Wie die Polizisten spielten, wußte ich nicht, nur dass sie bessere Trainingsbedingungen hatten und auf einem richtigen Fußballfeld spielten. Eines wußte ich aber, nämlich dass sie mit Sicherheit mindestens so besessen waren wie wir. Ich war auf diese Begegnung sehr gespannt und wurde immer aufgeregter, je näher der Showdown rückte. In Lemos de Brito gab es kein anderes Thema mehr und in einem waren sich alle einig: Dass nur wir gewinnen konnten, ja mussten, alles andere wäre eine Tragödie griechischen Ausmaßes. Der Druck auf mich wurde unerträglich groß. Alles war auf diesen Endkampf ausgerichtet. Wetten wurden angenommen. Die Buchmacher hatten voll zu tun. Ich trainierte bis zur Erschöpfung. Damit wir nicht vom Fleisch fielen, verwandelten sich manche Galeriechefs zu Sponsoren und spendierten uns Würstchen und Limonade aus der Kantine. Wir wurden verhätschelt und umsorgt. Ich wagte nicht zu denken, was im Falle einer Niederlage geschähe. Ob wir dann gelyncht würden?

Der Tag der Entscheidung war da. Der Korridor, der zur Schule führte, wurde zur Umkleidekabine für die Polizeimannschaft umgestaltet. Wir durften das Klassenzimmer benutzen. Als wir dort einrückten, fanden wir dort neue Fußballtrikots vor. Ein Geschenk der Anstaltsleitung! Ich war überrascht. Damit hätte ich nie gerechnet. Bisher spielten wir nur in den Fetzen, die wir zur Hand hatten. Manche in Jeans, oder gar in Bundfaltenhosen und nun hatten wir einen einheitlichen Dress, wie eine richtige Fußballmannschaft. Es schien, als wollte sich die Justiz keine Blöße geben, Wir sollten nicht wie eine minderwertige Mannschaft aussehen, was sowohl einen Sieg als auch eine Niederlage hätte bitter schmecken lassen. Gewann ein Haufen abgerissener zerlumpter Burschen, so war dies noch demütigender als es ohnehin war, und verloren sie, dann konnte man auch nicht damit angeben. Zumindest optisch sollten wir gleichwertig sein. Aus dem „Stadion" tönten Gesänge zu uns. Die Hölle war los. Über Lautsprecher erschallten heiße Sambarhythmen, die alle paar Sekunden von Durchsagen unterbrochen wurden. Richtige Jahrmarktstimmung! Die Tribünen waren bis zum letzten Mann besetzt und rund um das Feld standen dicht gedrängt die Gefangenen. Auf den Sitzplätzen saßen die Freunde und Verwandten der gegnerischen Mannschaft und natürlich alle Bediensteten von Lemos de Brito. Das Stadion war restlos besetzt!

Wir hatten einen Vorteil, wir waren an den harten Boden gewöhnt. Wir spielten keinen Kuschelfußball und wollten lieber sterben, als geschlagen vom Feld ziehen.

Auf dem Korridor trafen wir auf unsere Gegner. Hände wurden geschüttelt. Misstrauisch beäugten wir uns. Ohne ihre blauen Uniformen sahen sie wie ganz normale Burschen aus. Mit der PM hatten wir so gut wie nie zu tun, außer sie rückten ein, um den Knast zu stürmen. Heute wollten sie zeigen, dass sie sich zutrauten, uns auch ohne Maschinengewehre und Schlagstöcke die Stirn zu bieten. Fest stand, dass keine Mannschaft den Sieg herschenken würde.

Nun liefen die Gladiatoren ein und verteilten sich in ihren Spielhälften. Über Lautsprecher wurden die Namen jedes einzelnen Spielers aufgerufen. Menschenmassen bildeten einen Kokon um das Feld, das, wie ich bereits erwähnte, nur ein Viertel so groß war wie ein normaler Fußballplatz. Die Zuschauer auf den Stehplätzen standen ganz dicht an der Linie, die man extra für diesen Tag weiß nachgezogen hatte. Das war mutig, denn so waren sie ständig in Gefahr, einen harten Treffer zu kassieren. Die Direktorin war natürlich auch da, nickte wohlwollend in die Runde und schien sichtlich ihre Rolle als Schirmherrin zu genießen. Schwierig hatte sich die Suche nach einem Schiedsrichter gestaltet, der sowohl von uns, als auch von den Polizisten akzeptiert werden konnte. Um Streitigkeiten vorzubeugen, wurde ein unabhängiger Mann verpflichtet, der weder der Polizei noch den Gefangenen nahestand. Karnevalsstimmung. Unsere Fans waren ausgelassen. Nicht wenige hatten sich vorher Koks und Schnaps rein gezogen. Anfeuerungen aus allen Kehlen. Anpfiff! Nun wurde es erst richtig laut. Zu unserem Entsetzten kassierten wir bereits nach wenigen Sekunden das erste Tor. Kein guter Anfang! Es wurde so laut, dass man uns sicher bis zum Zuckerhut hören konnte. Unser Schock währte nicht lange. Zeit zum Überlegen blieb auch nicht, denn die Polizisten spielten guten Fußball und waren wild entschlossen, uns den Garaus machen. Mit der enthusiastischen Anfeuerung der Fans verschafften wir uns jedoch einen gewissen Respekt und erarbeiteten uns Torchancen. Das holte die Polizisten wieder auf den Boden der Tatsachen zurück. Das überhebliche Grinsen war ihnen auf einmal vergangen. Nun spielten sie vorsichtiger. Trotzdem gelang es ihnen um ein Haar, den Ball erneut ins Netz zu kicken, doch sie scheiterten an unserem Torwart. Gegen Ende der Halbzeit stand es noch immer 1: 0. Ausgelaugt gingen wir in unsere Kabine. Die anderen waren stark, aber nicht unbesiegbar. Wir könnten es schaffen.

Dann am Anfang der zweiten Halbzeit, sollte ich Knastfußballgeschichte schreiben, denn ich bekam den Ball in unserer Hälfte zugespielt und es war, als ob mich der Teufel angetrieben hätte. Ich rannte, dribbelte, schlug Haken und plötzlich stand ich vor dem gegnerischen Tor und versenkte den Ball mit all der Wut, die sich in den letzten Jahren aufgestaut hatte, im gegnerischen Tor. Unhaltbar! 1 : 1! Die Massen gerieten außer Rand und Band. Alle schrien meinen Namen. Ich war der Held. Die Gegner schienen beeindruckt – man könnte auch sagen geschockt - und gingen nun noch weniger Risiken ein, ihnen schwammen die Felle weg. Und auch im weiteren Verlauf sollten sie sich an uns die Zähne ausbeißen. Inzwischen war mir, als würde unser Torwart das Tor vollständig ausfüllen. Wir wurden immer besser. Es wurde noch härter gespielt. Es ging um alles. Fünf Minuten vor Schluss bekam ich den Ball von der linken Flanke zugespielt und riskierte es, ihn aus gut 20 Metern auf das Tor zu schießen und verwandelte den Spielstand zu einem 2 : 1 für uns.

Die letzten Minuten gaben die gegnerischen Spieler zwar alles, hatten aber nicht mehr viel aufzubieten. Am Ergebnis änderte sich nichts mehr. Endstand 2 : 1 und beide Tore hatte ich geschossen. Ausgerechnet ich! Die Polizisten waren faire Verlierer, gratulierten uns und klopften mir auf die Schulter. Ich war der Held des Tages, wurde hochgehoben und auf den Schultern herumgetragen. Selten war ich glücklicher. Das war ein Höhepunkt in meinem Leben. Von nun an war ich der Liebling aller. Nachts, bevor ich einschlief, stellte ich mir wieder und wieder vor, wie ich die Tore geschossen hatte. Und nicht nur ich war glücklich. Alle anderen auch, bis auf die wenigen, die auf einen Sieg der gegnerischen Mannschaft gewettet und ihr Geld verloren hatten. Der Chef von unserer Galerie steckte mir ein Gramm Kokain, eine Handvoll Marihuana und eine Flasche

Schnaps zu. „Hier Gringo, das hast du dir redlich verdient. Ich habe auf uns gewettet und viel verdient. Prost!"

Nelson und ich feierten die ganze Nacht, so lange, bis alles aufgebraucht war und ich am Morgen müde und besoffen in die Schule wankte und inständig hoffte, dass Arthur mir meine Sünden nicht ansehen würde. Schließlich ermahnte uns Artur ständig, die Finger von den Drogen zu lassen.

Wir hatten mal wieder einen Neuzugang auf unserer Galerie, der in meine frühere Zelle im Eck einzog. Diese hatte ich vor einiger Zeit getauscht, weil mir ihre Lage zu gefährlich war. Nun bewohnte Rigoberto, ein ganz junger Kerl, meine ehemalige Zelle. Nach wie vor lag das Waschbecken auf dem Boden und ich konnte mir gut vorstellen, dass Rigoberto von der Ausstattung nicht sonderlich angetan war. Rigoberto war gerade erst 17 Jahre alt geworden und sah noch jünger aus, als er eigentlich war, eher wie ein Jugendlicher in der Pubertät. Er hatte zwei Jahre abzusitzen. In meinen Augen war das nicht viel, aber für ihn musste das wie eine Ewigkeit sein. Er kannte nur zwei Themen: um jeden Preis von hier zu fliehen und seine Freundin, in die er rettungslos verliebt war. Ein armer Hund, um den sich niemand kümmerte. Wir machten ihm Mut und erzählten ihm, wie toll hier alles sei. Davon wollte er nichts hören. Er war taub für unsere Beschwichtigungen, wollte nur so schnell wie möglich von hier abhauen. In den letzten 18 Monaten hatte es hier nur einen einzigen Fluchtversuch gegeben, der zudem kläglich gescheitert war. Einem Gefangenen war es gelungen, sich eine Leiter anzufertigen und diese in einem unbeobachteten Moment, gegen die sechs Meter hohe Außenmauer zu lehnen. Er war schnell oben und ebenso schnell auch auf der anderen Seite unten, nur hatte er die Höhe unterschätzt und sich beim Aufprall einen Knöchel gebrochen. Schnell bemerkten die Wachleute, dass eines ihrer Schäfchen das Weite gesucht hatte und fingen ihn wieder ein. Nach dreißig Tagen in der Strafzelle hatte man ihn in ein anderes Gefängnis verlegt.

Lemos de Brito war nicht Galpão und stand ganz und gar nicht in dem Ruf, dass es ein Leichtes war, zu fliehen. Lemos de Brito war nicht der ideale Ort, wenn man Absichten wie Rigoberto hegte.

Jede Sekunde ohne seine Freundin wurde ihm zur Qual und wenn man sein trauriges Gesicht sah, wußte man, was es bedeutete, sich vor Leidenschaft zu verzehren. Er war kurz vorm Durchdrehen, lief im Hof auf und ab wie ein Tier in der Falle. Wir alle waren zwar mit unseren eigenen Problemen beschäftigt, hatten aber trotzdem Mitleid mit dem Burschen, der noch so kindlich war. Ich war trotz meiner jungen Jahre bereits Knastprofi. 23 Lenze zählte ich inzwischen. Rigoberto hielt sich gewöhnlich den ganzen Tag im Hof auf und drehte wie immer gehetzt seine Runden. Nelson und ich standen gerade am Tresen der Kantine und nuckelten an einer Cola. Die Kantine hatte dieselben Öffnungszeiten wie der Hof und der Betreiber war ein knorriger Typ mit Halbglatze. Er verdiente sich seinen Lebensunterhalt bei uns im Knast und bei den Knackis war er beliebt. Lemos de Brito war sicherlich einer der unangenehmsten Arbeitsplätze, seit acht Jahren arbeitete er hier und hatte schon einige „Lombras", so wurden die Erstürmungen durch die Schocktruppen genannt, überstanden. Mit anderen Worten: er war ein altgedienter Veteran! Sobald der Krieg bei uns im Knast ausbrach, ließ er seine Jalousien herunter und legte sich flach auf den Boden und wartete, bis alles vorbei war. Mehr konnte er nicht tun. Zahlreiche Einschusslöcher in den Wänden zeugten von einer bewegten Vergangenheit der Kantine.

Nelson und ich standen also an seinem Tresen. Wie so manches Mal sprachen wir mit ihm über den Holocaust. Er hatte als Jude keine gute Meinung von den Deutschen. Plötzlich gesellte sich Rigoberto zu uns, flankte über den Tresen, stellte sich blitzschnell hinter den Kioskbesitzer und hielt ihm ein langes Messer an den Hals. Der Mann zitterte wie Espenlaub und brachte kein Wort über die Lippen. „Du kommst jetzt mit", schrie Rigoberto. „Wehe, du machst eine falsche Bewegung, dann steche ich dich ab. Beim Leben meiner Mutter!" Noch bekam niemand mit, was vor sich ging. „Hör auf. Leg das Messer weg. Noch ist es nicht zu spät. Du hast keine Chance. Die bringen dich um. Sei doch nicht so blöd! Zwei Jahre gehen doch schnell rum. Deine Freundin wartet bestimmt so lange auf dich!" Nelson und ich sprachen beschwörend auf den Knaben ein.

Auch der Kantinenmann krächzte nun, flehte den Jüngling an, keinen Blödsinn zu machen und dass er ihn nicht melden würde, wenn er ihn jetzt loslassen würde. Unsere guten Worte verhallten ungehört. Er dachte anscheinend, wenn er den Mann als Geisel nähme, würde sich für ihn das Tor in die Freiheit öffnen. Mit dem Messer am Hals schubste er den zu Tode verängstigten Mann in Richtung Tor. Nach wenigen Metern merkten alle, was sich abspielte, auch die Wachleute in ihren Beobachtungstürmen, die sofort Alarm auslösten. Hastig verschwanden die meisten Gefangenen aus dem Hof und versuchten ihre Zellen zu erreichen. Armer Junge, dachte ich. Nun war es für ihn wirklich zu spät. Weit würde er nicht kommen. Die Beamten hatten ihm zwar das Tor geöffnet, aber dahinter wartete bereits ein Scharfschütze, der ihm, einen tödlichen Kopfschuss verpasste. Der Alarm verstummte. Alles beruhigte sich umgehend. Die Kantine öffnete wieder und bald war die Geschichte nur eine von vielen Anekdoten, die es über Lemos de Brito zu erzählen gab. Rigoberto konnte letztlich einen kleinen Triumph verbuchen, starb er doch außerhalb der Mauern, also in Freiheit!
Gestorben wurde auch sonst, wenn nicht auf der Krankenstation, dann bei Messerstechereien oder an einer Überdosis Kokain. Eigentlich war ich nur zwischen 21 Uhr, wenn die Galerien abgeschlossen wurden, und sechs Uhr morgens, bis zum Wecken, ruhig. Das war die Zeit, in der am wenigsten geschah. Immer, wenn die Galerien abgesperrt wurden, atmete ich auf und war froh, einen weiteren Tag überlebt zu haben. Früher kam es häufig vor, dass Wärter als Geiseln genommen wurden. Im stillen bewunderte ich die Wärter für ihren Mut. Was war das für ein beschissener Arbeitsplatz, an dem man täglich um sein Leben fürchten musste! Und das für eine Bezahlung, die jeder Beschreibung spottete. Wer wollte es den Wärtern verdenken, wenn sie gemeinsame Sache mit den Gefangenen machten, oft stammten Gefangene und Wärter sogar aus denselben Favelas. Ebenso wie in Galpão gingen in Lemos de Brito die Drogenvorräte Mitte der Woche zur Neige und trotzdem tauchten wie durch wundersame Fügung frische Bestände auf. Regulären Besuch gab es bloß an den Wochenenden und somit blieben nur die Wärter als Schmuggler.

Ich merkte das daran, wenn Verkäufer Mitte der Woche von Zelle zu Zelle liefen und Gras und Kokain feilboten. Das wiederum war der Moment der Geldverleiher, die nun ein Umsatzhoch verzeichneten. Jeder versuchte alles an Geld zusammenzukratzen oder verpfändete seine Habe, um dem tristen Alltag zu entfliehen.
Eine neue Unsitte breitete sich in Lemos de Brito aus. Crack wurde immer beliebter unter den Gefangenen und löste die Spritzen ab. Da sah man wieder, dass selbst das schlimmste Übel auch Gutes barg. Wurden die Süchtigen auch immer wahnsinniger, so reduzierte sich zumindest die Ansteckungsgefahr mit Aids. Crack brach wie eine biblische Plage über uns herein und veränderte das Klima im Knast nachhaltig. Ein oder zweimal hatte ich es ausprobiert, aber nach wie vor zog ich es vor, das Kokain auf klassische Art durch die Nase zu konsumieren! Viele andere verfielen jedoch dem Crack, verpfändeten alles und stürzten ihre Familien in den Ruin. Crack unterscheidet sich von Kokain dadurch, dass es seine Konsumenten noch schneller in die Sucht führte. Sie waren den ganzen Tag nur hinter den Drogen her und liefen wie Geistesgestörte durch die Gänge. Leute, die vorher eigentlich verträglich waren, verwandelten sich in Bestien. Nur der Kick zählte, nur dafür lohnte es sich zu leben. Zum Glück war ich immun dagegen und dankbar, nicht in diese Knechtschaft geraten zu sein. Es war fürchterlich, wie die Leute zu Skeletten abgezehrt durch die Galerien hasteten und sich dem Teufel in den Rachen stürzten. Die Schule bei Arthur wurde mir nun noch wichtiger. Dies war wirklich die einzige Gelegenheit, Kraft zu sammeln. Arthur hielt flammende Reden und beschwor uns, die Finger von den Drogen zu lassen. Tatsächlich war niemand in unserer Klasse süchtig.
Inzwischen war es wieder Weihnachten und ich hatte zu rauchen aufgehört. Von einem Tag auf den anderen.
Ich wollte es umgekehrt machen, ich wollte freiwillig auf etwas verzichten. Nach drei Jahren Haft in Brasilien stellte ich mich an Weihnachten an mein Fenster, rauchte eine letzte Zigarette und hoffte, die restliche Zeit gesund zu überstehen. Die ersten drei Tage kämpfte ich mit mir, aber bereits nach einer Woche war der Entzug überstanden.

Als Arthur davon erfuhr, beglückwünschte er mich und trieb mich an, meine Kräfte zu verdoppeln, zu lernen und an mir zu arbeiten. Artur war mir wohlgesinnt. Oft führten wir lange Gespräche, ohne dass die anderen Schüler anwesend waren. Einmal brachte er mir sogar Kleidung von seinem Sohn mit, der ungefähr in meinem Alter war und Architektur studierte. Ich war sein Lieblingsschüler und nahm mir seine guten Ratschläge zu Herzen. Inmitten allen Chaos' war Arthur wie ein Leuchtturm, an dem ich mich orientierte!

An den Besuchstagen wurde das Essen deutlich besser. Die Anstalt hatte den glorreichen Einfall, die Ressourcen besser zu verteilen. An diesen Tagen bekamen viele Besuch und verzichteten deswegen freiwillig auf die Verköstigung. Die anderen bekamen zum Ausgleich ein schmackhafteres Mahl. Manchmal gab es sogar ein kleines Stück Fleisch und auch ich konnte nicht klagen. Seitdem ich nicht mehr rauchte, spielte ich noch besser Fußball, da ich einfach mehr Luft bekam. Nach wie vor zehrte ich von meinem Status als Torschützenkönig und hatte eine Sonderstellung. Ich war sowohl bei den Beamten, als auch bei den Gefangenen beliebt und immer noch blieb ich meiner Strategie treu, mich in nichts einzumischen und nach Möglichkeit für mich zu bleiben.

Nach den Weihnachtstagen traf mich ein schwerer Schlag. Nelson hatte sich erhängt und war ohne Abschiedsbrief von uns gegangen. Entdeckt wurde er bei der Morgenkaffeeausgabe. Auch das war Brasilien! Mein bester Freund war tot. Von ihm hatte ich so viel gelernt. Ich spürte eine große Leere und stellte mir erst gar nicht die Frage nach dem Warum. Ein Jahr hätte er noch gehabt und ich machte mir Vorwürfe, nichts von seinen Absichten erahnt zu haben. Am Abend davor war alles noch wie immer gewesen und trotzdem war es das letzte Mal, dass ich ihn lebend gesehen hatte. Betreten sahen wir anderen zu, wie sein kalter Körper aus der Zelle getragen wurde. Ich musste an seine Mutter denken, der ich versprochen hatte, auf ihren lieben Jungen aufzupassen. Ich hatte versagt. Mir war zum Heulen zumute. Ihn hatte ich wirklich gern gehabt. Für mich war er ein Freund und nicht nur eine Knastbekanntschaft gewesen. Ohne Nelson fühlte ich mich so allein. Ich musste auch an Alois denken,

als er mit seinem Bündel verschwand und ich allein zurückblieb. Auch den anderen fehlte Nelson, an diesem Tag war es auffällig ruhig in unserer Galerie!
Sylvester, kurz vor Mitternacht stand ich am Fenster und wartete auf das Feuerwerk. Es war ein besonderer Tag, denn so Gott wollte, war dies mein letztes Jahr hier im Knast. Rio war in Feierlaune. Die teuren Hotels der Stadt würden wieder herrliche Feuerwerke veranstalten und Millionen Menschen warteten darauf, das neue Jahr zu begrüßen. Auch die Knackis waren wach und um Punkt Mittenacht liefen sie auf die Galerien und schlugen und traten mit allem, was sie hatten, gegen die Eisengeländer, so dass das gesamte Gefängnis zu beben schien. Bekenntnis zum Leben. Ich beteiligte mich nicht daran und zog es vor, still am Fenster zu stehen und verkniff mir die Gier nach einer Zigarette. Ich stand da und träumte davon, nächstes Jahr in Deutschland zu feiern, ganz konventionell mit Raketen und Knallern, nach dem obligatorischen „Dinner for one". Mein Leben bestand aus Bücherei, Schule und Fußball. Das waren die Eckpfeiler.
Die Flitterwochen mit meiner Braut währten schon recht lange und gestalteten sich turbulent. Bisher war ich gut durchgekommen. Am Anfang hatte ich immer nur von einem Tag zum anderen gedacht und hatte den Gedanken an Entlassung und Freiheit ausgeblendet. Nun aber, da sie so nahe war, bemächtigten sich meiner Dämonen der Angst. Ich befürchtete, dass es mich womöglich kurz davor noch erwischen könnte. Nach außen hin tat ich, als ob nichts wäre, aber ich hatte ein Vorgefühl dräuenden Unheils. Vor allem lag das daran, dass sich so viele Gefangene im Würgegriff der Droge Crack befanden. Als wären sie fremdgesteuert. Viele waren nicht mehr wieder zu erkennen. Wie tickende Zeitbomben! Es lagen Gerüchte in der Luft, dass eine Massenflucht bevorstand. Mir wurde übel bei dem Gedanken. Wer von hier flüchten wollte, musste wahnsinnig sein. Das konnte nie und nimmer gut gehen. Ich sah vor meinem geistigen Auge bereits einen Film ablaufen, in dem die Militärpolizisten mit ihren Maschinengewehren auf alles schossen, was sich bewegte. Es machte mich wütend, dass ich nichts dagegen unternehmen konnte

und schicksalsergeben warten musste. Das Schlimme war, dass ich bereits mehrere Lombras miterlebt hatte und also genau wußte, was da auf mich zu kam. Ich konnte den Pulverdampf regelrecht riechen und stellte mir vor, wie mir die Kugeln um den Kopf pfiffen. Für jeden einzelnen hier war es wie russisches Roulette. Bei mir machte sich Untergangsstimmung breit! Am liebsten wäre ich den ganzen Tag in meiner Zelle geblieben. Das war der sicherste Ort. Schlimm war, dass ich das Gefühl der Angst nicht mehr verdrängen konnte. Jedes Geräusch machte mich hellhörig. Wenn ich durch den Bau lief, dann war ich immer unter Anspannung. Ich versuchte, aus den Gesten und Gesprächen der anderen herauszulesen, wann es soweit sein könnte. Ich hatte sämtliche Antennen ausgefahren. Verstohlen beobachtete ich meine Mitgefangenen, die mir nun so fremd vorkamen. Überall hatten sich Grüppchen gebildet, Leute, mit denen ich absolut nichts zu tun haben wollte und aus deren Augen der Irrsinn leuchtete. Und nicht nur ich empfand das so. Auch die Beamten versahen längst nicht mehr so ruhig ihren Dienst. Sie waren ebenfalls angespannt, lächelten nur noch verkrampft und waren auf der Hut. Noch war alles friedlich, aber das war die Ruhe vor dem Sturm. Weil die Crackleute ihr Maul nicht halten konnten, ging schon bald das Gerücht um, dass sie vorhatten, Wärter als Geiseln zu nehmen und so ihre Freiheit zu erzwingen. Der Plan war ebenso stümperhaft wie der von Rigoberto. Jeder hatte doch mitbekommen, wie es ausgegangen war. Ich legte im stillen eine Liste derjenigen an, von denen ich vermutete, dass sie eine Flucht planten. Wenn ich diese beobachtete, hatte ich vielleicht eine Chance, rechtzeitig mitzubekommen, wann es losging. Ich verfluchte sie alle miteinander!
Ich schüttete Arthur mein Herz aus, schenkte ihm reinen Wein ein und erzählte ihm, dass ich eine Scheißangst hätte. Er riet mir, genau wie bisher weiterzumachen, mich durch nichts ablenken zu lassen, zu Gott zu beten und vor allem nicht wieder zu rauchen. Tatsächlich blieb nur beten. Die Luft war kaum mehr zum Atmen. Nur noch wenige Gefangene hatten Lust zum Fußballspielen und auch das Lachen im Hof war verstummt.
Es waren dennoch wieder Spiele angesetzt, diesmal nur hausintern.

Nach meinem Erfolg im letzten Turnier konnte ich mich nicht entziehen und musste wohl oder übel spielen. Lustlos lief ich den Bällen hinterher und gab längst nicht mein Bestes. Ich hätte mich über ein frühes Ausscheiden meiner Mannschaft gefreut, aber wir erreichten auf wundersame Weise das Endspiel. Trotz der drückenden Atmosphäre, die auf allen lastete, war dies ein Ereignis, auf das alle gespannt warteten. Auch die Beamten wollten in großer Zahl dem Spiel beiwohnen. Wäre ich einer von denen, die beabsichtigten, Geiseln in ihre Gewalt zu bringen, dann hätte ich diesen Tag gewählt. Bei keiner anderen Gelegenheit waren so viele Wärter anwesend. Das war eine Chance, die nicht so bald wiederkommen würde. Verzweifelt machte ich mich für das Spiel bereit. Alles in mir schrie danach, in meiner Zelle zu bleiben und so zu tun, als könne ich nicht laufen. Einfach etwas erfinden, um möglichst weit vom Fußballplatz weg zu sein. Mir war wie damals auf meiner Fahrt zum Flughafen zumute. Auch da hatte ich ein ungutes Vorgefühl, nur dass es diesmal wesentlich konkreter war. Dennoch lief ich mit meiner Mannschaft ein, obwohl meine innere Stimme mich davor warnte zu spielen. Auf den Steintribünen saßen viele Wärter und rund um das Spielfeld verteilt die Knackis. Aus dem ersten Stock, dort wo sich der Verwaltungsbereich befand, sahen die Bediensteten zu uns hinunter. Wie immer war frenetisches Gegröle zu hören. Ich ließ meinen Blick über die Mitgefangenen wandern und achtete auf verdächtige Bewegungen. In der Nähe der Steintribünen stand eine Horde verdächtiger Gestalten, die ich bereits als Fluchtkandidaten eingestuft hatte. Wahrscheinlich hatten sie, noch kurz bevor sie in den Hof gingen, einen Crackstein geraucht, um sich in Stimmung zu bringen. Unter den Zuschauern befand sich auch Federíco, der neben den Beamten auf der Steintribüne thronte und sich bereitwillig streicheln ließ. Irgendwie beruhigte mich der Anblick des Katers. Ich beneidete ihn um seine Ahnungslosigkeit.
Anpfiff! Endlich, denn so blieb mir keine Zeit mehr nachzudenken. Ich rannte lustlos über den Platz. Nach der ersten Halbzeit stand es: 0 : 0. Nur noch eine Stunde, dann war es überstanden. In der Pause war ich wortkarg, ignorierte die gut gemeinten Anfeuerungen der

anderen, denen natürlich nicht entgangen war, dass ich nur halbherzig dabei war. Anpfiff zur zweiten Halbzeit! Wieder zurück auf dem Spielfeld, stellte ich fest, dass sich immer mehr verdächtige Figuren in der Nähe der Wärter herumdrückten. Einen dieser Kandidaten beobachtete ich dabei, wie er Federíco streichelte. Deutlich spürte ich, dass meine schlimmsten Befürchtungen wahr werden würden. Fast fühlte ich mich wie ein zum Tode Verurteilter auf dem Weg zum Schafott.

Plötzlich war es dann soweit, die Beamten wurden von Gefangenen eingekreist, bedroht von Messern und Revolvern. Schüsse! Einer griff sich Federíco und hielt ihn brutal im Nacken fest. Fast augenblicklich schrillten die Alarmsirenen. Ohrenbetäubend und einschüchternd war das. Ich stand noch immer auf dem Platz und starrte dem Ball nach, für den sich nun niemand mehr interessierte. Ich war entsetzt, wie viele Gefangene sich auf einmal um die Wärter geschart hatten, mindestens 50 Mann. Ich blickte mich um und rannte in Richtung Ausgang. Dorthin, wo der Weg zu meinem Zellenbau führte. Immer und immer wieder hatte ich mir einen simplen Fluchtplan zurechtgelegt: so schnell es ging in die Zelle und unters Bett! Nun waren aber genau von dort, dem einzigen Durchgang, dem Nadelöhr gewissermaßen, Pistolenschüsse zu hören. Der Zugang zu unserem Zellenbau war von den Aufständischen versperrt, die niemanden durchließen und uns zwangen, im Hof zu bleiben. Ich sah mich um, suchte nach einer Deckung, um mich zu verkriechen. Dann brach heillose Panik aus. Ich war nicht der einzige, der sich in seiner Zelle in Sicherheit bringen wollte. Viele, die versuchten, trotz der Wegsperre in den Zellenbau zu gelangen, wurden von ihren eigenen Kameraden niedergeschossen. Ich traute meinen Augen nicht. Niemals hätte ich gedacht, dass sie so weit gehen würden. Die Beamten waren vollständig in der Hand der Angreifer. Oben vom Beobachtungsturm feuerten Scharfschützen vorerst noch Maschinengewehrgarben in die Luft. Dann eine harte Stimme über Lautsprecher, die uns aufforderte, sofort die Waffen niederzulegen und aufzugeben. Unablässig heulten die Sirenen. Die anderen beiden Gefängnisse befanden sich ebenfalls im Aufruhr.

Auch von dort drangen vereinzelte Schüsse zu uns herüber. Der Gefangene, der Federíco ergriffen hatte, hob ihn nun hoch, so dass ihn alle sehen konnten und schnitt ihm die Kehle durch.
Von fern kündigte sich nun auch noch Rotorenlärm an. Draußen formierte die PM sicherlich den Gegenangriff. Die Geiselnehmer bewegten sich langsam mit ihren Opfern auf den Ausgang zu. Der leblose Körper Federícos lag in seinem Blut. Dann waren drei Hubschrauber da, die in hundert Meter Höhe über uns kreisten. Ich befand mich zwischen all den anderen, die ebenso wie ich in der Falle saßen. Noch bevor die Geiselnehmer den Ausgang erreicht hatten, durch den sie unbedingt durchmussten, waren die Schocktruppen zur Stelle, so dass sie zum Stehen kamen. Über Lautsprecher kamen eindringliche Appelle aufzugeben. Die Wärter waren von Dutzenden Gefangenen umringt, alle bis an die Zähne bewaffnet. Es entstand eine kurze Waffenruhe, niemand schoss. Ein Wortführer bewegte sich auf die PM zu und wollte verhandeln. Ein kurzer Wortwechsel und dann das trockene Bellen des Maschinengewehrs. Eine deutliche Antwort. Die Polizisten machten unmissverständlich klar, dass sie die Aufrührer nicht passieren ließen, zeigten sich unbeeindruckt von der Tatsache, dass der Aufstand das Leben der Wärter kosten konnte. Unmittelbar darauf fielen Pistolenschüsse. Drei der Beamten wurden abgeknallt. Ich war hin und hergerissen zwischen dem Wunsch, mich so weit wie möglich fernzuhalten und dem, mitzubekommen, was vor sich ging. Die Schocktruppen handelten entschieden und schossen wahllos auf die Geiselnehmer und nahmen auch keine Rücksicht auf die Wärter. Menschen wurden niedergemäht, wie in Kriegsfilmen. Nun auch Feuer in Richtung der Polizisten, die sich zurückzogen und erst einmal abwarteten. Die Hubschrauber kamen immer näher, brachten sich in Schussweite. Polizisten lehnten sich aus den Helikoptern heraus und zielten auf uns. Die Gefangenen feuerten nun ihrerseits auf die Hubschrauber, die natürlich sofort zurück schossen. Einer stürzte ab. Noch intensiveres Feuer aus den anderen Helikoptern. Gleichzeitig rückten die Schocktruppen vor, alle mit kugelsicheren Westen ausgerüstet. Auch sie schossen einfach wild in die Menge. Ich legte mich platt hinter

den Steintribünen auf den Boden und hoffte, nicht einer verirrten Kugel zum Opfer zu fallen. Ich betete wie nie zuvor und flehte Gott an, mich zu verschonen.
Längst hatten die Aufrührer den Kampf verloren, die Geiseln waren entweder tot oder verletzt. Noch immer schallten die Sirenen, aber das Schießen ließ nach. Dann die Aufforderung über Lautsprecher, sich auf den Boden zu legen. Wer zu langsam war, wurde erbarmungslos abgeknallt. Der Aufstand war niedergekämpft. Ich lag immer noch hinter der Steintribüne und hatte den Kopf unter meinen Armen verborgen. Sieben Beamte hatten ihr Leben verloren, viele waren schwerverletzt. Die Hauptakteure der Aufrührer waren fast allesamt tot, außerdem fanden 23 unbeteiligte Gefangene ihr Ende. An diesem Tag hatten insgesamt 51 Menschen ihr Leben verloren. Die Überlebenden mussten strammstehen. Manch einer war kurz vor dem Zusammenbruch. Immer mehr Polizeikräfte rückten an und zogen eine altbekannte Spur der Verwüstungen durch unsere Zellen. Jeder einzelne musste vortreten und wurde nach Waffen durchsucht und fürchterlich verprügelt. Mir ging es natürlich auch nicht besser. Ich wurde von oben bis unten abgetastet und angeschrien. Ich hatte große Angst, erschossen zu werden. Ich bekam Fußtritte in die Genitalien und es hagelte Schläge mit dem Gewehrkolben. Ich kroch trotzdem weiter, immer in Richtung der Zellen. Über uns entlud sich der ungezügelte Haß der Militärpolizei. Am liebsten hätten sie uns alle erschossen. Ich verkroch mich unter meinem Bett und war zu keinem Gedanken mehr imstande. Ich musste an Federíco und sein trauriges Ende denken. Wie sollten wir zur Tagesordnung übergehen?
Am nächsten Tag gab es nichts zu essen und die Höfe waren geschlossen. Der gesamte Knast wurde einer Reinigung unterzogen und viele Gefangene wurden abgeholt, die auf Nimmerwiedersehen verschwanden. Kurzum, es war der Tag der Generalabrechnung! Neues Wachpersonal rückte ein, um die toten Kollegen zu ersetzen. An mir ging der Spuk vorbei. Ein neuer Zyklus begann und an dessen Ende würde wieder eine „Lombra" stehen, so sicher, wie der Tag auf die Nacht folgte. Nun war ich ein richtiger Veteran mit Fronter-

fahrung, der eine Lombra von Anfang bis zum Ende miterlebt hatte. Alles Vorangegangene war nur ein müder Abklatsch im Vergleich zu diesem Aufstand gewesen. Die Überlebenden sprachen von diesem Tag wie von einer Schlacht, als habe das Geschehen Anspruch auf einen Eintrag in die Geschichtsbücher. Die Zeitungen beklagten wieder einmal die ausufernde Gewalt in den Haftanstalten und forderten Konsequenzen. Wäre so etwas in Deutschland geschehen, hätte dieses Thema über Wochen die Titelseiten beherrscht. Nicht so in Brasilien, denn hier wandte sich die Berichterstattung bereits nach zwei Tagen anderen Themen zu. Ich war davongekommen und hoffte nun, endlich alle Prüfungen bestanden zu haben. Auch wenn das Klima in den nächsten Wochen von Misstrauen geprägt war, so wurde es dennoch von Tag zu Tag wieder erträglicher. Der Druck war aus dem Kessel entwichen und ich machte mir wieder Hoffnungen, meine Entlassung zu erleben.

Meine restliche Haftzeit verlief relativ unspektakulär. Ich nahm meine Studien wieder auf und engagierte mich in der Bücherei. Ich spielte sogar wieder regelmäßig Fußball und verdrängte unangenehme Erinnerungen. Immer wenn ich auf den Platz kam, sah ich den toten Körper Federícos vor mir.

Eigentlich wußte ich nicht genau, wann das Ende meiner Haftzeit erreicht war. Ich war mir nicht sicher, ob die Verwaltung über meine Anwesenheitstage in der Bücherei korrekt Buch geführt hatte. Nach meinen eigenen Berechnungen hätte ich ungefähr ein halbes Jahr gut geschrieben bekommen müssen und je näher mein vierter Jahrestag rückte, desto nervöser wurde ich. Inzwischen hatte ich sieben Zähne verloren und litt darüber hinaus an Zahnschmerzen. Mein erster Weg würde mich zum Zahnarzt führen. Mir war es jetzt schon unangenehm, mich einem Zahnarzt so präsentieren zu müssen. Was würden die Zahnarzthelferinnen von mir denken? Wie würde es überhaupt weitergehen? Ich begann, mich mit meiner Zukunft zu beschäftigen, mit der Zeit, die nach diesem Kapitel kommen würde. Im Geiste war ich bereits in Deutschland. Außerdem dachte ich auch viel an Alois und fragte mich, wie es ihm wohl die letzten Jahre ergangen sein mochte. Einmal hatte ich ihm auf gut Glück einen

Brief nach Bangu geschrieben, aber niemals Antwort erhalten. Meine Mission war beendet. Portugiesisch sprach ich inzwischen wie ein Einheimischer und die Bücherei war in tadellosem Zustand. Seit dem Massaker war ich der Chef in Bücherei, denn Carlos lebte nicht mehr. Er wurde von einer Kugel erwischt, obwohl er nicht zu den Aufrührern gehört hatte. In seinem Fall war es doppelt traurig, denn seine Entlassung hatte kurz bevorgestanden.

Vier Tage vor Weihnachten kam ein Wärter in die Bücherei und teilte mir lakonisch mit, dass ich in die Verwaltung müsse, da ich meine Strafe abgesessen hätte. Diese Mitteilung, auf die ich die letzten Jahre so sehr hingefiebert hatte, wurde mir wirklich sehr unspektakulär präsentiert. Ich war überrumpelt. Als der Wärter eintrat, war ich gerade mit dem Einsortieren von Büchern beschäftigt . Am meisten verwunderte mich mein eigenes Verhalten. Ich blieb seltsam ruhig und nickte dem Beamten nur zu und folgte ihm in das Büro des Vollzugsinspektors.

„Gute Nachrichten, Gringo", sagte der grinsend. Es war derselbe Vollzugsinspektor, der mich bei meiner Ankunft in Lemos de Brito über die Gefahren aufgeklärt hatte. „Gute Nachrichten, denn du hast deine Strafe abgesessen und das kurz vor Weihnachten. Nun die schlechte Nachricht. Du bleibst trotzdem hier!" Was sollte das denn heißen? „Wieso muss ich trotzdem bleiben?" stotterte ich. „Weil wir im Flugzeug keinen Platz für dich haben. Dein Flug geht erst in 14 Tagen. Du bist doch ausgewiesen worden! Hast du das vergessen?" In Anbetracht der verhängten viereinhalb Jahre war mir dieser Umstand vollkommen egal gewesen. Jetzt erinnerte ich mich wieder daran. Ich war für immer ausgewiesen worden. „Und was wird nun?" Du wirst heute noch verlegt und kommst in eine spezielle Zelle, die vom normalen Vollzug abgesondert ist. Dort bleibst du, bis dein Flug geht. Wir wollen nicht, dass dir womöglich noch etwas zustößt. Na, Gringo, was ist? Zieh nicht so ein Gesicht. Du darfst ruhig lachen." Mir war nicht zum Lachen zumute. Erst teilte man mir mit, dass ich meine Strafe abgebüßt hatte und nun musste ich trotzdem über die Feiertage in einer beschissenen Zelle bleiben. „Pack bis 21 Uhr deine Sachen. Dann wirst du abgeholt!"

Zu packen hatte ich nicht viel. Ich ging zurück in die Bücherei und nahm meine Arbeit wieder auf. Ab morgen würde Edenildo der neue Chef hier sein. Um halb vier, als die Bücherei geschlossen wurde, setzte ich mich in den Hof, wollte allein mit mir und meinen Gedanken sein. Behutsam schritt ich das Gelände ab und fragte mich, wie viele Kilometer ich hier in endlosen Runden wohl zurücklegt hatte. Ich sah mir jeden Winkel meiner Umgebung genau an, nahm alles noch einmal bewusst in mich auf. Es hatte sich bereits ohne mein Zutun herumgesprochen, dass man mich entlassen würde. Ich wurde von Mitgefangenen umringt, die sich über meine Entlassung allesamt mehr als ich selbst freuten. Langsam stieg aber auch in mir die Erkenntnis auf, dass es tatsächlich vorbei war. In wenigen Tagen würde ich ganz frei sein. Jemand bot mir eine Zigarette an. Zum Teufel mit den guten Vorsätzen! Wenn das kein Grund war, eine Zigarette zu rauchen, dann gab es überhaupt keinen Grund mehr. Fast ein Jahr hatte ich ohne Tabak durchgehalten. Der Rauch tat mir gut und mir wurde ein wenig schwarz vor Augen. Als ich fertig geraucht hatte, trat ich die Kippe mit dem Absatz aus, stieß einen Freudenschrei gen Himmel und steckte mir sofort eine zweite an. Was für ein Tag! Dann war es Zeit zum Fraß fassen. Bewusst ließ ich mir jeden Bissen auf der Zunge zergehen. Es gab ein Stück Wurst und Brot. Viel zu gut, dachte ich. Fast hätte ich mir ein richtig übles Essen gewünscht in einer Art Aufwallung von masochistischer Selbstkasteiung. Überhaupt verlief mir meine Entlassung zu unspektakulär. Nach all den Jahren, wäre das Mindeste eine ordentliche Tracht Prügel am Entlassungstag gewesen. Das wäre ein würdiger Abschluss!

Ich hatte beabsichtigt, meine gesamte Habe unter den Kollegen auf meiner Galerie zu verteilen, da ich aber weiter in einer Zelle zubringen musste, ging das nicht. Die Abgangszellen waren noch schäbiger als die normalen, so dass ich auch in den nächsten Tagen froh sein durfte, über Bettzeug zu verfügen. Ich teilte mein Erbe trotzdem schon auf und versprach, alles am Entlassungstag in meine Galerie zu schicken. Was für ein armseliges Erbe! Dennoch waren es Dinge, die hier Gold wert waren. Außerhalb der Mauern würde man das

alles als Abfall bezeichnen, den man schleunigst in einer Mülltonne entsorgen würde. Um 21 Uhr wartete ich ungeduldig am Gitter. Ich erhielt Glückwünsche und Umarmungen von allen Seiten. Worte prasselten wie Platzregen auf mich nieder. Ich versprach, sobald ich in Deutschland war, eine Postkarte zu schicken. Dann wurde ich endlich von einem Wärter in die provisorische Freiheit geführt, in eine elende Abgangszelle! Zuerst richtete ich mir mein Lager, straffte mein Bettzeug und schüttelte das Kopfkissen auf. Nur von ganz fern drangen Stimmen zu mir. Ich war froh, nicht mehr reden zu müssen. Zärtlich betrachtete ich meinen wertvollsten Besitz. Ein dickes, altes Wörterbuch und eine Grammatik, beides Geschenke von Arthur. Den Inhalt dieser Bücher konnte ich auswendig herbeten. Ein weiteres Buch hatte ich von Carlos, meinem ehemaligen Chef in der Bücherei geschenkt bekommen. Auch an ihn musste ich sehr oft denken. Er hatte mir die gesammelten Werke von Edgar Allen Poe zu meinem dreiundzwanzigsten Geburtstag geschenkt. Das war ein dicker Wälzer mit hartem schwarzem Einband. Ich schlug ihn auf, steckte meine Nase tief zwischen die Seiten und roch an dem alten Papier und dachte, dieses Buch würde Jahrhunderte überdauern, während ich schon längst verfault wäre. Außerdem besaß ich mehrere prall gefüllte Ordner mit meinen Schulübungen. Die brauchte ich nicht mehr; traute ich mir doch inzwischen zu, selber Portugiesischunterricht zu erteilen. Seit Jahren hatte ich kein Wort Deutsch mehr gesprochen, außer bei den wenigen Besuchen von Herrn Ebel.
Eigentlich war es Schlafenszeit, aber ich kam nicht zur Ruhe, in mir lief ein Film ab. Ich sah meine letzten vier Jahre vor meinem geistigen Auge ablaufen. Ich erinnerte mich an die drei Nigerianer, an Alois, Mônica, Nelson, „43", und all die anderen, die meinen Weg ein Stück begleitet hatten. Wer von ihnen mochte noch am Leben sein? Von einem war ich mir diesbezüglich aber sicher. Von „43". Er war wie Unkraut. Zäh und unverwüstlich! Die Abgangszelle war ein richtiges Verlies. Die Lampe spendete mir nur fahles Licht. Das war sie, die Tracht Prügel! Ruhelos ging ich auf und ab. Zigaretten verschafften mir Erleichterung. Dann kurz vor Mitternacht ging völlig

unerwartet die Tür auf. Rodriguez, einer der Wachleute, stand in der Tür. „Steh auf, Gringo", sagte er zu mir. „Du bist frei, wenn das kein Grund zum Feiern ist!"
Ich folgte ihm und bewegte mich das erste Mal nach 21 Uhr durch die Anstalt. Es war ruhig. Im Zimmer der Wachleute bot man mir einen Platz an. Alle rauchten und ein kleiner Schwarz-Weiß-Fernseher dudelte unbeachtet vor sich hin. So also sah der nächtliche Betrieb der Beamten aus. Rodriguez war mein Lieblingswärter. Er war noch ziemlich jung, nur ein Jahr älter als ich, verheiratet und hatte zwei Kinder. Außerdem spielte er gut Fußball und so manches Mal hatten wir uns angenehm unterhalten. Öfter hatte ich ihn zu überreden versucht, sich einen besseren Arbeitsplatz zu suchen. Er war einfach zu schade für ein Leben hinter Gittern. Die anderen drei kannte ich ebenfalls recht gut und mit jedem von ihnen hatte ich einen freundschaftlichen Ton gepflegt. Rodriguez öffnete eine Flasche Wein und spendierte mir großzügig ein Glas. „Auf deine Freiheit!" Das erste Glas war schnell geleert und sofort wurde nachgeschenkt. Der Alkohol verbreitete wohlige Wärme in mir. „Wir dachten, dass es dir in der Zelle langweilig sei. Schade, dass sie dich nicht schon heute entlassen haben, aber die paar Tage kriegst du auch noch rum!"
Ich fühlte mich fast wie ein freier Mann, der auf ein Schwätzchen vorbeikam. „Jetzt, wo alles vorbei ist, bist du sicherlich froh, nach Deutschland zurückzufahren. Bestimmt hast du keine gute Meinung von Brasilien!" Im Wachhäuschen war die Luft stickig und es roch wie in einer verräucherten Kneipe. An der Wand hing eine quadratische Uhr mit weißem Ziffernblatt. Die Beamten hier waren wirklich arme Hunde. Rodriguez trug schadhafte Schuhe, denen man aber ansah, dass sie vorher geputzt worden waren. Wieviel Liebe und Fürsorglichkeit steckte dahinter. Ich stellte mir vor, wie seine Frau versuchte, ihren Mann so anständig wie möglich für die Arbeit herauszuputzen und diese alten Schuhe wienerte, die eigentlich in den Mülleimer gehörten,. Wie sollte man nicht den Lebensmut verlieren, wenn man tagtäglich mit diesem unbeschreiblichen Elend konfrontiert wurde? Ich wußte es nicht. Niemals hätte ich freiwil-

lig so leben wollen. Trotzdem dachte ich keine Sekunde schlecht von Brasilien. Eigentlich hatte ich immer versucht, nur die schönen Seiten zu sehen, und ich antwortete: „Ganz im Gegenteil. Ich war einfach dumm genug, um mich erwischen zu lassen, und außerdem kann ich nicht sagen, dass ich schlecht behandelt worden bin. In jedem Fall nicht schlechter als die Einheimischen und das ist es, was zählt."

Natürlich spürte ich genau, was sie dachten. Ihnen war es peinlich, in welch desolatem Zustand das ganze Land war, und letztlich wollten sie nicht, dass ich in Deutschland schlecht über Brasilien sprechen würde. „Ich habe viele wundervolle Menschen hier kennen gelernt. Dazu zählt auch ihr. Obwohl ich ein Verbrecher bin, habt ihr mich aus der Zelle geholt und mich zum Wein eingeladen!" „Nicht nur zu Wein", unterbrach mich Rodriguez, „sondern auch zu belegten Broten, die mir meine Frau mitgegeben hat. Sie ist die beste Köchin der Welt." Der Wein hatte mich hungrig gemacht. Ich aß mich satt, nahm auch dankend von den anderen Kollegen an und ließ mich umsorgen. Ich fühlte mich rundum wohl. Senhor Herrero, einer der drei anderen Wärter brachte mir sogar einen Nachtisch. Getrocknete, süße Bananen. Auch ihn konnte ich sehr gut leiden. Ein Mann in den Vierzigern, mit einer Halbglatze und gutmütigen Gesichtszügen. Oft hatte er mich über Deutschland ausgefragt und wollte wissen, ob wir dort alle Nazis wären. Für die Beamten war Deutschland so weit entfernt wie der Jupiter. Niemals hätten sie es sich leisten können, einmal auf Urlaub dorthin zu fahren. „Lass es dir schmecken, Rodger! Wenn ich ehrlich bin, beneide ich dich sogar ein wenig." „Wieso beneiden?" „Ganz einfach. Du bist noch jung und kannst völlig neu anfangen. Du hast das Leben noch vor dir. Aber ich, auf was soll ich noch hoffen? Ich habe viel zu früh geheiratet, meine Frau wird immer biestiger und am Ende des Monats haben wir kaum Geld, uns etwas zu essen zu kaufen. Ein Scheißleben!" Was sollte ich darauf erwidern? Er hatte recht. Was war das für ein Leben hier in Lemos de Brito? Ich war froh, nicht in seiner Haut zu stecken. „Siehst du, ich habe recht! Du kehrst zurück ins reiche Deutschland. Mit dir würde ich sofort tauschen."

Hin und wieder stand einer der Beamten auf und verschwand für einige Minuten im Zellentrakt, um seinen Rundgang zu machen. Bis vier Uhr morgens saß ich bei ihnen und wir sprachen über Gott und die Welt. Beschwipst ließ ich mich von Rodriguez in die Zelle führen, machte es mir auf dem Bett bequem und schlief endlich ein. Zelle auf, Morgenkaffeeausgabe, Zelle zu. Um diese Zeit hatte ich mich normalerweise für die Schule fertig gemacht. Ohne Zerstreuung würde sich der Tag endlos hinziehen. Wie würde Artur reagieren, wenn er merkte, dass sein Lieblingsschüler fehlte? Ihn wollte ich unbedingt noch einmal vor meiner Entlassung sehen. Ich ging wieder auf und ab, wollte mich müde laufen, ich konnte nicht stillsitzen oder einfach nur so daliegen. Kurz nach neun Uhr kam die nächste Überraschung. Die Tür ging auf und Arthur kam zu mir in die Zelle und umarmte mich stürmisch. „Rodger, herzlichen Glückwunsch zu deiner Entlassung. Steh auf und zieh dich an! Ich nehme dich mit!" Das ließ ich mir nicht zweimal sagen. Alle trüben Gedanken waren fortgewischt. Zügig bewegten wir uns auf das Haupttor zu. Mein Gehirn nahm gar nicht wahr, dass ich im Begriff war, die Anstalt zu verlassen und ehe ich es mich versah, standen wir außerhalb des großen Tores. Diesmal wartete nicht die Horrorminna auf mich. „Erst heute Morgen habe ich erfahren, dass deine Strafe rum ist. Wir gehen jetzt zu einem Delegado und ich werde mich dort für dich verbürgen, damit du die restlichen Tage bei mir zu Hause verbringen kannst." Vier Jahre hatte ich von der Freiheit geträumt und nun schlenderten wir die Straße entlang als sei es das Selbstverständlichste auf der Welt. Ich entschuldigte mich bei Arthur dafür, dass ich wieder zu rauchen angefangen hatte. Der lachte nur. „Rauch jetzt so viel du willst, aber versprich mir, dass in Deutschland damit Schluß ist." An diesem Tag hätte ich alles versprochen. Das Büro des Delegados war nicht weit entfernt und wir gingen die ganze Strecke zu Fuß. Noch war nicht entschieden, ob ich bei Arthur bleiben durfte, aber ich zweifelte nicht, dass es ihm gelingen würde, den Delegado zu überzeugen. Und so kam es dann tatsächlich. Nach einem kurzen Palaver unterschrieb der Delegado die Entlassungspapiere und übergab mich in die Obhut meines Beschützers. Alles spielte

sich unbürokratisch, fast nebenbei, ab. Natürlich war Arthur dem Delegado bestens bekannt. Arthur war ein hoch angesehener Anwalt und auch wegen seines sozialen Engagements geachtet.
Irgendwie hatten alle Brasilianer, mit denen ich in letzter Zeit zu tun hatte, mich wie einen Landsmann behandelt und zu einem der ihren gemacht. Ich war kein unwissender Gringo mehr, ich war den Brasilianern in den letzten Jahren immer ähnlicher geworden. Zwanglos tranken wir im Büro des Delegados einen starken Espresso und dann war ich wirklich frei. Wir gingen noch einmal kurz nach Lemos de Brito wegen der Entlassungsformalitäten zurück. Dort trug ich einem Wärter auf, meine Sachen aus der Zelle an meine Freunde auf der Galerie zu verteilen. Ganz zum Schluß musste ich noch ein Entlassungsformular unterschreiben und dann konnte ich gehen. Nach drei Jahren und 362 Tagen wurde ich in die Freiheit entlassen! Es war der 21. Dezember, drei Tage vor Weihnachten. Dann fuhren wir in Arthurs Auto zu ihm nach Hause. Rio begrüßte mich von seiner schönsten Seite. Es war Sommeranfang!
In Arthurs Wohnung angekommen, wurde ich wie ein Familienmitglied begrüßt. Seine Ehefrau, mit der er seit über dreißig Jahren verheiratet war, drückte mich an ihre Brust. „Schön, dass du endlich da bist. Mein Mann hat in den letzten Jahren viel von dir erzählt."
Von den fünf Kindern waren nur die drei jüngsten anwesend. Neugierig und ein wenig schüchtern begutachteten sie mich und reichten mir artig die Hand. Auch ich war ein wenig befangen. Alles kam so plötzlich. Irgendwie fühlte ich mich fast ein wenig deplaziert, so als hätte ich kein Recht, hier bei dieser anständigen Familie zu sein, die im Grunde nicht die geringste Veranlassung hatte, einem kriminellen Ausländer Obdach zu gewähren. Heute morgen war ich noch wie ein Tier in meiner Zelle eingesperrt gewesen und nun saß ich hier im Wohnzimmer. Vom Balkon aus konnte ich den kleinen Vergnügungspark unten am Strand sehen. Es war, als sei ich aus der Hölle emporgestiegen. Dort war ich bereits früher einige Male gewesen und mit dem Riesenrad gefahren. Damals hatte ich mich darüber lustig gemacht, dass das Riesenrad so klein war und eigentlich gar nicht die Bezeichnung „Riesenrad" verdient hatte. Das Meer

war heute ruhig und leuchtete silbern, es schien mir zuzurufen und mich zu einem Bad einzuladen. Arthur zeigte mir mein Zimmer. Sein zweitältester Sohn studierte in São Paulo, dessen Bett war frei. Ein richtiges Bett mit Matratze und allem was dazu gehört. Fast hatte ich vergessen, dass es so etwas gab. „Rodger, ich muss zur Arbeit, du kennst dich ja in Rio aus. Bestimmt willst du ein wenig spazieren gehen. Hier hast du einen Hausschlüssel und Geld. Kauf dir ein paar neue Klamotten und mache dir einen schönen Tag. Gegessen wird um 20 Uhr!" Ich starrte Arthur an. Mein Hals war mir wie zugeschnürt. Dann zog ich ihn ganz fest an mich heran. „Danke, Arthur, vielen Dank!" Tränen liefen mir die Wangen hinunter. Auch Arthur, der mir gerade bis an die Schultern reichte, hatte Tränen in den Augen. „Jetzt wird alles gut, Rodger. Du hast es geschafft. Genieße nun deine Ferien." Dann verließ ich mit ihm gemeinsam die Wohnung. Er war wie immer äußerst korrekt gekleidet, viel zu warm für das heiße Sommerwetter.

Ich ließ mich treiben, hatte die Zeit eines Müßiggängers. Ich hatte bereits vergessen, wie hübsch die Mädchen in Rio de Janeiro waren. Ich schlenderte durch Ipanema bis zur Copacabana, die mich magisch anzog. Hier hatte vor sechs Jahren alles begonnen. Unwillkürlich musste ich lachen, weil ich daran denken musste, wie sehr ich damals von Fernweh geplagt worden war und ich alles dafür gegeben hätte, um nach Rio zu kommen. In meiner Fantasie hatte ich mir Rio von Kindheit an als Paradies auf Erden vorgestellt. Und so ist es ja tatsächlich, nur dass ich in meinen kühnsten Vorstellungen niemals damit gerechnet hätte, dass ich jahrelang in Brasilien auf Staatskosten logieren würde.

Im Rio Sul, einem Kaufhaus, kaufte ich mir Shorts und zwei T-Shirts, ein Paar Turnschuhe und Unterhosen. Ich ließ die Sachen gleich an und entsorgte meine alten Fetzen in einer Mülltonne. Den Verkäuferinnen, die mich neugierig fragten, ob ich ein Tourist wäre, erzählte ich, dass ich Brasilianer sei. Ich wollte einfach sehen, ob sie mir das abkauften. Sie hatten mir ohne mit der Wimper zu zucken geglaubt. Fast war es, als wäre ich ein Sprachstudent, der nun zum ersten Mal unter realistischen Bedingungen seine Kenntnisse auf die Probe stellte. Außerdem gönnte ich mir einen korrekten Haarschnitt. Ich stellte fest, dass ich nicht mehr so breit lachte, und dass ich es instinktiv vermied, meine Lippen zurückzuziehen, damit man meine Zahnlücken nicht sehen konnte. Ich schämte mich für meine schlechten Zähne. Magisch zog es mich zum Hotel Merídien. Ich wollte sehen, ob sich dort etwas verändert hatte. Hier hatte ich früher viel Zeit verbracht. Dort hatte ich Christina und Sabrina kennen gelernt. Und dort war es, wo das verdammte Kokain seine Angel nach mir ausgeworfen hatte. Dumm wie ich war, hatte ich den Köder brav geschluckt. Alles war wie immer. Die Menschen waren zwar austauschbar, aber das Drehbuch blieb immer gleich.

Die Copacabana präsentierte sich in ihrer einmaligen Schönheit, über die der Zuckerhut wachte. Unwillkürlich hielt ich nach bekannten Gesichtern Ausschau, entdeckte aber niemanden. Mir war es recht, denn ich wollte nur aus der Ferne beobachten. Wie früher wurde ich auf Schritt und Tritt angesprochen, man bettelte mich an, bot Drogen feil und Mädchen offerierten ihre Körper. Sobald ich etwas sagte, merkten sie, dass ich kein naiver Gringo war, und ließen von mir ab. Nicht nur, dass ich portugiesisch sprach, sondern die Tatsache, dass ich auch richtigen Verbrecherslang drauf hatte, verschaffte mir Respekt. Und meine Zahnlücken schienen den Eindruck noch zu verstärken. Das wirkte wie eine kalte Dusche!

Pünktlich zum Abendessen war ich bei Arthur. Ich klingelte, obwohl ich einen Schlüssel hatte. Hunger verspürte ich keinen, da ich den ganzen Tag über mal hier und mal da gegessen hatte. Lemos de Brito war bereits Lichtjahre weit entfernt. Die Familie war fast vollzählig um den Tisch versammelt, wartete aber noch auf das Oberhaupt, bevor sie zu essen anfing. Vom Knast sprach niemand. Alle behandelten mich so, als wäre ich aus Deutschland zu Besuch gekommen. Niemand warf sich verschwörerische Blicke zu oder tuschelte heimlich hinter meinem Rücken. Arthur hatte eine wunderbare Familie, die es zu freuen schien, mich in ihrer Mitte zu haben. Ich war zwar von Arthur eingeladen worden, ohne mich aufgedrängt zu haben, aber ich hätte mich doch höchst unwohl gefühlt, wenn es den anderen nicht recht gewesen wäre. Schüchtern fragte ich, ob ich auf dem

Balkon rauchen dürfe. Unnötig zu erwähnen, dass es im ganzen Haus keinen Aschenbecher gab. Nun tauten auch die Kinder auf und sie legten langsam ihre Befangenheit ab und zeigten mir nach dem Essen stolz ihre Zimmer und Spielsachen. Gegen Mitternacht legte ich mich ins Bett, lauschte dem Verkehrslärm, der zu mir durch das geöffnete Fenster hinaufdrang und schlief glücklich ein.
Um sechs Uhr wurde ich automatisch wach, setzte mich auf und musste mir erst einmal darüber klar werden, dass es kein Traum war und ich wirklich ein freier Mann war. Arthur saß bereits am Küchentisch und frühstückte, was in Brasilien hieß, dass er lediglich einen Kaffee trank. Er hatte einen langen Arbeitstag und trotzdem war es ihm nicht zu anstrengend, im Knast zu unterrichten. Er wollte Gutes tun, und das jeden Tag und nicht nur zu Weihnachten. Er war ein außergewöhnlicher Mensch. Wie immer war er bester Laune und strahlte mit der Sonne Brasiliens um die Wette. „Ich schätze, dass du froh bist, nicht mehr in die Schule zu müssen." Da hatte er recht. Ich trug ihm auf, alle meine Kollegen von mir zu grüßen. Im Gegensatz zu ihm hatte ich keine Verpflichtungen und so verbrachte ich den ganzen Tag am Strand von Ipanema. Nachmittags ging ich in eine Telefonzelle und rief meine Mutter an und teilte ihr mit, dass sie sich keine Sorgen mehr zu machen brauche und dass ich in wenigen Tagen in Deutschland sein würde.
Die Tage bei Arthur vergingen rasend schnell. Ich war dankbar, nicht übergangslos nach Deutschland zu müssen, mich behutsamer an die Freiheit zu gewöhnen. Ich verließ die Anstalt jedenfalls nicht als gebrochener Mann. Ich hatte immer noch ein gesundes Selbstvertrauen und viel Lebenserfahrung hinzugewonnen. Bis auf die Zähne tat mir nichts weh und meine Schuld der Gesellschaft gegenüber hatte ich abgegolten. Mit dem Taschengeld von Arthur wäre es mir ein Leichtes gewesen, Kokain zu kaufen. Ich sah aber davon ab. Nicht, dass ich Angst gehabt hätte, im Drogenelend zu versumpfen, aber nun kannte ich das wahre Gesicht dieser Droge.
Der Tag der Abreise war da. Mein Flug sollte um 18 Uhr gehen. Arthur begleitete mich zum Flughafen. Ich verabschiedete mich herzlich von seiner Familie. Jeder hatte sein Bestes getan, mir meine

Ferien so angenehm wie möglich zu gestalten. Jeden Tag hatte die Frau des Hauses die erlesensten Speisen aufgetragen und mich behandelt, als wäre ich einer ihrer Söhne. Eine wundervolle Familie. Auf der Fahrt zum Flughafen sprach ich mit Arthur über Gott und die Welt und nahm ihm das Versprechen ab, mich in Deutschland zu besuchen. Arthur begleitete mich zum Schalter und wartete, bis ich meine Bordkarte hatte. Gepäck zum Aufgeben hatte ich diesmal nicht, sondern nur eine kleine Sporttasche, die ich mit an Bord nehmen wollte. In dieser befand sich auch eine dicke Jacke, die mir Arthur zum Abschied geschenkt hatte. Diesmal waren die Schultern nicht ausgestopft!

Dann kam der Abschied. Arthur machte es kurz, drückte mich fest an sich, wünschte mir alles Gute für die Zukunft und verließ den Flughafen. Während ich ihm nachsah, musste ich an Alois denken, der meinem Gesichtsfeld entschwunden war. Und auch an Nelson, der mich so gern in Deutschland besucht hätte. Wie beim letzten Mal suchte ich den Aschenbecher in zwanzig Meter Entfernung von der Zollkontrolle auf, steckte mir eine Zigarette an und beobachtete die Abfertigung der Passagiere. Dann ging ich zum Schalter, präsentierte meinen Pass und entbot meine besten Neujahrsgrüße. Wie es das Leben so mit sich bringt, tat wieder der nilpferdhafte Beamte Dienst. Seine Uniform spannte sich noch mehr als früher. Er erkannte mich sofort wieder. „Hallo, Gringo, da bist du ja wieder. Wie war der Urlaub?" „Ausgiebig und lehrreich", antwortete ich. Ohne von ihm aufgefordert zu werden, stellte ich meine Tasche auf den Tisch und wartete darauf, dass er den Inhalt überprüfte, doch nichts dergleichen geschah. „Ist schon in Ordnung. Viel Glück!"

Ich stand im Transitbereich und zündete mir eine weitere Zigarette an. Vage dachte ich, dass heute ein guter Tag gewesen wäre!

Epilog

Ingolstadt, den 29.03.2011. Gute 20 Jahre ist es nun her, dass ich aus dem Gefängnis entlassen wurde. In der ersten Zeit danach betäubte ich mich durch Arbeit. Ich versuchte mich in den verschiedensten Sparten: Als Koch, als Bauhelfer und auch als Fabrikarbeiter. Meine Freizeit verbrachte ich fast ausschließlich mit einem Buch in der Hand. Ich wurde noch mehr zum Einzelgänger, als ich es ohnehin schon war.

Mit meiner Mutter und meiner Familie pflegte ich nur oberflächlichen Kontakt. Ganz spurlos ist das Erlebte nicht an mir vorbeigegangen, dennoch gewöhnte ich mich langsam wieder ein und besuchte die Hotelfachschule, um mich weiterzuqualifizieren.

Ich lernte eine nette Frau kennen und wir heirateten. Aus dieser Ehe ging eine Tochter hervor, die dieses Jahr ihren fünfzehnten Geburtstag feiert. Leider scheiterte meine Ehe und nun lebe ich in einer neuen Beziehung mit einer Frau, die ebenso wie ich geschieden war und eine Tochter hat. Mit ihr bin ich jetzt in zweiter Ehe verheiratet.

In all den Jahren hielt ich immer Kontakt zu Arthur. Er hat mich mehrmals in Deutschland besucht und uns verbindet eine tiefe Freundschaft.

Vor acht Jahren war ich das erste Mal wieder in Brasilien. Natürlich bin ich bei meinem Besuch auch zu den Orten gegangen, an denen alles angefangen hat. Es hat sich nichts geändert, fast erscheint es mir, als sei alles noch schlimmer und gewalttätiger geworden. Bekannte Gesichter von früher habe ich nicht entdeckt. Gern wüsste ich, was aus all den Menschen, von denen ich berichtet habe, geworden ist.

Den einzigen, den ich außer Arthur jemals wiedergesehen habe, ist Alois. Vor etwa fünfzehn Jahren war es ihm gelungen, mich ausfindig zu machen und er hatte mich einige Male besucht. Alois hat die Zeit im Gefängnis weniger gut verkraftet als ich. Er suchte meine Nähe vor allem deshalb, weil er mit niemandem außer mir über das

Erlebte sprechen konnte. Arthur lebt immer noch in Lagoa und ist inzwischen pensioniert. Zu Kokain halte ich respektvollen Abstand Hin und wieder werde ich von Alpträumen heimgesucht und dann höre ich sie wieder:

Die Todesschreie...

"Marco W. - Meine 247 Tage im türkischen Knast"
von Marco Weiss
Im April 2007 fliegt der 17-jährige Marco Weiss mit seinen Eltern in die Türkei. Sie wollen bei Antalya fröhliche Osterferien verbringen. Aber sie landen in einem Albtraum, denn Marco lernt ein Mädchen kennen.
200 S, 36 Abb., ISBN 978-3-86631-007-0, € 14,95

Impressum

Ein Kilo Paradies - Gefängnishölle an der Copacabana
von Rodger Klingler und Patrick Giersch

ISBN: 978-3-941698-01-7
1. Auflage
© 2011 Morpheus Verlag im
Hamburger Kinderbuch Verlag
Dr. Carlos Schumacher GmbH & Co. KG

Rodger Klinger hat seine Autobiographie in Brasilien veröffentlicht unter dem Titel „Memorias do submundo", erschienen © 2008, Editora Best Seller LTDA.

Danksagung
Unser besonderer Dank gilt Herrn Michael Schulte für seine Mühe und Geduld bei der Durchsicht des Manuskriptes.

Bildnachweis
Titelbild: Rodger Klingler
Autorenfoto Rodger Klingler: Fotostudio Weinretter, Ingolstadt
Autorenfoto Patrick Giersch: Wolfgang Schnell

Bibliografische Information der Deutschen Bibliothek
Die Deutsche Bibliothek verzeichnet diese Publikation in der Deutschen Nationalbibliografie; detaillierte bibliografische Daten sind im Internet über http://dnb.ddb.de abrufbar.

www.morpheus-verlag.de